"十二五"职业教育国家规划教材
经全国职业教育教材审定委员会审定

# 就业与创业辅导

宋专茂 王 涌 主编

中央广播电视大学出版社·北京

**图书在版编目（CIP）数据**

就业与创业辅导／宋专茂，王涌主编. —北京：中央
广播电视大学出版社，2014.7（2018.1重印）

ISBN 978－7－304－06082－4

Ⅰ.①就… Ⅱ.①宋… ②王… Ⅲ.①职业选择—高等
职业教育—教材 Ⅳ.①G717.38

中国版本图书馆 CIP 数据核字（2014）第 142798 号

**就业与创业辅导**

JIUYE YU CHUANGYE FUDAO

宋专茂　王　涌　主编

出版·发行：中央广播电视大学出版社

电话：营销中心 010－66490011　　　总编室 010－68182524

网址：http://www.crtvup.com.cn

地址：北京市海淀区西四环中路 45 号　邮编：100039

经销：新华书店北京发行所

策划编辑：戈　博　　　　　　　版式设计：赵　洋
责任编辑：庄　颖　　　　　　　责任校对：黄秀明
责任印制：赵联生

印刷：北京宏伟双华印刷有限公司
版本：2014 年 7 月第 1 版　　　　2018 年 1 月第 2 次印刷
开本：787×1092　1/16　　　　印张：13　字数：323 千字

书号：ISBN 978－7－304－06082－4
定价：26.00 元

为适应高职院校培养经济社会高技能人才和职业技术人才的需要，贯彻以学生为中心的教学理念和"实用为主，够用为度"的教学原则，我们编写了这本教材。

本教材的编写遵循大学生职业生涯发展的内在规律，在结构布局上从帮助学生培养专业承诺品质入手，深入探索就业原动力、积聚就业潜力，同时还注重职业发展资源的整合、谋职工具的精通、创业精神与本领以及职业适应技能的磨炼。

在内容选择上，运用了德国职业教育的"学习领域"新理论，同时注意吸收了本土职业心理学研究的最新成果，将科学的整合思维方式、职业生涯及学业规划方法、就业创业策略与技能培养融合在一起。这不仅有利于学生树立符合社会需要的就业观和职业期望，而且能够增强其专业承诺品质、职场心理适应以及分析就业政策、识别创业机会的能力。

在体例上采用"单元—模块—巩固与提高"的递进模式，将深奥的就业创业心理知识原理转化为简单直白的操作活动，便于学生理解、吸收和运用。

在编写过程中，中央广播电视大学出版社的领导、戈博编辑和相关领域专家，为教材体例的制定付出了大量心血。没有他们的付出，本教材是难以付梓出版的，应该说这是集体智慧的结晶。

本教材可作为应用型、技能型人才培养院校开展"全程式"就业教育和职业规划教育教材使用，也可供从事职业咨询、就业指导、职业规划教育、心理咨询等教学与研究人员参考。

由于水平和时间所限，教材中难免存在不足之处，恳请专家、读者批评指正，以利本教材的进一步修改和完善。

编　者

2014 年 1 月

# 目录 CONTENTS

# 播下就业好种子——提升专业承诺水平

## ▶ 学习目标

### 知识目标

- 领会专业承诺的含义。
- 了解专业承诺与就业和职业生涯发展的关系。
- 掌握专业承诺品质自我培养的方法和途径。

### 能力目标

- 能够树立高专业承诺意识，立志做高专业承诺者。
- 能够采取科学的方法促使自己朝高专业承诺方向发展。

## ▶ 名言名句

骐骥一跃，不能十步；驽马十驾，功在不舍。——《荀子·劝学》

## ▶ 单元导学

美国著名职业生涯辅导家金斯伯格（E. Ginsberg）曾经说过，美好的职业生涯在很大程度上得益于你高超的专业技术本领。一个人若想在职场上如鱼得水，就业畅通无阻，离不开过人的专业技术傍身。但是，过人的专业技术本领的练就，需要一个人专心致志，勤学苦练，一如既往。然而，在充满诱惑的现实世界里，我们如何能够做到"专心于业"呢？本单元将通过引入"专业承诺"这一现代科学概念，帮助我们了解专业承诺与就业和职业生涯发展的关系，掌握专业承诺品质的自我培养方法和途径，以便指导同学们踏上"专心于业"的人生轨道。

# M ODULE 模块 1

## 认识专业承诺

**知识储备**

## 一、何谓专业承诺

在大学里，我们不难发现，同学之间对于自己所学专业的认同和热衷专业知识学习的程度千差万别。有些同学非常喜欢自己所学专业，并围绕自己所学专业选修课程，愿意付出所有精力来学习专业知识；但也有些同学对自己所学专业毫不感兴趣，对专业课程的学习采取应付或得过且过的态度。这便涉及专业承诺行为的体现。

那么，什么是专业承诺（professional commitment）呢？对我们大学生而言，专业承诺是指我们认同所学专业并愿意付出相应努力的积极的态度和行为。它直接影响我们的专业学习态度和学习动机，是发挥学习主动性和积极性的重要心理基础。

"专业承诺"这一概念来自人们对职业承诺等的研究，它包括四个方面，即规范承诺、情感承诺、继续承诺和理想承诺。

规范承诺指我们大学生认同所学专业的规范和要求，留在所学专业是出于义务和责任的考虑。

情感承诺主要反映我们对所学专业的感情、愿望，它反映了我们对专业的喜爱程度和积极态度。若这两方面水平高，说明我们的责任意识和专业情感还是不错的。它与学校比较重视学生的专业心理教育有关，也可能与专业开设的课程丰富多样有关。

继续承诺主要反映我们大学生出于自身素质、能力、就业机会以及与该专业所指向职业岗位的工资待遇等经济因素而愿意留在该专业学习。它反映我们对专业和未来职业岗位工作的执着程度，也是体现专业教育成功与否的重要指标。

理想承诺指大学生认为所学专业能发挥自己特长，有利于实现自己的理想和抱负。它体现了我们对专业价值的一种判断。若理想承诺水平低，表明我们并不认为所学专业可以充分发挥自己的潜能或实现个人理想，给予个人的发展空间也不大。这一方面可能与专业所指向岗位工作的现实社会地位和人们的社会偏见有关，同时也隐含学校专业人才培养方面可能存在问题。

可以看出，专业承诺的核心点是承诺，指的是个体对某一特定对象有着积极的认同感，愿意承担角色应负的职责，履行角色应尽的义务。它既是一种内在的心理状态，又可以由外在行为表现出来。

专业学习乃是我们大学生的"本职工作"，是我们这一时期的主要成长活动方式和生活内容。对专业学习的承诺反映了我们大学生对所学专业的认同、喜爱、愿意付出努力，体现着我们人生在求学阶段的良好行为表现和积极心理品质。

近年来，大学校园中普遍存在着这样一种现象：不少学生对自己所学专业没有兴趣，不认同目前所学专业，专业承诺水平较低。结果，毕业时没有出色的专业能力傍身，就业受挫，给自己的职业生涯发展带来极大的负面影响。因此，了解自己的专业承诺现状及对就业能力和职业生涯发展的影响，对谋求成功的职业生涯、实现人生价值是很有意义的。

===== 知识拓展 =====

有调查研究结果显示，无论农村学生还是城市学生都表现出专业承诺随年级升高而降低的趋势，这一结果是令人遗憾的。正如我们这些年不断看到的：很多学生毕业时转行，争着去考公务员，或者宁肯跨入完全陌生的领域，也不愿从事与自己所学专业对口的职业工作。

作为以培养职业岗位能力为导向的高职高专教育，为经济社会一线职业、岗位、机构培养合格的专业人才是学校所设置专业的首要任务。但如何将培养学生职业素质和挖掘其自身潜能更好结合起来，使学生通过专业学习获得良好的自我价值实现，是高校各专业今后在课程设置、专业教学、专业实习上必须考虑的问题。同时，如何避免学生在考入各专业后才发现自身不适合专业培养所指向的职业工作，从而导致专业学习上的困惑与苦恼，也是高校管理者和教师今后在招生、专业思想教育等方面必须深入思考的问题。

## 二、专业承诺与就业能力发展的关系

专业学习就是我们大学生的职业，也是人生这一时期主要的活动方式与内容。对专业学习的承诺反映了我们大学生对所学专业的认同、喜爱、愿意付出的努力和良好的行为表现等积极的学习心理。职业生涯心理学家们认为，专业承诺是大学生对专业选择满意程度、专业思想稳定程度、专业学习兴趣浓厚程度的综合衡量指标，也是大学生专业学习动力的重要源泉，它直接影响我们大学生的学业成就和未来的职业生涯发展。具体表现在以下几个方面：

1. 专业承诺的发展有助于巩固个体专业思想的稳定性

大学阶段是一个人接受高水平专业化教育、确立未来职业方向的重要时期。我们大学生对所学专业是否认同及其认同的强度在很大程度上影响学习兴趣、学习潜力被激发的程度与学习成绩，并最终影响毕业后的职业选择倾向。职业生涯发展研究表明，职业承诺是影响职工离职意愿的最主要因素，职工如果没有对专业的使命感和持久的兴趣，很难持续留任在其专业领域工作；而频繁的职业转换不利于个体职业生涯的发展和成功。我们对所学专业的认同、喜爱，愿意为专业学习付出努力的良好态度和意愿反映了自己对所学专业的承诺。专业承诺水平标志着我们对所学专业的兴趣、热情、满意度，这是专业思想稳定与否的直接反映。专业承诺的发展有利于我们大学生增强对所学专业的认同感，提高和巩固专业思想的稳定性。

2. 专业承诺是培养出色专业能力的重要条件

教育心理学研究表明，专业承诺有利于学生专业学习成绩的提高。尽管影响专业学习成绩的因素有很多，但多数教育心理学家认为，学生的专业承诺水平对学习成绩有重要影响。专业承诺水平影响着大学生的学习状况，专业承诺的增强有助于提高大学生的专业学习热情和对学习方法的探索。因此，提高我们的专业承诺水平，能够帮助自己增强对专业学习的热情、兴趣，提高我们的专业学习成绩，从而为培养出色的专业能力奠定基础和条件。

3. 大学生专业承诺的现状将对其未来的职业发展有重大的影响

大学生的主要任务是专业学习，有着极强的职业定向性，学习即是为未来做好准备。大学阶段是对自己未来人生发展充满理想和抱负、精力旺盛而又富有活力的时期，为了实现自己的理想而学习，所学的专业承载着我们的理想之梦。专业学习对大学生来说，不仅是单纯的学习专业知识，也是走向未来职业的一个准备和过渡。良好的专业学习状态，进而促进专业承诺水平的提升，这有助于大学生更好地规划自己的职业生涯。有研究表明，专业人员在进入职场之前就已经形成了初级专业承诺。换言之，大学生在校学习期间就已经逐步形成个人对专业的认同，此时形成的专业承诺与未来职场上的职业承诺显著相关。如果我们的专业承诺水平低，对自己所学专业没有兴趣，不认同目前所学专业，将对自己未来职业生涯发展产生重要的负性影响。

=== **知识拓展** ===

有学者做了一项专业承诺与职业发展关系的调查研究，结果表明，专业承诺较高和高的同学，在继续深造时，大部分同学（88.9%）会继续学习目前的专业；而与此形成鲜明对比的是，在专业承诺低和很低的同学中，只有12.8%的人愿意继续现在的专业学习，另外更多人（87.2%）则希望重新创造机会，选择更适合自己的专业，开始新的学习。

表1-1 选择就业时两组学生关于未来职业选择的比较

| 就业<br>专业承诺 | 选择专业相关工作比重 | 选择专业相关工作比重 |
|---|---|---|
| 高、较高 | 78.0% | 22.0% |
| 较低、很低 | 19.6% | 80.4% |

从表1-1可以看出，专业承诺高或较高的同学中只有22.0%的人在择业时会考虑非专业相关工作，而专业承诺低的同学中有高达80.4%的人，因为对专业知识失去兴趣，宁愿放弃专业对口的就业优势，而选择其他非专业相关行业。

（张浩：《大学生专业承诺与生涯管理》，载《华东经济管理》，2004（6））

**模块训练**

1. 训练内容：

求证：专心于业，回报多多。

2. 训练要求：

（1）调查本校学生专业学习努力程度与专业技能或学业成绩水平情况。

方法：调查本校5名学业成绩优秀（年级排名前5位）与5名学业成绩落后（年级排名倒数5名）学生，了解他们对专业学习的努力程度有什么不同。

（2）调查本校毕业生专业技能水平与就业质量情况。

方法：调查本校5名专业技能水平突出（获得校级以上职业技能竞赛奖励数年级排名前5位）与5名专业技能落后（获得校级以上职业技能竞赛奖励数年级排名倒数5名）毕业生，了解他们的就业质量（如薪酬、事业前景等）有什么不同。

（3）从计算机互联网络或图书馆报纸杂志中，搜索一些事业成功者的传记、专题报道，分析他们的成长历程，总结归纳其"专心于业"的特点。

3. 操作步骤：

（1）按3~7人规模组成调查小组，一起讨论，拟定访谈提纲。

（2）在教师指导下选好调查对象，落实访谈时间和地点。

（3）在规定时间内采访候选对象，并记录访谈内容。

（4）整理访谈调查结果，并做简单统计。

（5）比较专业学习努力者与不努力者的学业成绩差异，或专业技能水平与就业质量关系情况。

（6）从计算机互联网络或图书馆报纸杂志搜索事业成功者的传记、专题报道，分析他们的成长经历，总结归纳其"专心于业"的特点。

（7）小组内根据访谈调查和文献分析结果，回答"专心于业是否回报多多？"这一问题，即：专心致志学习是否有利其学业成就的取得？专业技能水平高是否有利其就业？锲而不舍的精神是否有助事业成功？明确以上问题的答案，并写出求证总结书面报告。

（8）各小组提交问题求证总结报告，派代表在班上发言，陈述主要结论及证据。

（9）教师点评。

## 考评与反思

1. 考评

请参照下表给出的评价标准，就每个同学在活动中的表现进行评价。

| 领域 | 具体表现 | 自我评分 | 小组评分 | 教师评分 |
|---|---|---|---|---|
| 过程 | 认真完成自学、练习任务（10分） | | | |
| | 主动咨询老师，积极参与小组讨论，阐明自己的观点（10分） | | | |
| | 帮助组内其他成员解决问题，与小组成员一起分享资源、观点，分担任务和责任（10分） | | | |
| | 代表小组发言，全面、准确汇报小组共同的学习成果（10分） | | | |
| 知识 | 准确把握专业承诺概念的含义，回答问题全面、准确（15分） | | | |
| | 充分认识专业承诺与职业生涯发展的关系，回答问题全面、准确（15分） | | | |
| 技能 | 能脱稿从某个角度准确表达自己对专业承诺概念的认识（15分） | | | |
| | 能联系自己的生涯发展实际，阐述专业承诺与职业生涯发展的关系（15分） | | | |

评分合成后总得分（自评得分×0.1＋小组评分×0.4＋教师评分×0.5）：

2. 反思

（1）对于"专业承诺"概念的把握，你与其他同学有哪些异同？为什么？请结合自我评价、小组评价和教师评价结果，分析其中的原因。

（2）关于专业承诺与职业生涯发展的关系，本模块的【知识储备】部分阐述全面吗？如果不全面，你认为还需增补哪些方面？

# M ODULE 模块 2

## 掌握专业承诺品质自我培养的方法与途径

### 知识储备

我们选择进入高校来学习深造，就是要掌握和精通专门的职业技术，以便能够借此谋得好的人生发展之路，实现自我价值。显然，这需要有较高的专业承诺水平做支撑。那么，如何来培养自己的专业承诺品质呢？从前人的研究成果及经验判断，以下方法和途径比较有效。

## 一、努力发展整合思维，奠定专业承诺品质培养的心理基础

在专业学习、学业规划和职业选择中，我们常常遇到不少思维上的困境。譬如，就读于"冷门"专业，容易理解为将来找工作难。如果目标确定为希望毕业后找到"好工作"，可自己又喜欢这个"冷门"专业，在思维上就可能出现这样的逻辑困境：是舍弃自己所爱专业，还是做出放弃"冷门"专业学习而设法转读"热门"专业？这是人们受普通逻辑思维影响产生的结果。把"冷门"专业划归为将来"找工作难"类，与"找工作易"的所谓"热门"专业形成逻辑上的对立，屏蔽了"冷门"专业中所隐含的潜在"热门"的资源，放弃了开发和利用这种资源的机会。如何走出这种思维困境，并发现新的生机？这需要我们在思维方式上做出改变。其中，整合思维方式就是解决这类困境的绝好思想武器。

所谓整合思维，是一种倾向于从功能属性角度思考事物及其关系，以引起事物之间发生融合并形成新事物（如观念、形象、方案等）的思维活动方式，它在帮助人们解决现实世界复杂问题，如职业选择两难问题等方面有着独特的作用。这种思维方式在进行过程中注重事物的功能属性，视事物或关系为可利用的资源；它通过功能效用上的关联使不同种类事物之间的普通逻辑关系屏障得以超越，从而引起不同种类事物之间的融合并形成新事物。

整合思维方式由思维立场（态度）、思维工具和知识经验三方面组成。在思维立场（态度）方面，整合思维方式使用者有三个突出的特点：第一，习惯于把思考的焦点放在事物的功能属性上，即注重事物的功能属性，而忽略其本质属性。他们喜欢分析事物的作用和功能；看待一件事，首先考虑的是它到底有哪些作用；对事物的取舍主要看它是否有用。第二，资源化倾向，即倾向于把一切事物都看成潜在可利用的资源。在他们看来，任何事物都是潜在有用的；经营人生，就是不断积累各种资源和利用资源的过程；能否把事情办好，关键看所掌握的资源是否充足，开发利用是否充分。第三，追求事物之间的融合。由于把一切事物都看成潜在可利用的资源，因而在他们的世界里，任何事物之间都存在相互利用的资源，并在此基础上产生融合，组成新的事物整体。这一点与辩证思维的普遍联系观点有相通之处。在生活中，他们表现为喜欢从不同的观点中吸取有用的部分形成自己的观点，认为好的方法来自众取所长；在意见争执的场合中，会设法概括出让大多数人都可接受的意见。

在思维方法与工具运用方面，整合思维方式使用者具有如下特点：

（1）善于运用雅努斯思维法和黑格尔思维法，即对立统一法。"雅努斯"是罗马神话中的一位"两面神"，他的脑袋前后各有一副面孔，一副看着过去，一副注视未来。后来，人们用雅努斯来形容大脑中同时呈现和思考事物正反两面的思维现象，并称为"雅努斯思维法"，表示一种对立统一的思维方式，即把对立的思想、相互矛盾的事物或现象放在一起，同时去认识思考、推理评判，考虑它们之间的关系，如相似之处、正反关系、相互作用等，然后创造出新事物。黑格尔思维法，即采取一种观念，并容纳它的反面，然后试着把两者融合成第三种观念，变成一种独立的新观念。这种辩证的过程需要三个连续的步骤：论题、反题以及合题。如黑格尔的经典例子：他在讨论一个逻辑问题时先假定"绝对是纯有"，假定

它就是纯有，而不加给它任何质。但是不具有任何质的纯有是不存在的，于是达到反题："绝对即是无"。从这种正题和反题转入合题："有"与"非有"的合一是"变易"，所以说"绝对是变易"。这当然也不行，因为变易必得有什么东西变易。这样，我们对"实在"的见解，就通过不断改正以前的错误而发展，从种种不适当的抽象化中产生。按照黑格尔思维法的要求，在最好的思维中，思想变得通畅无阻，水乳交融。真和假并不像普通所想的那样，是截然分明的对立物；没有任何事物是完全假的，而我们能够认识的任何事物也不是完全真的。

整合思维方式运用者的现实行为，表现在思考问题时不仅想到事物的正面，同时还想到事物的反面；遇到问题时喜欢从对立面去思考解决办法；看到一个物体时常常情不自禁地想知道它的反面会是什么样子；在做求证类数学练习题时，会尽可能地尝试用反正法解答；等等。

（2）善于进行对立联想。表现在分析自己的弱点时常会联想到优点；看到别人的优势时会情不自禁地想起其劣势；他们的脑海里常浮现类似"我不富，但善良"这样的复合想法，易于从事情的消极方面联想到积极方面。

（3）善于系统化地思考问题。整合思维方式使用者经常反复思考在实践和经验中的对与错，注意力很难受到外界环境的影响，坚持用自己的观点进行分析和判断；他们常从抽象的观念联想到许多详尽的具体操作细节；喜欢通过建立假设来把杂乱的数据变成有意义的整体。

（4）善于运用统计与量化的方法。整合思维方式使用者常根据观察事例数量的多少来说服自己该相信什么，用数量化的方法来分析事物之间的关系，喜欢将评价对象作数量化处理，追求事物评价的客观性，对一些事物的比较，常设法转化为数量化的方法进行。

在经验知识的掌握和运用方面，整合思维方式使用者倾向于尽可能多地掌握理解、分析事物的不同理论框架和视角。对同一问题，他们常用多种不同的思路来考虑；遇到问题，即使有了一个解决方案也会坚持再尝试别的方法。他们善于对实践活动进行反思，总结归纳实践经验，因此他们的经验世界相对丰富，思考问题时，常伴随有明显的亲身活动体验。

此外，整合思维方式使用者还具有较强的自信心，他们相信自己的处事能力，敢于挑战，遇到难题，会设法解决问题而不是回避退缩。这也是整合思维方式使用者所应具有的积极心理品质。

以上叙述了整合思维方式使用者的特征，同时也告诉了我们应该如何培养自己的整合思维方式和能力。要想使整合思维方式成为我们的思维倾向或习惯，培养路径是：形成整合思维的理性态度—掌握整合思维的工具—积累整合思维工具运用经验。作为大学生，只要根据整合思维方式使用者的特征去要求自己、付出努力，通过不断学习知识并付诸实践，定能把自己培养成出色的整合思维方式使用者。例如，对那些就读于喜爱的"冷门"专业而又肩负要找到好工作压力的大学生而言，可以从"冷门"专业所隐藏的与"找到好工作"相关的资源分析入手，开拓新的专业知识与技能结合点，从"冷专业"走向"热就业"。

## 二、及早了解职业自我，为专业承诺发展提供好的条件

职业自我（有关"职业自我"的具体介绍，请参见单元2），是影响个人在职业意识、职业生涯发展上的自我内在因素，包括与职业发展有关的个性心理倾向性因素和个性心理特

征。进入大学阶段后，我们与人和社会的交往沟通增多，也开始更多地关注自己各方面的能力、兴趣爱好和未来职业发展等问题。在职业自我形成的过程中，我们要经过一个不断探索的过程。有些大学生一旦发现现实的自我与理想的自我差距太大，或者无法短时间内达成理想自我的状况时便会产生压力或者恐惧，从而影响进一步的探索以及承诺的形成，对学习、生活等也会产生影响。因此，在大学期间，同学们要通过积极参加各种职业指导活动，培养自己各方面的技能，增强环境适应能力和自信心。同时，要通过接受职业生涯规划教育，确立合理明确的未来发展方向和目标，制订相应的学习计划，明确学习目标，提高学习兴趣和学习效果。出现心理问题要及时寻求专业人士的帮助，增强自己应对各种问题的抗压能力以及解决问题的能力，促进职业自我的完成。

### 三、树立正确的专业学习思想，积极发展专业承诺

在专业学习过程中，要努力培养自己良好的价值观和人生观。根据职业自我的特点和社会发展需要，及时调整自己的学习计划和内容。具体来说包括以下几个方面：

（1）从入学开始就要通过各种途径了解专业的现状及发展前景。

（2）积极寻求专业学习指导。在开始接触专业课程、进行专业活动时，由于对专业的认识往往还不全面，有可能产生畏难情绪，这就要求我们积极增加专业学习体验，寻求积极的专业学习指导。

（3）要结合专业特点，及早做好就业心理准备，做到理性就业。我们要坚持客观、理性地对待专业与未来的职业，培养积极的专业情感、职业情感，避免短视与功利的行为。同时，通过多种途径，如听专家讲座，与企业优秀员工、往届毕业生进行交流，到工作现场观摩，努力使自己正确认识本专业工作于国于民于个人的长远价值，改变急功近利的思想与行为，培养自己扎根专业的精神。

（4）重视心理调节，保持健康心态。我们要运用整合思维方式，充分思考自己所学专业的潜在可利用资源因素，探索有利于自己职业生涯发展的资源开发与利用方式，不断积累职业生涯发展资源，提高专业技能和适应社会的基本素质，获得个人专业成长的快乐，并积极投身到与自身素质相适应的不同层级工作岗位中，做一名在学习中幸福成长的专业人员。

**模块训练**

1. 训练内容：
专业学习观的讨论。
2. 训练要求：
针对以下这段文字，发表自己的看法，要求明确说出自己所持立场及理由。

#### 我的专业观

人生能专心致志于某一件事，是很不容易的，能经受住世人的推崇与唾骂，更是一种崇高境界的体现。

我，一个普通人，有七情六欲，有爱恨情愁，有对待事业的满腔热情，有追求幸福家庭的殷切渴望。狂傲的清风，不惧人言是非，依旧洒脱地穿梭在世俗的浊流中。

专心致志，不受声色犬马的干扰，专注于学海中，是一件多么快乐的事情。在物欲横流的人世间，始终保留住自己最原始的纯真与天性，这才算是为君之道，为人之本。

有时候，庸人自扰，也有时候，多愁善感，何苦呢？遇到不如意的事情，是难免的，世界上没有一帆风顺的事业。勇于在熔炉里提炼自己，忍受棋海中的寂寞与煎熬，潜心苦修，练就一柄无所披靡的棋中利剑，才能真正体现自我的人生价值！

自强不息是我生活的原则。

记住：乌云的后面是太阳，你需要做的只是赶走乌云，然后你就可以享受阳光！

3. 操作步骤：

（1）按 3~7 人的规模组建讨论小组，推选组长和小组发言人。

（2）小组内讨论，提出代表小组的观点和意见。

（3）各小组派出发言人，在班上发言，陈述本小组主要观点。

（4）教师点评和总结。

**考评与反思**

1. 考评

请参照下表给出的评价标准，就每个同学在活动中的表现进行评价。

| 领域 | 具体表现 | 自我评分 | 小组评分 | 教师评分 |
|---|---|---|---|---|
| 过程 | 认真完成自学、练习任务（10分） | | | |
| | 主动咨询老师，积极参与小组讨论，阐明自己的观点（10分） | | | |
| | 帮助组内其他成员解决问题，与小组成员一起分享资源、观点，分担任务和责任（10分） | | | |
| | 代表小组发言，全面、准确汇报小组共同的学习成果（10分） | | | |
| 知识 | 准确把握专业承诺培养的方法和途径，回答问题全面、准确（15分） | | | |
| | 理解整合思维方式在专业承诺培养中的作用和意义，回答问题全面、准确（15分） | | | |
| 技能 | 能结合自己所学专业的特点阐述培养专业承诺的方法与途径（15分） | | | |
| | 能结合自己所学专业的特点拟订专业承诺自我培养计划，计划书撰写质量高（15分） | | | |

评分合成后总得分（自评得分 ×0.1 + 小组评分 ×0.4 + 教师评分 ×0.5）：

2. 反思

你拟订的专业学习计划，与其他同学相比，有哪些异同？你觉得满意吗？如果不满意，你认为应该做哪些修改？

# 巩固与提高

## 单元知识小结

专业承诺是大学生认同所学专业并愿意付出相应努力的积极的态度和行为。它直接影响大学生的专业学习态度和学习动机，是学习主动性和积极性重要的心理基础。

专业承诺引自职业承诺研究，包括四个方面，即规范承诺、情感承诺、继续承诺和理想承诺。规范承诺是我们认同所学专业的规范和要求，留在所学专业是出于义务和责任的考虑；情感承诺主要反映我们对所学专业的感情、愿望；继续承诺主要反映我们对专业和未来职业岗位工作的执着程度；理想承诺体现了我们对专业价值的一种判断。

专业学习乃是我们大学生的"本职工作"，是我们这一时期的主要成长活动方式和生活内容。对专业学习的承诺反映了我们大学生对所学专业的认同、喜爱，愿意为之付出努力，体现着我们人生在求学阶段的良好行为表现和积极心理品质。

专业承诺与就业能力发展之间存在密切的关系，表现在：① 专业承诺的发展有助于巩固个体专业思想的稳定性。② 专业承诺是培养大学生出色专业能力的重要条件。③ 大学生专业承诺的现状将对其未来的职业发展有重大的影响。

专业承诺品质的培养有一些方法和途径。① 努力发展整合思维，奠定专业承诺品质培养的心理基础。② 及早了解职业自我，为专业承诺发展提供好的条件。③ 树立正确的专业学习思想，积极发展专业承诺。

## 思考与练习

1. 你认为专业承诺的本质是什么？其内涵至少应该包含哪几个方面？
2. 你认为一个人的专业承诺品质与就业之间存在关联吗？如果存在关联，请说明理由。
3. 请谈谈你对有关整合思维方式构成与作用的看法。
4. 你认为专业承诺品质可以自我培养吗？如果可以，应如何培养？

# 探索就业原动力——认识职业自我

▶ **学习目标**

**知识目标**

- 认识职业自我的含义及作用。
- 了解职业自我认知的规律。
- 掌握职业自我认知的策略与方法。

**能力目标**

- 能够运用相关的技巧和方法认识职业自我。

▶ **名言名句**

自知之明是最难得的知识。——西班牙谚语

▶ **单元导学**

我们在找工作时往往不知道自己喜欢什么工作，适合什么工作，能做什么工作，这些都是因为我们对职业自我的认识不清造成的。职业上的所有成功都是由内而外的成功。职业自我是个人谋求职业发展的出发点和落脚点，是驱动我们就业的原动力。人在职业上的抉择缘于其对职业自我的不满与期望。我们只有对职业自我进行深入的分析，才可以，也才可能找到与己匹配的职业，而开发职业自我的程度则决定了职业理想的实现程度。为此，本单元将从认识职业自我概念入手，逐步了解职业自我的内容和认识规律以及自我认知的策略与技巧。

# MODULE 模块 1

## 领会职业自我概念及作用

**知识储备**

### 一、职业自我的含义

明确职业自我的含义，是认识职业自我、做好职业生涯规划和职业选择的第一步工作。为此，我们先来看一个小案例：

　　小康是某高职学院企业管理专业的毕业生，毕业不久便应聘到一家新成立的公司做行政秘书。但她对公司安排给她的这个岗位很不满意，认为当初学企业管理就是想毕业后能坐到管理的位子上。她向母校的老师倒了一番这样的苦水："我学企业管理，虽然是个专科生，但我相信自己可以胜任管理职务，我天生就非常自信。而且公司是新成立的，正准备补充各种各样的人才，这也给我申请有关的管理职位提供了可能。公司经理也说了让毛遂自荐，为什么我就不能尝试呢？有个内勤主管的职位很适合我，但结果是他们没有让我做内勤主管，而宁愿让这个职位空缺，也不愿意让我尝试。他们给我的理由是，我缺乏管理经验，老板对于让我管理公司内勤完全没有信心。我认为这个企业老板没有魄力，所以干了不到两个月，没有要他一分钱，我就辞职了。他们不留我，自有留我处。"

　　到现在为止，她基本上是每隔半年就要换个工作，因为她总在抱怨没有老板愿意给她管理职位，哪怕是个中层管理职位的机会。

　　案例中的小康，当务之急是认清自己，正确地认识职业自我，从一线岗位工作做起。这是每个高校毕业生进入企业要想成为企业领导者的最有效途径。那么，什么是职业自我？它的基本内涵有哪些？

　　职业自我，是指影响个人在职业意识、职业生涯发展上的自我内在因素，包括与职业发展有关的个性心理倾向性因素（如职业兴趣、职业理想、职业价值观等）和个性心理特征（如职业能力、性格、气质等）。

　　职业兴趣是人们从事某种职业的基本心理动力之一，指的是一个人对某种职业，或者说某类专业、工作所抱的积极态度。不同的人对于同一职业可能抱有不同的态度；同一个人对不同的职业也可能抱有不同的态度。一个人对某种职业感兴趣，就会在学习和工作中全神贯注、积极热情，富有创造性地努力完成所从事的工作；反之，他（她）即使聪明能干，也可能在本专业或本行业中毫无建树。人的职业兴趣不是与生俱来的，而是以一定的素质为前提，在生活实践过程中逐步形成和发展起来的。

　　职业理想是人对未来职业的向往和追求，既包括对将来所从事的职业种类和职业方向的追求，也包括对事业成就的追求。职业理想是人们在职业上依据社会要求和个人条件，通过想象而确立的奋斗目标，即个人渴望达到的职业境界。它是人们实现个人生活理想、道德理想和社会理想的手段，并受社会理想的制约。

　　职业价值观是指人生目标和人生态度在职业选择方面的基本取向，也就是一个人对职业的认识和态度以及他（她）对职业目标的追求和向往。理想、信念、世界观对于职业的影响，集中体现在职业价值观上。俗话说："人各有志。"这个"志"表现在职业选择上就是职业价值观，它是一种具有明确的目的性、自觉性和坚定性的职业选择的态度和行为，对一个人职业目标和择业动机起着决定性的作用。

　　职业能力直接影响着职业活动效率和职业活动的顺利进行。职业能力与人的职业活动联系着，并表现在人的职业活动中。个体具有一定的职业能力，就能够顺利地完成某种职业活动，并依其大小决定着职业活动效率的高低。职业能力是在一般能力和特殊能力的基础上发展起来，它是多种能力因素的综合。职业能力的类型很多，诸如驾驶员所需要的操作型职业能力、招待员所需要的服务型职业能力等。职业能力通常是在职业教育和职业实践中发展起来的。

职业性格是指人们在长期特定的生活中所形成的与职业相联系的、稳定的心理特征。例如，有的人对待工作总是一丝不苟、踏实认真，在待人处事中总是表现出高度的原则性、果断、活泼、负责，在对待自己的态度上总是表现为谦虚、自信、严于律己，所有这些特征的总和就是他（她）的职业性格。职业心理学认为，性格影响着一个人对职业的适应性，不同的性格适于从事不同的职业。例如，乐群的人适合从事教师、社会工作者等职业；冷静的人比较适合从事会计等职业。

职业气质是指人的职业心理活动发生时所表现出的力量的强弱、变化的快慢和均衡程度等稳定的动力特征，主要表现在情绪体验的快慢、强弱，表现的隐显以及动作的灵敏或迟钝等方面。职业气质是职业选择的依据之一，某些气质特征为一个人从事某项工作提供了有利的条件。例如，黏液质和抑郁质的人较适合从事持久、细致的工作，而多血质和胆汁质的人适合从事反应灵活的工作（有关这四种气质类型的具体介绍，请参见本单元模块 2）。

## 二、职业自我认知对就业和职业生涯发展的作用

人的职业自我认知决定个体在职业上的取向和角色意识，它反映一个人对自己在职业上的作用、地位以及所承担的责任、义务与权利的内在需要。好的职业生涯规划和职业选择应以此为依据，做到"人—职匹配"，以便最大限度地发挥自我潜能，实现自我价值。

但是，我们对职业自我的认知并不是一件容易事。在认识职业自我的过程中会形成各种各样的职业自我概念。美国职业心理学家舒伯（Super. D. E）在其生涯发展理论中较早提出了职业自我概念理论。他认为："职业指导，即协助个人发展并接受统合的自我概念，同时，发展适当的职业角色形象，使个人在现实世界中经受考验，并整合为实际的职业，以满足个人需要，同时造福社会。"他还认为，职业自我概念包含两个部分：一是个人或心理上的，专注于个人如何选择及如何调适其选择；二是社会的，重点是个人对其社会经济情况及工作生活情况的个人性评价。

职业自我概念是生涯发展的驱动力，通过在学习生活中实践自我概念，来完成自我实现。良好的职业自我概念，是健康择业心理的核心，指一个人能够全面恰当地认识自己，即了解自己的思想、价值观，了解自身的气质、性格、兴趣、能力倾向等个性心理特征，对自己有一个实事求是、恰如其分的评价。选择与自己的个性气质、性格、能力相适应的工作，才能有效地发挥自己的潜能，实现自我价值，提升自我形象。经由成熟自我选择的职业，是个体自我发展与职业发展的完美统一，也就是明确自己想干什么，能干什么及社会需要你干什么。

根据美国职业心理学家施恩（E. H. Schein）的观点，我们的生涯发展主要体现在内职业生涯方面。所谓内职业生涯是指一个人从事某一职业所需要的知识、观念、能力、素质、内心感受等相关要素的总和。这些要素的不同组合，可形成诸如职业成熟度、择业效能感、就业能力等观测指标，用以反映一个大学生的生涯发展状况。我们只有对职业自我进行深入的分析，才可能找到与己匹配的职业，而开发职业自我的程度则决定了职业理想的实现程度。先天与后天的综合因素决定了人只可能最适合一类职业，分析职业自我的目的就是在主观上找到这个职业，并且最大限度地发挥自己的优势。

=== **知识拓展** ===

　　个体自我的概念是丰富而复杂的，它既包括人们对自己的看法，也包括人们对自己的感受。就自我概念的指向而言，自我的外延是极为广泛的。美国著名心理学家威廉·詹姆斯（William James）早在1890年就区别了物质自我、社会自我与精神自我的不同。

　　物质自我指的是真实的物体、人或地点，它既包括躯体自我，如我的手臂或我的腿等，也包括超越躯体的自我——延伸自我，如他人（我的孩子）、宠物（我的狗）、财产（我的汽车）、地方（我的家乡），以及劳动成果（我的作品）等。对于延伸的实体是否是自我的一部分可以通过主体对实体的情感投入来判断。同时，人们对自身所有物的情绪反应也证明了这些东西对于自我的重要性。

　　社会自我指的是我们如何被他人看待和承认，它包括我们拥有的各种社会地位和我们扮演的各种社会角色。迪克丝（Deaux）等人区分出五类社会特性：私人关系（如丈夫、妻子）、种族/宗教（如穆斯林）、政治倾向（如民主党人）、烙印群体（如酒鬼），以及职业/爱好（如教授、艺术家）。在这些特性中，某些是归属特性，某些是后天的习得特性。每一种特性都伴随着一系列的期望和行为，规范和制约着社会自我。

　　精神自我是我们的内部自我或我们的心理自我，它代表了我们对于自己的主观体验，包括我们感知到的能力、态度、情绪、兴趣、动机、意见、特质，以及愿望。精神自我是自我最持久和私密的部分。

=== **模块训练** ===

1. 训练内容：

给"职业自我"概念下定义，并根据所下定义，分析"一位考生的自我介绍"中反映了该考生的哪些职业自我特点。

2. 训练要求：

（1）参考有关文献，给"职业自我"这个概念下定义。

（2）分析"一位考生的自我介绍"中反映了该考生的哪些职业自我特点。

### 一位考生的自我介绍

大家好！我是××号考生，是刚刚毕业的应届生，很荣幸能进入面试接受各位考官的评判，下面我介绍一下自己的情况：

我是一个性格温和的人，生在一个和睦而温馨的家庭，父母非常重视对我性格的历练，教育我要与人为善、善于思考、勤于动手、乐于团结，我也始终秉承这样一种生活和做事原则来锻炼自己的脾性。父母虽是领导却从来没有架子，我也因此能在步入社会和参加工作之前积累了很多富有意义的实践经验，尤其是基层的锻炼经验，这使我受益匪浅。

我是一个热爱学习善于思考的人。在校期间，圆满完成学业并以优异的成绩数次获得"三好学生"的称号和奖学金，还在学习专业科目之余涉猎了很多社会科学知识，拓展了自己的视野，同时更使我明白了一个老生常谈的道理：学无止境。

我是一个认真踏实勤于实践的人。在校期间，我参加了很多实践活动来丰富美好的大学生活，参与过大运会安保工作、本校技能大赛、英语演讲比赛，还在老师和同学的帮助下，参与组织了学校的很多文艺晚会、歌咏比赛、文学竞赛以及辩论演讲等实践活动。虽然未曾真正踏入社会，但这样丰富的实践活动还是给了我很强的信心与充足的思想准备，让我明白了"知易行难"的道理。

虽然，我学到了一定的知识文化，也参与了一定的社会实践，但在不断变化的世界面前，我始终都是一张白纸，也始终把自己当作初学者。这促使我积极观察周边环境的变化，学习前沿知识，提高思想觉悟，增强实践能力，让自己成为时刻准备着的人。因为我相信，机会一定偏爱有准备的头脑。我在自己的充分准备中很幸运地进入了面试环节，我希望本次面试可以成为展示自身能力的机会，在各位考官严厉的审核中获得一张入场券，希望通过公务员队伍的历练让自己成为一个能做实事和对社会有用的人，谢谢！

3. 操作步骤：

（1）按3~7人的规模组建讨论小组，推选组长和小组发言人。

（2）通过阅读资料和讨论，给"职业自我"概念下定义。

（3）小组内分析、讨论"一位考生的自我介绍"中反映了该考生的哪些职业自我特点，提出小组意见。

（4）小组间交流意见，并由教师作点评。

## 考评与反思

1. 考评

请参照下表给出的评价标准，就每个同学在活动中的表现进行评价。

| 领域 | 具体表现 | 自我评分 | 小组评分 | 教师评分 |
|---|---|---|---|---|
| 过程 | 认真完成自学、练习任务（10分） | | | |
| | 主动咨询老师，积极参与小组讨论，阐明自己的观点（10分） | | | |
| | 帮助组内其他成员解决问题，与小组成员一起分享资源、观点，分担任务和责任（10分） | | | |
| | 代表小组发言，全面、准确汇报小组共同的学习成果（10分） | | | |
| 知识 | 领会职业自我概念的含义，回答问题全面、准确（15分） | | | |
| | 了解职业自我认知对就业、职业生涯发展的作用，回答问题全面、准确（15分） | | | |
| 技能 | 能从某个角度准确表达自己对职业自我概念的认识（15分） | | | |
| | 能联系自己的就业目标实际阐述职业自我认知对就业、职业生涯发展的作用（15分） | | | |

评分合成后总得分（自评得分×0.1 + 小组评分×0.4 + 教师评分×0.5）：

2. 反思

对于职业自我概念的把握，你与其他同学有哪些异同？请结合自我评价、小组评价和教师评价结果，分析造成差异的原因。

# M ODULE 模块 2

## 职业自我认知的内容

知识储备

### 一、我是谁——个性与职业

#### （一）气质与职业的联系

气质是指人们心理活动的速度、强度、稳定性和灵活性等方面的心理特征，是神经类型特征在人的行为上的表现。气质对个体的职业和效率有一定的影响，不同气质的人适合从事不同类型的职业。认清自己的气质是职业自我认知的一个重要内容，也是选择职业时的一个重要因素。

古典的气质学说用体液来解释气质类型，分为多血质、胆汁质，黏液质和抑郁质4种类型。这种说法虽然缺乏确凿的科学根据，但在人们日常生活中确实能见到这4种气质的典型代表。所以，这种学说仍被许多人采纳，并沿用至今。

根据国外职业分类规范，一些学者从气质与职业匹配的观念着手进行研究，把气质分为12类，每类各有与之相适应的一系列典型职业。每个人依据自己的气质类型，如在相应的范围内择业，就能够发挥个人优势，有利于取得事业上的成功。

1. 古典气质分类与相适应的职业

（1）多血质型：其特征是情感易产生、易变化，行动快，行为的外倾性明显，易于同周围群体相处，易于适应新环境。这类人适合从事那些富有刺激性和挑战性的，与人打交道的工作，如记者、律师、驾驶员、运动员、外交家、公关人员等，而不太适合去做那些细致而单调、机械的工作。

（2）胆汁质型：其特征是积极热情，感情深刻而稳定，易产生爆发性情绪，精力充沛，外倾性强，对兴奋性行为反应灵敏而迅速，坚韧不拔，自信心十足。这类人适合从事那些工作内容不断变化、所处环境经常转变、与人打交道的工作，如企业推销员、节目主持人、公共关系人员等，显然不适合干那些长时间安坐、细致而持久的工作。

（3）黏液质型：这类人感情不易产生和暴露，一旦产生某种情绪，便会非常强烈而稳定；其特点是精力旺盛，沉着稳重，反应迟缓，不够灵活敏捷，行为有明显的内倾性。这类人适合于从事平静而稳定的、规律性强的工作，如会计师、出纳员、播音员、保育员、话务员等。

（4）抑郁质型：这类人敏感多疑，对事物的感受能力很强，其行为反应迟缓而细腻，易于郁闷且比较深重而持久；行为的内倾性严重，比较难以改变。这类人适合于安静而细致的工作岗位，如编辑校对人员、检查员、化验员、保管员、登录员等。

2. 职业气质分类与相适应的职业

表2-1列出了12类职业气质和与其相适应的职业对照。

表2-1　职业气质和与其相适应的职业对照

| 序号 | 气质类型 | 适应职业 |
|---|---|---|
| 1 | 变化型：喜爱新的变化的工作和环境，在压力下成绩出色，注意力善于转移 | 记者、演员、推销员、消防员 |
| 2 | 重复型：爱好重复的规范化的工作 | 机械操作工种 |
| 3 | 服从型：不愿自己决策、负责，喜欢按别人指示办事 | 办公室职员、秘书、翻译 |
| 4 | 独立型：喜欢自主行动并指导他人活动，以独立行动和担负责任为荣，愿对事态发展做出抉择 | 领导人、管理人员、律师、侦探、警察 |
| 5 | 协作型：善于让别人按照自己意愿行动，并在与人协作时感到愉快，希望得到同事们的喜欢 | 社会工作者、咨询人员 |
| 6 | 孤独型：喜欢单独行动，不愿与人交往 | 雕刻、校对、排版 |
| 7 | 劝服型：判断能力强，喜爱设法使别人同意自己的观点，善于影响他人的态度、观点和判断 | 作家、政治家、行政工作者、宣传工作者 |
| 8 | 机智型：临危不惧，善于应付各种险情和危难 | 公安人员、飞行员、驾驶员、探险家 |
| 9 | 经验决策型：喜欢按照自己的直觉和经验进行判断、决策、行事，当机立断 | 采购、供销、批发、农民、个体经营者 |
| 10 | 事实决策型：喜欢根据事实做出决策，根据调查、检测和统计得出结论 | 自然科学工作者、检验员、化验员 |
| 11 | 自我表现型：总想表现自己爱好和个性的工作情景，通过个人工作来表达理想 | 诗人、画家、演员、音乐家 |
| 12 | 严谨型：注重精确，按规定把工作做得尽量完美 | 会计、统计、出纳、档案管理 |

**（二）性格与职业的选择**

性格是个人对现实的稳定态度和与之相适应的习惯化了的行为方式中表现出来的个性心理特征。从广义讲，性格是人的自然追求和精神欲求的追求体系，是行为方式、心理方式、情感方式的总和，集中反映了一个人的心理面貌。在求职中，性格是构成相识和吸引的重要因素，与职业选择的关系极为密切，既彼此制约，又相互促进。

性格中的意志特征与职业的选择有密切的关系，缺乏坚强意志的人常常不能顺利地选择职业，今后也难以胜任工作，往往一事无成或成就平平。由于意志薄弱，一遇挫折、困难就产生被动、退缩的情绪，因而失去许多成功的机会。缺乏坚韧性的人无法从事要求耐力很强的工作，如科研人员、外科医生等；而缺乏自制力，任性、怯懦的人也不适宜去做管理和社会工作。

　　一般来说，开朗、活泼、热情、温和性格的人，比较适合从事外贸、涉外、文体、教育、服务等方面的工作以及其他同人交往的职业；多疑、好问、倔强性格的人，比较适合从事科研、治学方面的工作；深沉、严谨、认真性格的人，比较适合做人事、行政、党务工作；而勇敢、沉着、果断与坚定则是新型企业家和管理者不可缺少的性格。

　　性格就类型而言，可以分为外向型和内向型。就求职而言，在面对面的交谈中，一般是外向性格为好。一项调查显示，在求职面试时，性格外向的人求职成功率高于性格内向的人。在求职过程中，有时其他条件皆占优势的个性内向者，却竞争不过其他条件不如他的性格外向者。这是因为性格外向的人更善于把自己展示给对方，特别是把自己的长处展示出来。性格内向的人即使有真才实学，但由于不善于展示自己，人家也就无法通过感性印象认识他（她）。求职面试中的感性印象，对于用人单位的招聘者来说有着不可忽视的作用。所以说，求职者的性格是影响其求职成败的重要因素。

## 知识拓展

　　美国心理学家霍兰德（J. Holland）是著名的职业指导专家，他提出了性格类型——职业匹配理论。他认为，学生的性格类型、学习兴趣和将来的职业密切相关。他将人的性格分为六种：现实型、研究型、艺术型、社会型、企业型和常规型。

　　（1）现实型。他们通常喜欢有规则的具体劳动和需要基本技术的工作，这类人擅长技能性职业、技术性职业，但往往缺乏社交能力。他们粗犷、强壮和务实，情绪稳定，有吃苦精神，生活上求平安、幸福、不激进，倾向于用简单的观点看待事物和世界。适合职业主要有需要用手工工具或机器进行工作的手工工作和技术工作。

　　（2）研究型。他们喜欢智力的、抽象的、分析的、推理的、独立的定向任务。这类人喜欢独立，不愿受人督促，对自己的学识与能力充满自信；擅长解决抽象问题，尊重客观事实而不愿毫无疑问地接受传统。具有创造精神，不喜欢做重复工作，但往往缺乏领导能力，这类人擅长科学研究和实验工作。

　　（3）艺术型。他们喜欢通过艺术作品来表达自己的思考和情意，爱想象，感情丰富，不顺从，有创造力，习惯于自省，擅长于艺术、文学方面的工作，但往往缺乏社交能力。适合职业主要指艺术创作工作（包括音乐、摄影、绘画、文字、表演等）。

　　（4）社会型。喜欢社会交往，喜欢有组织的工作，喜欢能让他们发挥社会作用的工作。喜欢讨论人生观、世界观、人生态度等问题。关心他人利益，关心社会问题，愿为团体活动工作，对教育活动感兴趣，不喜欢机械的工作方式。适合职业主要指为大众做事的工作（包括教师、医生、服务员、社团等工作者）。

　　（5）企业型。他们喜欢竞争，乐于对团体行为产生影响；自信心强，善于说服别人；喜欢加入各种社会团体，喜欢权力、地位和财富，性格外倾，爱冒险，喜欢担任领导角色，具有支配和使用语言的技能，但缺乏耐心和科研能力。此类人擅长从事管理、销售等工作。

　　（6）常规型。他们喜欢有系统、有条理的工作，具有安分守己、务实、友善和服从的特点，此类人适宜从事办公室职员、办事员、文件档案管理员、出纳员、会计、秘书等工作。

## 二、我喜欢做什么——兴趣与职业

兴趣是个体积极探究事物的认识倾向，这种倾向带有稳定、主动、持久等特征。人的兴趣可以是多方面的，可以是精神的、物质的、社会的兴趣等。如果一个人对某种职业感兴趣，在工作中就能全神贯注、积极热情，富有创造性地努力完成任务；反之，则会影响积极性的发展，即使再聪明能干，也不可能在本专业或本行业中有所建树。有研究表明，如果一个人从事自己感兴趣的职业，那么就能发挥自己全部才能的 80%~90%，而且会长时间保持高效率而不感到疲劳；如果对所从事的工作没有兴趣，那么只能发挥自己全部才能的 20%~30%。爱因斯坦曾经说过："兴趣是最好的老师。"兴趣是努力的原动力，是成功之母。走自己的路，做自己喜欢的事情，选择自己感兴趣的职业，是当今社会最具有典型性的择业观念之一。

对于兴趣类型的特点和相对应的职业的关系，《加拿大职业分类词典》做了具体的介绍。我们要充分认识自己的兴趣和爱好，在择业过程中应适当考虑，不能为了暂时的眼前利益而选择不适合自己兴趣的职业，这样不仅不能充分施展自己的才能，而且会贻误终生。

对于兴趣和职业之间的关系，国内学者根据《加拿大职业分类词典》作了表 2-2 所示分类。

表 2-2  兴趣类型的特点和与其相对应的职业

| 兴趣类型 | 特点 | 对应职业 |
| --- | --- | --- |
| 喜欢与事物打交道 | 喜欢与事物打交道（比如工具、器具或数字），而不喜欢与人和动物打交道 | 制图员、修理工、裁缝、木匠、出纳员、会计等 |
| 喜欢与人接触 | 喜欢与他人接触，喜欢销售、采访、传递信息一类的活动 | 记者、服务员、推销员、营业员、外交联络等 |
| 愿干有规律的工作 | 喜欢常规的、有规则的活动，习惯于在预先安排好的程序下工作 | 邮件分类、图书管理员、档案管理员、打字员、统计等 |
| 喜欢从事社会福利和助人工作 | 乐意帮助人，试图改善他人的状况，帮助他人排忧解难 | 律师、咨询人员、医生、护士等 |
| 愿做领导和组织工作 | 喜欢掌管一些事情，希望受到众人尊敬和获得声望，他们在企事业单位中起着重要作用 | 行政人员、管理人员、辅导员等 |
| 喜欢研究人的行为 | 对人的行为举止和心理状态感兴趣，喜欢谈论人的问题 | 从事心理学、政治学、人类学、人事管理、思想政治教育等研究工作以及教育、管理工作 |
| 喜欢从事科学技术工作 | 对分析的、推理的、测试的活动感兴趣，擅长理论分析，喜欢独立解决问题，也喜欢通过实验获得新的发现 | 从事生物、化学、工程学、物理学、地质学等研究工作 |

| 兴趣类型 | 特点 | 对应职业 |
|---|---|---|
| 喜欢抽象的和创造性的工作 | 对需要想象力和创造力的活动感兴趣 | 演员、创作人员、设计人员、画家等 |
| 喜欢操作机器的技术工作 | 喜欢运用一定的技术，操纵各种机械，制造产品或完成其他任务 | 机床工、驾驶员、飞行员、机械制作工等 |
| 喜欢具体的工作 | 喜欢制作看得见、摸得着的产品，希望很快看到自己的劳动成果，他们从完成的产品中得到自我的满足 | 厨师、理发师、园林工、室内装饰、手工制作、美容师等 |

### 三、我能做什么——能力与职业

能力是指才干、技能或能胜任某项工作的主观条件，是人们成功完成某种活动必须具备的个性心理特征，是人们在社会实践中所表现出的身心力量。一个人的能力高低会影响他（她）掌握各种活动的成绩，影响一个人的活动效果。

人的职业能力通常可分为语言能力、数理能力、空间判断能力、察觉细节能力、书写能力、运动协调能力、动手能力、社会交往能力、组织管理能力九个方面。不同的职业要求人有不同的能力，如教师、播音员、记者等职业要求有较强的语言能力；统计、测量、会计等职业要求有较强的数理能力；而画家、建筑师、医生等职业对形态知觉能力要求颇高；手指灵活能力较强的人则适于从事外科医生、乐师、雕刻家等职业。

能力与择业的关系十分重要，是择业的重要依据，是求职者开启职业大门的钥匙。我国近代职业教育的倡导者黄炎培先生说："一个人职业和才能相不相当，相差很大，用经济眼光看起来，要是相当，不晓得增加多少效能，要是不相当，不晓得埋没了多少人才；就个人论起来，相当，不晓得有多少快乐，不相当，不晓得有多少怨苦。"因此，对自己的能力要有一个正确的判断与评价，在择业时，我们应根据自己的能力，扬长避短，选准与自己职业能力倾向相同的职业，这样才能在强手如林的竞争中立于不败之地。

### 四、我工作为了什么——职业价值观

价值观是一种内心的尺度，是我们认识和处理事物的一套价值体系，也就是我们在生活和工作中所看重的原则和标准。它凌驾于整个人性之上，支配着人的行为、态度、观察、信念、理解等，支配着人认识世界、明白事物对自己的意义和自我了解、自我定向、自我设计等；也为人自认为正当的行为提供充足的理由。价值观在人们的职业生涯发展中起到极其重要的并且是决定方向性的作用，甚至超过了兴趣和个性对自己的影响。

由于个人的身心条件、年龄、阅历、教育状况、家庭影响、兴趣爱好等方面的不同，人们在职业选择中目标和要求也是不相同的。一般来说，工作的价值观主要有：工作与家庭生活的和谐（如良好的工作环境、与自己的生活方式不冲突），物质保障（如薪酬和福利），能实现自我价值（如成功、名誉、地位、被他人认可、能帮助他人、能发挥自己的才能、有意义），能使自己获得提升（如有发展成长的机会、晋升机会、学习新的知识、培养领导

能力），符合自己的道德观和职业理想（如自主独立、领导他人、影响他人），等等。

=== **知识拓展** ===

美国心理学家洛克奇（Rokeach）于 1973 年在《人类价值观的本质》中，提出了 13 种价值观：

（1）成就感：提升社会地位，得到社会认同；希望工作能受到他人的认可，对工作的完成和挑战的成功感到满足。

（2）美感的追求：能有机会多方面地欣赏周遭的人、事、物，或任何自己觉得重要且有意义的事物。

（3）挑战：能有机会运用聪明才智来解决困难；舍弃传统的方法，而选择创新的方法处理事物。

（4）健康，包括身体和心理健康：工作能免于焦虑、紧张和恐惧；希望能心平气和地处理事物。

（5）收入与财富：工作能够明显、有效地改变自己的财务状况；希望能够得到金钱所能买到的东西。

（6）独立性：在工作中能有弹性，可以充分掌握自己的时间和行动，自由度高。

（7）爱、家庭、人际关系：关心他人，与别人分享，协助别人解决问题；体贴、关爱，对周遭的人慷慨。

（8）道德感：与组织的目标、价值观、宗教观和工作使命能够不相冲突，紧密结合。

（9）欢乐：享受生命，结交新朋友，与别人共处，一同享受美好时光。

（10）权力：能够影响或控制他人，使他人照着自己的意思去行动。

（11）安全感：能够满足基本的需求，有安全感，远离突如其来的变动。

（12）自我成长：能够追求知性上的刺激，寻求更圆融的人生，在智慧、知识与人生的体会上有所提升。

（13）协助他人：体认到自己的付出对团体是有帮助的，别人因为你的行为而受惠颇多。

中国专家根据中国人的特点总结，把人的职业价值观分为以下 13 种类型，各类型的基本含义如下：

（1）利他主义：总是为他人着想，把直接为大众的幸福和利益尽一份力作为自己的追求。

（2）审美主义：能不断地追求美的东西，得到美感的享受。

（3）智力刺激：不断进行智力开发、动脑思考、学习和探索新事物、解决新问题。

（4）成就动机：不断创新、不断取得成就、不断得到领导和同事的赞扬或不断实现自己想做的事。

（5）自主独立：能够充分发挥自己的独立性和主动性，按自己的方式、想法去做，不受他人干扰。

（6）社会地位：所从事的工作在人们的心目中有较高的社会地位，从而使自己得到他人的重视与尊敬。

（7）权力控制：获得对他人或某事的管理权，能指挥和调遣一定范围内的人或事物。

（8）经济报酬：获得优厚的报酬，使自己有足够的财力去获得自己想要的东西，使生活过得较为富足。

（9）社会交往：能和各种人交往，建立比较广泛的社会联系和关系，甚至能和知名人士结识。

（10）安全稳定：希望不管自己能力怎样，在工作中要有一个安稳的局面，不会因为奖金、加资、调动工作或领导训斥而经常提心吊胆、心烦意乱。

（11）轻松舒适：希望将工作作为一种消遣、休息或享受的形式，追求比较舒适、轻松、自由、优越的工作条件和环境。

（12）人际关系：希望一起工作的大多数同事和领导人品好，相处在一起感到愉快、自然。

（13）追求新意：希望工作的内容经常变换，使工作和生活显得丰富多彩，不单调枯燥。

每个人不可能同时获得这些价值的满足，我们在选择职业时，常常面临着价值观的冲突。例如，在高薪待遇、失业发展、人际和谐、环境舒适、工作安稳等有矛盾时，你究竟最看重什么，左右你选择的往往就是自己内心的职业价值观，它影响着个人的决策。而有些同学有时对自己的价值观并不是很清楚，因此需要深入了解自己的职业价值观倾向，从而为自己选择理想的职业提供向导。

=== 小案例 ===

有一家公司，适逢销售经理一职空缺。于是，该公司人力资源管理干部张某毛遂自荐担当公司经理一职。事前，张某曾和朋友商量是否接受这个职务。他的朋友认为张某当销售经理，自己一定能多少沾点光，于是便积极地怂恿他当销售经理。张某也认为当销售经理很风光，所以便兴致勃勃地接受了聘任。但是，两年后，这家公司销售状况每况愈下，并传出了要追究销售经理责任的风声，使得他不得不辞去职务。

点评：现实中，销售经理是一个表面看起来风光的职务，但许多人却忽略了该职位责任、风险也大的事实。张某的失败在于没有清醒地认识自己，衡量自己的"斤两"，以为是天上掉下一个大馅饼，乐哈哈地接受了，因此失败也就在所难免。

**模块训练**

1. 训练内容：
岗位竞聘中的自我介绍——职业自我认知的描述。

2. 训练要求：
（1）分析自己的职业自我特点，并用文字进行描述。
（2）假定你正在应聘一个自己梦寐以求的职业岗位，考官要你用 2 分钟时间介绍你自己，请准备一份耗时 2 分钟以内的自我介绍书面材料。

3. 操作步骤：

（1）查阅相关资料，分析自己的职业自我特点。

（2）用精练的语言将自己的职业自我特点完整地描述出来。

（3）模拟职业岗位应聘情境，每位同学轮流面对"考官"进行自我介绍。

（4）教师做出点评。

**考评与反思**

1. 考评

请参照下表给出的评价标准，就每个同学在活动中的表现进行评价。

| 领域 | 具体表现 | 自我评分 | 小组评分 | 教师评分 |
|---|---|---|---|---|
| 过程 | 认真完成自学、练习任务（10 分） | | | |
| | 主动咨询老师，积极参与小组讨论，阐明自己的观点（10 分） | | | |
| | 帮助组内其他成员解决问题，与小组成员一起分享资源、观点，分担任务和责任（10 分） | | | |
| | 代表小组发言，全面、准确汇报小组共同的学习成果（10 分） | | | |
| 知识 | 了解气质、性格与职业类型匹配，回答问题全面、准确（15 分） | | | |
| | 了解兴趣、价值观与职业类型匹配关系，回答问题全面、准确（15 分） | | | |
| 技能 | 能根据自己的气质、性格特征，确认自己所适应的职业类型（15 分） | | | |
| | 能根据自己的兴趣和价值观找出适合自己的职业类型（15 分） | | | |

评分合成后总得分（自评得分 ×0.1 + 小组评分 ×0.4 + 教师评分 ×0.5）：

2. 反思

你对自己气质、性格、兴趣和价值观与职业类型的匹配，相对于其他同学有哪些异同？为什么？请结合自我评价、小组评价和教师评价结果，分析其中的原因。

# MODULE 模块 3

## 职业自我认知的规律

**知识储备**

在古希腊的阿波罗神庙中，刻着为智者们所赞同的一句格言："认识你自己"，这句话激励着人们不断探索自我、实践自我、超越自我。古希腊大哲学家苏格拉底最早提出了"认识自我"的命题。他认为在具体的专业领域，自己虽不及政治家、诗人、军事家，但是他能认识自己在这些方面的不足，这正是一种智慧。中国古代思想家庄子也说过"知人者智，自知者明"。但是，认识自我并非易事，认识自我的过程艰难而曲折，并且贯穿人的一生。

尽管如此，人对职业自我的认知还是存在客观规律的。掌握这些规律，对正确认知职业自我、做好职业生涯规划有着非常重要的价值。那么，到底有哪些规律呢？以下将结合大学生心理发展的特点，从帮助大家树立职业生涯发展信心、找到个人的努力方向和职业锚①等角度展开叙述。

## 一、大学时期是职业自我认知的重要阶段

大学时期是我们人生重要的发展时期，这一阶段的核心问题就是自我意识的确立和自我角色的形成。我们经常考虑自己到底是怎样一个人，从别人对自己的态度中，从自己扮演的各种社会角色中，逐渐认清自己。此时，我们逐渐离开了自己的父母，从对父母的依赖关系中解脱出来，而与同伴们建立了亲密的友谊，从而进一步认识自己，对自己的过去、现在、将来产生一种内在的连续性，也认识自己与他人在外表上与性格上的相同与差别。俄国心理学家科恩（Кон，И. С.）在他的《青年心理学》中指出的："青年期最重要的心理过程是自我意识和稳固的'自我'形象的形成。""青年期最有价值的心理成果就是发现了自己的内部世界，对于青年来说，这种发现与哥白尼当时的革命同等重要。"

=== 知识拓展 ===

### 艾里克森人生八阶段学说

美国心理学家艾里克森（E. Erikson）提出人生八阶段学说，如表 2 – 3 所示。大学时期处于人生发展的青年后期和成年早期阶段。在这一时期的主要任务是确立一个正确的自我概念，完成自我认知；能够与别人建立亲密的关系，获得认同。艾里克森认为，发展亲密感，建立良好的社会关系对于个人能否进入社会具有重要的作用。

表 2 – 3　艾里克森人生八阶段学说

| 阶段 | 年龄 | 发展危机 | 发展顺利 | 发展障碍 |
|---|---|---|---|---|
| 1 | 婴儿期<br>（0 ~ 1 岁） | 信任←→不信任 | 对人信任，有安全感 | 与人交往，焦虑不安 |
| 2 | 儿童期<br>（1 ~ 3 岁） | 活泼自主←→羞愧怀疑 | 能自我控制，行动有信心 | 自我怀疑，行动畏首畏尾 |

---

①　职业锚，又称职业系留点，是指当一个人不得不做出选择的时候，他（她）无论如何都不会放弃的职业中的某种至关重要的东西或价值观。

| 阶段 | 年龄 | 发展危机 | 发展顺利 | 发展障碍 |
|---|---|---|---|---|
| 3 | 学龄初期<br>（3～6岁） | 自信←→退缩内疚 | 有目的方向，能独立进取 | 畏惧退缩，无自我价值感 |
| 4 | 学龄期<br>（6～12岁） | 勤奋进取←→自贬自卑 | 具有求学、做事、待人的基本能力 | 缺乏生活基本能力，充满失败感 |
| 5 | 青春期<br>（12～18岁） | 自我统合←→角色混乱 | 自我观念明确，追求方向肯定 | 生活缺乏目标，时感彷徨迷失 |
| 6 | 成年早期<br>（18～25岁） | 友爱亲密←→孤独疏离 | 与人相处有亲密感 | 与社会疏离，常感寂寞孤独 |
| 7 | 成年期<br>（25～65岁） | 精力充沛←→颓废迟滞 | 热爱家庭，关怀社会 | 不关心别人与社会，缺少生活意义 |
| 8 | 成熟期<br>（65岁以上） | 完美无憾←→悲观绝望 | 随心所欲，安享天年 | 悔恨旧事，消极失望 |

## 二、职业自我认知的规律

在初中、高中阶段，个体始终处于紧张的学习环境之中，没有时间考虑自己的现在，谋划自己的未来。只有进入大学后，由于眼界的拓宽，时间的相对宽松，才能真正专心地考虑自我、探索自我和确定自我。归结起来，就是在大学阶段我们要回答两个基本问题："我是谁？"与"我将走向何方？"而这两个问题也恰恰是职业自我认知的两个核心问题。把握职业自我认知的规律，实现自我意识的统一，不仅是衡量我们心理是否健康的重要标准，也是促进我们顺利就业的重要条件。

### （一）职业自我认知由自然分化发展为矛盾加剧

青年时期自我认知的发展是从明显的自我分化开始的。原来完整、笼统的"我"被打破了，出现了两个"我"：主观的我（I）和客观的我（me），前者表示我是什么，我做什么；后者表示怎样看待我，给我什么。客观上来说，自我意识分化是自我认知开始走向成熟的标志，但伴随着"主我"和"客我"的分化，一系列关于自我的矛盾加剧，自我不能统一，自我形象不能确立，自我概念不能形成，因此表现出明显的内心冲突，甚至有很大的内心痛苦和激烈的不安感。他们对自我的评价常常非常矛盾，对自我的态度常常不断波动，对自我的控制常常很不果断。

归纳起来，我们在自我认知中的矛盾主要表现在以下几个方面：

1. 主观我与客观我的矛盾

由于大学生活的范围比较窄，远离社会，交往多限于老师、同学、父母，相对简单、直接，因此我们对自我的认知参照点少，局限性较大，对社会的了解非常肤浅。又加之社会对大学生期望甚高，使我们的自我认识也沾染上了不少光环色彩，而现实生活的自己却很平凡，这种差距给我们带来许多迷茫和苦恼。

## 2. 理想我和现实我的矛盾

这是自我认知中最突出、最集中的表现。我们心中承载着无数的梦想，每个人都渴望成就一番丰功伟绩，对自己的未来充满了希望。然而，很多大学生较少接触社会，还不能很好地把理想和现实有机地结合起来，而且自己的现实条件与自己的理想相差甚远，这给他们带来很大的迷茫和苦恼。因此，我们需要认识到，理想我与现实我有一定距离是正常的，它可以激励我们奋发图强，积极向上，向着梦想的方向前进；如果现实我距离理想我太过遥远，迟迟不能趋近、统一，则会引起自我的分裂，导致一系列心理卫生问题，因此需要特别注意和认真处理。

## 3. 独立与依附的矛盾

进入大学后，我们的独立愿望非常强烈，希望能尽早摆脱成人的管束和影响，能在经济、生活、学习、思想各方面独立。但在心理、经济和生活等方面又不得不依赖成人，无法真正做到独立。这种独立和依赖的矛盾也一直是不少大学生苦恼的问题。这时我们应该理智地意识到，独立并非一朝一夕的事情，需要逐渐地努力和积累，可以在他人的帮助和指导下，逐步实现由依附到独立的跨越。

## 4. 渴望交往和自我闭锁的矛盾

我们都迫切需要友谊、渴望被理解、寻求归属和认同，并有强烈的交往需要，希望和朋友探讨人生的真谛，分享成长的快乐与烦恼。然而，我们的自我表露又受着心灵闭锁的影响，总是不经意地把自己的内心深藏起来，与别人有意无意地保持一定距离，常存戒备心理，不能完全敞开心扉与他人交流与沟通。正是这种矛盾冲突，使不少大学生常处于孤独的煎熬中。这些自我认知中出现的矛盾和冲突是心理发展过程中的正常现象，是我们大学生自我意识迅速走向成熟而又未完全真正成熟的集中表现，也是我们走向成熟的必经之路。

### （二）职业自我认知由矛盾冲突走向自我同一

自我认知分化、矛盾所带来的痛苦不断促使大学生调整、整合自我意识，寻找自我意识的统一点，即自我同一性。自我同一，主要指主观我和客观我的统一、自我与客观环境的统一、理想我与现实我的统一。

消除矛盾，获得自我同一的途径有三条：

（1）努力改善现实自我，使之逐渐接近理想自我。

（2）修正理想自我中某些不切实际的过高标准，使之与现实自我趋近。

（3）理想自我和现实自我相互妥协并达到相互统一。

按照心理健康的标准，不管哪种途径达到自我意识统一，只要统一后的自我是完整的、协调的、充实的、有力的，就是积极和健康的统一，就是要建立积极自我或形成自我肯定。这种积极自我的建立是在经过痛苦的选择与调整之后，我们逐渐成长，使自己的理想我与现实我趋于统一，主观我与客观我趋于一致，对自我的认知更加清晰、客观、全面、理性。积极的自我不仅要了解自己的长处和优势，也要了解自己的不足与劣势，要能够分析哪些是通过努力可以达到的，哪些是无法企及的。通过理性的认识，进行积极的自我肯定，向着理想自我迈进。

### 模块训练

1. 训练内容：

大学生时期职业自我认知的基本规律和正确利用。

2. 训练要求：

结合案例资料，认识大学生时期职业自我认知的基本规律；如果是你，你认为应该如何利用这些规律？请为类似小王这种问题，提出你的解决思路。

### 小王的困惑

某高职学院三年级学生小王，电气自动化专业学生，学习成绩中上等，性格活泼开朗，人际关系良好，具有远大理想和抱负，上进心强。进入三年级后，班上的同学都在积极寻找适合自己的职业。小王感到自身条件较好，所以，一心想找个工作环境好、收入高、发展空间大的理想的就业单位。可是半年过去了，小王寄发了200多份求职信，参加了7次大型人才招聘会，与几家自己满意的单位接洽后，都没有被录用。到了临近毕业的时刻，同意录用小王的几家单位因都不能在某些方面完全满足他的愿望，所以都被他拒绝了。结果到了毕业时小王仍然没有找到他所要找的理想单位，此时他情绪低落，茫然不知所措。

3. 操作步骤：

（1）按 3 ~ 7 人的规模自由组建若干讨论小组，推选组长及小组发言人。

（2）分析案例资料，经讨论形成小组意见。

（3）小组间进行意见交流，并由教师做出点评。

分析提示：每个即将踏入社会的大学生都怀揣着梦想，但现实与理想的差距过大使得他们心理不适甚至自暴自弃，变得无所事事，没有动力。当理想与现实发生冲突时，积极的自我调适非常必要，大学生要重新调整和评估自己的理想。

## 考评与反思

1. 考评

请参照下表给出的评价标准，就每个同学在活动中的表现进行评价。

| 领域 | 具体表现 | 自我评分 | 小组评分 | 教师评分 |
| --- | --- | --- | --- | --- |
| 过程 | 认真完成自学、练习任务（10分） | | | |
| | 主动咨询老师，积极参与小组讨论，阐明自己的观点（10分） | | | |
| | 帮助组内其他成员解决问题，与小组成员一起分享资源、观点，分担任务和责任（10分） | | | |
| | 代表小组发言，全面、准确汇报小组共同的学习成果（10分） | | | |
| 知识 | 了解职业自我认知的关键期，回答问题全面、准确（15分） | | | |
| | 了解职业自我认知自然分化与矛盾、职业自我认知矛盾与同一关系，回答问题全面、准确（15分） | | | |
| 技能 | 能根据自己的成长经验，指出职业自我认知的关键期（15分） | | | |
| | 能根据自己的成长经验，阐述职业自我认知自然分化与矛盾、职业自我认知矛盾与同一关系（15分） | | | |
| 评分合成后总得分（自评得分×0.1 + 小组评分×0.4 + 教师评分×0.5）： | | | | |

**2. 反思**

你对职业自我认知关键期、职业自我认知自然分化与矛盾、职业自我认知矛盾与同一关系的理解，与其他同学相比有哪些异同？为什么？请结合自我评价、小组评价和教师评价结果，分析其中的原因。

# MODULE

# 模块 4

# 掌握职业自我认知方法与完善途径

## 知识储备

职业自我认知是我们谋求职业发展的出发点和落脚点。个人谋求职业发展的动机、程度与实现愿望是完全取决于个人对职业自我的分析及期望的程度，因此掌握职业自我认知的策略与技巧，提高认知水平，加深自我认识，克服自我认知中的偏差，积极悦纳自我，有效控制自己，不断超越自己，就能在自己的职业生涯中得到幸福和快乐，就会有充实的感觉，每天拥有向前冲的激情和勇气。

## 一、认知职业自我的方法

### （一）比较法——从"我"与他人的关系中认识自我

他人是反映自我的镜子，与他人交往，是个人获得自我认识的重要来源。我们先从家庭中的亲情关系扩展到外面的友爱关系，进入社会又体验到人与人之间的利害关系。有自知之明的人，能通过这些关系，将自己的认知与他人的观点进行比较，从而向别人学习，获得足够的经验，然后按照自己的需要去规划自己的前途。这种人际比较并非是一个随意的与他人无序的比较，而需要作出一定的意志努力，同时应注意下列几点：

第一，比较对象的选择。对与之比较的对象应选择与"我"有同质性和相似性的人。一个平庸的人如果选择的比较对象是一个出类拔萃的人，其结果只会感到自己一无是处，自惭形秽，走向自卑；相反，一个层次较高的人选择的比较对象是一个层次极低的人，其结果就会是夜郎自大，沾沾自喜。

第二，可比性。用他人的优点和自己的缺点相比，或用他人的缺点和自己的优点相比，或以年龄、性别、家庭出身等不可变因素相比，所获得的自我认知是毫无意义和不可信的。

第三，注意对结果的比较。在与他人比较时重视过程很可能引起自我认知的偏差，相反重视比较结果所形成的自我认知才是有实际意义的。

我们大学生正处于人生重要的发展时期，人生目标、职业理想、生活态度等都在形成之中，与他人比较为我们提供了认识自我、了解自我和发展自我的重要标尺，是每个个体认识自我不可或缺的方面。

### （二）经验法——从"我"与事的关系中认识自我

从"我"与事的关系中认识自我，即"我"从做事的经验中了解自己。一般人通过自己所取得的成果、成就及社会效应来分析自己，却又常受成败经验的限制。其实任何一种活动都是一种学习，不经一事，不长一智。成败得失，其经验的价值也因人而异。对聪明又善用智慧的人来说，成功、失败的经验都可以促使他再成功，因为他们了解自己，有坚强的人格特征，善于学习，因而可以避免重蹈失败的覆辙。对于某些心理比较脆弱的大学生，失败的经验使其更感到沮丧，这也是常见的现象。因为他们不能从失败中吸取教训，改变策略追求成功，而是受挫后形成害怕失败的心理，不敢面对现实去应付困境或挑战，从而失去许多良机。对于那些自我夸大的人来说，成功反而可能成为其失败之源。他们可能因为侥幸成功而骄傲自大，以后做事便自不量力，这样往往容易导致失败。对于有些成长过于顺利，又有家世、关系的人而言，一旦失去这些"保护源"，便一蹶不振，不能支撑起独立的自我。因此一个大学生对在成败经验中获得的自我意识也要细加分析和甄别。

（三）反省法——从"我"与"己"的关系中认识自我

古人曰："吾日三省吾身。"从"我"与"己"关系中认识自我，看似容易实则困难。我们大概可以从以下几个"我"中去认识自己：① 自己眼中的"我"。个人实际观察到的客观的"我"，包括身体、容貌、性别、年龄、职业、性格、气质、能力等。② 别人眼中的"我"。与别人交往时，由别人对你的态度、情感反应而觉察自我。不同关系的人对自己的反应和评价不同，它是个人从多数人对自己反应归纳的结果。③ 自己心中的"我"，也指自己对自己的期许，即"理想我"。我们还可以从实际的"我"、自觉别人眼中的"我"、自觉别人心中的"我"等多个"我"来全面认识自己。但是，对于现代大学生而言，虽然有多个"我"可供认识，但要形成统合的自我观念比较困难。因为现代社会急剧变迁，尤其是改革开放后受多元价值的影响，我们对自我探索的方向也日益多元，难以形成泾渭分明的自我概念。

=== **知识拓展** ===

### 个人 SWOT 分析法

SWOT 是四个英语单词的缩写，如图 2－1 所示。S——strength（强项），W——weakness（弱项），O——opportunity（机会），T——treat（威胁）。一般来说强项和弱项都从属于个人，而机会和威胁则来自外部环境。比如可以制个表格对自己进行 SWOT 分析：对于强项要充分利用；对于弱项要努力弥补；对于机会要尽量抓住；对于威胁要降低其程度。

| 强项 | 机会 |
|------|------|
| 弱项 | 威胁 |

**图 2－1　个人 SWOT 分析法**

（四）测评法——运用科学的诊断工具认识自我

测评法是通过采用标准化的量表，按照规定的程序来收集职业心理数据资料的一种方法。该方法中所使用的测验量表是经过编制测验题目、预测、项目分析、合成测验、建立常模等标准化过程编制而成并且被广泛使用的测验量表。测评法源自心理测量学，但研究者又结合职业测评的实际需要对传统心理测量的方法，包括自然观察法、作业量表法、心理实验法、心理投射法、自陈量表法等进行了整合和变通。目前，职业测评中除了沿用心理测量学方法之外，还拓展出了笔试法、面试法和评价中心技术等。

测评法具有很多优势：

一方面，测评法的客观性程度比较高。这是由测评系统化过程的客观程度决定的。通常测评过程中要求以下诸方面的客观性，即测验刺激的客观性、量化的客观性、推论的客观性。测验刺激的客观性是指测验刺激或测验的作业，在不同时间对于同一个被测者，或同一时间对于不同的被测者进行测试，其意义都应该是相同的。保持测验刺激的客观性则要遵照一定的程序予以控制。量化的客观性是对反应结果进行数量描述的一致程度，或称评测标准的同一性，避免人为因素影响。推论的客观性指对同一结果不同的人所做的推论应该一致，同一个人在不同的时间对同一结果所做的解释应该相同。

另一方面，一个测量的量表一旦确立，就可在它所规定的问题上和所规定的人群范围内广泛使用，并比较准确地了解这一人群在所用量表上所规定的心理特征。关于测评法的具体运用，我们将在下一章进行专门介绍。

## 二、完善职业自我的途径

### （一）积极悦纳自我

每个人都知道"自我"是最重要的，可总有些人并不真正地尊重自己、爱惜自己。实际上悦纳自我是发展健全自我的核心和关键。悦纳自我，首先要接纳自己，喜欢自己，欣赏自己，体会自我的独特性，在此基础上体验价值感、自豪感、愉快感和满足感；其次要无条件地接受自己的一切，好的和坏的，成功的和失败的，接纳自己的不完善既是自信的表现，也是完善自我的起点，因为每个人在外表、身材、能力、个性方面都有一定的限制。积极悦纳自我的策略是：关注你自己的成功，并将优势积累，每个人身上都有着无数的闪光点，重点在于寻找你自己的闪光点并将其构成亮丽的人生风景线。

### （二）主动反思自我

主动地反思自己的心理品质、特征及行为的心理过程，是健全自我意识、完善自我的根本途径。在行动时，无论对人对事，均全力以赴，使自己的能力得到最大限度的锻炼和提高。行动之后再反省得失原因，再度投入行动吸取教训经验，一旦有所成果，便再反省总结。如此往复进行，自我便一步一步得到扩展和深化，自我的境界也就自然而然地得到开拓与提升。

### （三）不断超越自我

我们每个人都有很高的抱负和远大的理想。但古人说得好，要"齐家治国平天下"须从"修身、养性"开始，即从点滴小事开始，从积极行动开始，行知并重。经验告诉我们，自我认识已是不易，若再期望自我开拓、提升、超越，更是难上加难。但人的一生，唯求实现自己的价值。对于我们大学生而言，塑造自我、实现自我价值更是需要终生努力实现的目标。

**模块训练**

1. 训练内容：
职业自我认知方法的运用。

2. 训练要求：
分析案例中小李所存在的问题。如果是你，你认为应该怎么做？请为类似他这种问题提出一套解决方案。

**深陷自责的小李**

　　小李是一个来自农民家庭的孩子，被某高职院校录取，可到了学校以后发现学校与他理想中的大学相去甚远。他哭得天昏地暗，几乎站不起来，他害怕跟到名牌大学读书的中学同学联系，也不愿与班里同学交往。当九月明媚的阳光照在开心的大学新生脸上时，他却丝毫也高兴不起来。心结没有解开，学习没有动力，生活没有目标，正如大海上漂浮的小舟，完全失去了原来的方向。结果大学第一学期的期末考试，他就意外地考试没有及格。但他并没有认真反思自己，而是变本加厉，第二学期迷上了网络，彻夜上网聊天、打游戏。可想而知，第二学期他的五门功课同时亮起了红灯，学校发出了退学通知。这一刻他真的非常懊悔，深深自责。

3. 操作步骤：

（1）按 3~7 人的规模自由组建若干讨论小组，推选组长及小组发言人。

（2）分析案例资料，经讨论形成小组意见。

（3）小组间进行意见交流，并由教师做出点评。

分析提示：个体的人生不可复制与自我发展的不可逆转要求每一位大学生要认真审视自我，并为自我发展留下空间。因为青春只有一次，而大学学习经历对年轻学子也十分难得，珍视自我，开掘心灵的宝库尤为重要。

## 考评与反思

1. 考评

请参照下表给出的评价标准，就每个同学在活动中的表现进行评价。

| 领域 | 具体表现 | 自我评分 | 小组评分 | 教师评分 |
|---|---|---|---|---|
| 过程 | 认真完成自学、练习任务（10分） | | | |
| | 主动咨询老师，积极参与小组讨论，阐明自己的观点（10分） | | | |
| | 帮助组内其他成员解决问题，与小组成员一起分享资源、观点，分担任务和责任（10分） | | | |
| | 代表小组发言，全面、准确汇报小组共同的学习成果（10分） | | | |
| 知识 | 了解职业自我认知的方法，回答问题全面、准确（15分） | | | |
| | 了解职业自我完善途径，回答问题全面、准确（15分） | | | |
| 技能 | 能运用比较法、经验法、反省法和测评法探索自己的职业自我（15分） | | | |
| | 能结合实际，采取积极悦纳自我、主动反思自我和不断超越自我等途径完善职业自我（15分） | | | |

评分合成后总得分（自评得分×0.1 + 小组评分×0.4 + 教师评分×0.5）：

**2. 反思**

你对职业自我认知方法的理解与运用，相对于其他同学有哪些异同？请结合自我评价、小组评价和教师评价结果，分析其中的原因。

# M ODULE 模块 5

## 了解职业自我认知中常见的心理问题与调适

**知识储备**

我们在自我认知的过程中，有时不能客观地认识和评价自我，因此出现自我认知偏差，甚至造成自我认知障碍，这不仅影响我们的健康成长，而且会影响我们的职业定位。因此，探讨职业自我认知中常见的心理问题，掌握其调适方法，有助于促进我们职业心理的健康发展。

### 一、职业自我认知中常见的几种心理问题

#### （一）过分追求完美

追求完美，是人类健康向上的本能，但过分追求完美则易引起自我认知障碍。追求完美的大学生对自己持过高的要求，期望自己完美无缺，却不顾自己的实际状况。此外，他们不能容忍自己"不完美"的表现，对自己"不完美"的地方过分看重，甚至把人人都会出现的、人人都会遇到的问题看成自己"不完美"的表现，总对自己不满意，从而严重地影响了自己的情绪和自信心。他们对自我十分苛刻，只接受自己理想中的"完美"的自我，不肯接纳现实中平凡的或有缺点的自我，其后果往往适得其反，使得对自我的认知更加困难。

#### （二）过度自负

过度自负，指过高地估计个人的能力，失去自知之明。他们拿"放大镜"看自己的长处，甚至把缺点也视为长处；拿"显微镜"看他人的短处，把别人细微的短处都找出来。抱有自负自傲心理的人，在求职面试时，往往夸夸其谈，海阔天空，给用人单位留下浮躁、不踏实的印象，致使用人单位难以接受。同时，在自负心理的支配下，部分大学生的就业观念不正确，心理定位偏高，往往不切实际地追求有高工资、高名利的单位，而对一般的工作单位百般挑剔。由于这类大学生不能认清自己，其结果必然会高不成低不就，迟迟不能落实单位。另外，自负者往往以自我为中心，表现出很强的优越感，他们的人际交往模式是"我好，你不好""我行，你不行"，因而他们不易赢得他人的好感和信任，人际关系多不和谐，行为做事很难得到他人的帮助，易遭受挫折。

#### （三）过度自卑

过度自卑，指对自己的能力评价过低，看不起自己，这是由过多的自我否定而产生的自惭形秽的体验。这类人自我认知不客观，往往只看到自我的缺点而忽略了自我的长处，不喜欢自己，不能容忍自己的缺点和弱点，否定、抱怨、指责自己，感到自己什么都不如他人，处处低人一等，因而常表现出胆怯、畏惧、怀疑，担心被人嫌弃和拒绝，行为中常采取逃避

方式。这一消极有害的心理严重影响了我们的就业，例如：有些大学生面对招聘者不敢大胆推荐自己，认为自己竞争力不够；有些大学生在求职时怯于出头、羞于表现，不能很好地向求职单位展示自己的才华；等等。这些行为常常会使我们坐失良机，造成求职成功率不高。

## 二、职业自我认知中心理问题的调适方法

### （一）树立正确的认知观念

人不可能十全十美，每个人都有优缺点。人不会事事行，也不会事事不行；一事行不说明事事行，一事不行也不说明事事不行；优点和缺点不能随意增加或丢掉，成功或失败也不是自说自定。要实事求是、恰如其分地评估自己，既不自以为是，也不妄自菲薄。

### （二）制定合理恰当的目标

在充分了解自己的基础上，调整对自己的期望，确立合适的目标，目标应该符合自己的实际能力，并且要区分长期目标和近期目标，区分潜能和现在表现，不苛求自己，不被他人的要求所左右。虽然，每个人都不可能完全不顾他人对自我的期望和评价，但也不能被他人的期望所束缚，只为他人学习、生活。对于大学生来说，应明确自己的期望是什么，以及明确这种期望是来自自我的本身能力和需要，还是来自他人的期望。只有明确了这一点，才能规划自己未来的发展方向。

### （三）欣赏他人的长处、接纳自己的不足

每个人都既有优点又有缺点，既有所长也有所短，因此要善于看到别人的长处，欣赏他人的独特性，不贬抑他人，自觉地把自己和他人、集体结合起来，走出自我的小天地，多设身处地地从他人的角度思考问题。同时，应客观、正确、自觉地认识自己，无条件地接受自己，欣赏自己所长，接纳自己所短，做到扬长避短，不断自我激励。

### （四）确立恰当的评价参照标准

人只有在比较中才能定出高低优劣。选择不同的参照标准，比较的结果不同，所起的作用也不同。以弱者为参照会自大，以强者为标准则自卑；表现在行动中，既可以激发人的积极性，也可以压抑人的积极性。因而应该选择恰当的标准，更重要的是以自己为标准，按照自己的条件评定自己的价值。

**模块训练**

1. 训练内容：

职业自我认知中心理问题调适方法的运用。

2. 训练要求：

针对案例中刘勇所存在的问题，你认为应该怎么做，便可以避免悲剧的发生？请为类似他的这种问题，拟订一个自我调适的预防方案。

### 刘勇的悲剧

刘勇是一名天资聪颖的学生。他对自己要求严格，学习勤奋刻苦，性格开朗自信，要强好胜，对自己期望很高，具有远大的抱负。大学一年级第一学期考试后，刘勇学习成绩在全年级排名第一，这使他感到非常荣耀。可是当他看到同班几个学习成绩不如他而在学生会当干事的同学忙前跑后，备受大家关注时，心里很不是滋味，强烈感到自己落后于人。他无法忍受这种甘于人后的感觉，于是，新学期刘勇将大量的时间和精力投入到社会工作中，很快

得到了同学的认可和老师的欣赏。然而，一个人的精力是有限的，尽管他学习非常刻苦，可学习成绩开始明显下降，他把成绩下降归结为自己不够刻苦努力。一次他考试不及格，就惩罚自己一天不吃饭。就这样，刘勇陷入了恶性循环之中，最终他万念俱灰，感到无颜面对父母、老师和同学，感到自己的存在毫无价值，走上了自杀的不归之路。

3. 操作步骤：

（1）组建小组分析、讨论案例资料，形成小组意见。

（2）在教师的指导下，小组间互相交流意见。

（3）教师做出点评。

分析提示：刘勇为自己制定了远超过自己能力的奋斗目标，出现挫折是正常的，可惜的是他没有及时调整自己的心态和目标，也不具有抵抗和应对挫折的能力，从而导致悲剧的发生。

## 考评与反思

1. 考评

请参照下表给出的评价标准，就每个同学在活动中的表现进行评价。

| 领域 | 具体表现 | 自我评分 | 小组评分 | 教师评分 |
|---|---|---|---|---|
| 过程 | 认真完成自学、练习任务（10分） | | | |
| | 主动咨询老师，积极参与小组讨论，阐明自己的观点（10分） | | | |
| | 帮助组内其他成员解决问题，与小组成员一起分享资源、观点，分担任务和责任（10分） | | | |
| | 代表小组发言，全面、准确汇报小组共同的学习成果（10分） | | | |
| 知识 | 了解职业自我认知中的常见心理障碍，回答问题全面、准确（15分） | | | |
| | 了解职业自我认知心理障碍的自我调试方法，回答问题全面、准确（15分） | | | |
| 技能 | 能客观、准确分析自己在职业自我认知中所表现出来的心态（15分） | | | |
| | 能通过树立正确认知观念、制定合理人生目标、选择合适生涯发展参照标准等途径，让自己的职业心理处于健康状态（15分） | | | |

评分合成后总得分（自评得分×0.1 + 小组评分×0.4 + 教师评分×0.5）：

2. 反思

你对职业自我认知常见心理障碍及调试方法的理解与运用，相对于其他同学有哪些异同？请结合自我评价、小组评价和教师评价结果，分析其中的原因。

## 巩固与提高

### 单元知识小结

职业自我认知是个人谋求职业发展的出发点和落脚点。人在职业上的抉择缘于其对职业自我的不满与期望，对职业自我进行深刻分析才可以，也才可能找到与己匹配的职业，而开发职业自我的程度则决定了职业理想的实现程度。

把握职业自我认知的规律和特点，实现自我意识的统一，不仅是衡量我们大学生心理健康的重要标准，也是顺利就业的重要条件。

了解常见的认知心理障碍并掌握其调适方法，既是我们顺利就业的前提和基础，也是个人职业生涯规划的重要一环。

### 思考与练习

1. 请在 10 分钟时间内，不断地问自己"我是谁"，并且写下你所想到的个人特征，尽可能地写，然后与同学交流。

2. 将班级所有的同学分组，5～10 人一组围圈坐下。请一位成员坐或站在圆圈中央，其他人轮流说出他（她）的优点及欣赏之处（如性格、相貌、处事……），然后被称赞的成员说出哪些优点是自己以前察觉的，哪些是自己不知道的。每个成员都到中央接受一次大家的称赞。

# 积聚就业潜力——做好学业规划

▶ **学习目标**

### 知识目标

- 初步认识大学生做好学业规划必要性。
- 初步掌握学业规划的基本策略和方法。
- 初步掌握学习项目的选择与时间管理方法。
- 懂得学习环境与信息资源的利用。
- 了解学业中常见心理障碍及其调适方法。

### 能力目标

- 能根据自身实际确立适合自己的学业目标，并根据目标制定切实可行的学业规划。
- 能对有关学业心理问题进行自我调适。

▶ **名言名句**

普通人只想到如何度过时间，有才能的人设法利用时间。——叔本华

▶ **单元导学**

人欲在职业生涯上获得一定成功，必先完成一定的学业（个人完成国民教育的课业总和），培养必备的职业素质。学业一般以年限为计量单位，以专业为划分标准。我国大学生的学业年限有两年或三年制的专科、四年或五年制的本科。专业划分则是根据国家经济社会的发展、科学技术的进步、社会分工对各类专业人才的需要等要素而进行的，因而是一个动态发展的概念。一般认为，学业规划是通向学业成功，也就是职业生涯发展的第一座桥梁。那么，什么是学业规划？它到底有什么作用？如何做好学业规划？同学们可通过本单元五个模块来学习和掌握这些知识与技能。

# MODULE 模块 1
## 了解学业规划的含义与作用

**知识储备**

## 一、学业规划的含义

学业规划，是指求学者对与其事业（职业）目标相关的学业所进行的安排和筹划。通常情况下，人们在完成基础教育阶段的学习以后，需要对自身特点（如兴趣、价值观、气质、能力、性格等特点）和未来社会需要进行深入分析，达到正确认识，并初步确定人生阶段性事业（职业）目标，进而确定学业路线（专业和学校）。在此基础上，再结合自身的家庭、经济等条件制订学业发展计划，以确保用较少的求学成本（时间、精力、资金等）获得阶段性职业目标所必需的素质和能力。换言之，学业规划乃是求学者为最大限度地提高职业生涯（事业）发展效率而解决学什么、怎么学、用什么学、什么时候学、在哪里学等问题的过程。

学业规划是一种新型的对人才成长具有战略意义的全新观念，是对求学者所处职业发展阶段的现实要求。它根源于职业生涯规划的概念与理论，是职业生涯规划在大学阶段具体目标的确定、行动方案的制定以及落实的过程。其中，学业目标是职业生涯发展目标的具体化，是学业进程设计的关键，它决定了一个大学生学业的成效。

### 知识拓展

学业规划与职业规划同属于生涯发展规划。生涯发展规划从其发展阶段来分，可以分为两类，一类是完成基础教育的学生以最有效率的方式来进行职业或事业平台的生涯发展规划，这被称为学业规划。它主要是指规划主体为了高效地获得职业或事业平台而对学业所进行的筹划和安排。它的目的就是迅速有效率地获得适合于自身发展的职业或事业平台，强调所学与所长、所爱的统一，以最大限度地提高自身的职业竞争能力，为顺利就业奠定基础。它所规划的生涯发展阶段主要为初中毕业后至进入社会找到职业或事业的平台这一时期。另一类则是在获得职业或事业平台的基础上，以最有效率的方式实现自我价值的生涯发展规划，也就是对自己职业或事业发展路线的筹划与安排。这就是职业生涯规划。它所规划的职业生涯发展阶段为：从找到适合于自身发展的职业或事业平台到退休为止。学业规划目的是在实现人才性价比最大化的前提下完成就业，而职业规划的目的则是为了最大限度地实现自我价值。显然，在这两类不同的个人发展规划中，学业规划是职业规划的基础，职业规划是学业规划的升华。如果从个人经营的角度出发，则学业规划为个人的人才经营战略规划，而职业规划则只是销售策略。因此，学业规划对人生的发展更具有全局性和长远性的战略意义，而职业规划则只能算作战术性策略。

## 二、做好学业规划的意义

《礼记·中庸》中有云："凡事预则立，不预则废。"做好学业规划对职业生涯的发展具有重要的意义。

1. 学业规划是职业生涯规划的重要组成部分，也是后者的基础

制定并实施良好的学业规划可以更好地迎接社会的挑战。首先，在市场经济条件下，用人单位越来越重视有职业准备的人才，更喜欢员工拥有主动性和创造性才能。而要使自己成为有职业准备的人才，没有良好的学业规划是难以达到的。其次，从高中进入大学的新生面对新的学习方式和丰富的课余时间，除了上课，常常不知道还需要做些什么，显得十分茫然。因此，通过接受学业规划方面的指导，及时做好学业规划，有助于自己充分利用学校的资源，培养职业素质，以便更好地迎接社会的挑战。

2. 有助于发掘自我，促成自我发展

一份有效的学业规划设计，要同时考虑自身条件和社会现实需要等方面的因素，它能够促使我们认识自身的个性特征、现有的和某些潜在的资源优势，弄清个人目标与现状之间的距离，学会如何应用科学有效的方法、采取切实可行的步骤，不断增强自己的专业竞争力，从而实现自己的人生价值。

根据美国心理学家马斯洛（Abraham H. Maslow）的五层次需求理论，人的需要是分层次的，由低到高排列着的。它们是：生理需要、安全需要、爱与归属需要、尊重需要和自我实现需要，如图 3 - 1 所示。

（1）生理需要

生理需要是人们最基本、最原始的需要。它是指为了人的基本生存、生活而所产生的需要，如对食品、服装、住宅、医疗的需要等。生理需要是人类最强烈、不可避免的最低层次需要，也是推动人们行动的强大动力。若不满足，则有生命危险，具有自我和种族保护的意义。

（2）安全需要

安全需要是指维护人身安全与健康的需要。如为了人身安全和财产安全而对防盗设备、安保用品、人寿保险和财产保险产生的需要；为了维护健康而对医药和保健品所产生的需要；等等。安全需要比生理需要较高一级，当生理需要得到满足以后就要保障这一层次的需要。每一个在现实生活中的人，都会产生对安全感、自由、防御的需求和欲望。

（3）爱与归属需要

爱与归属需要又称社交需要，是指人参与社会交往，取得社会承认和归属感的需要，如渴望得到家庭成员、朋友、同事、上级等的爱护与关怀等。它是对亲情、友情、爱情、信任、温暖等的需要。这里的"爱"不单是指两性间的爱，而是广义的，体现在互相信任、深深理解和相互给予上，包括给予爱和接受爱两个方面。不仅如此，人们还渴望自己有所归属，成为团体中的一员，在个人有困难时能互相帮助，希望有熟识的友人能倾吐心里话，说说意见，甚至发发牢骚。社交的需要比生理和安全需要更细微、更难捉摸。

（4）尊重需要

尊重需要是指人在社交活动中受人尊敬，取得一定社会地位、荣誉和权力的需要。如为了在社交中表现自己的能力而对教育和知识产生需要，为了表明自己的身份和地位而对某些

高级消费品产生需要等。

（5）自我实现需要

自我实现需要是指发挥个人的最大能力，实现理想和抱负的需要。这是人类的最高等级的需要，满足这种需要的产品主要是精神产品，如艺术作品、教育与知识等。它要求个人完成与自己能力相称的工作，最充分地发挥自己的潜在能力，成为所期望的人物。这是一种创造的需要。有自我实现需要的人，通常会竭尽所能，使自己趋于完美。自我实现意味着充分、活跃、忘我、集中全力、全神贯注地体验生活。成就感与生存欲不同，成就感追求一定的理想，让人往往废寝忘食地工作，把工作当作是一种创作活动，希望为人们解决重大问题，从而完全实现自己的抱负，满足自我实现需要。

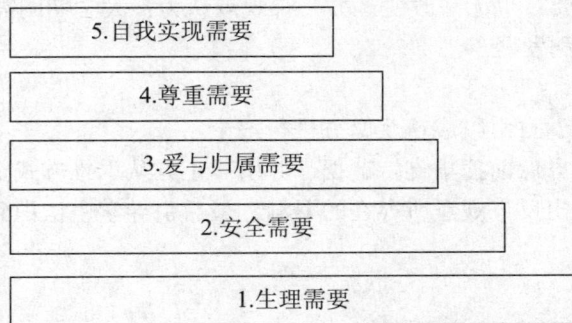

图 3－1　马斯洛的需要层次体系

3. 有助于促使我们集中精力，提高热情，增强主动性

如果我们没有自己的学业规划，自己的时间、精力就很容易被与学业无关的琐事所消耗，虚度美好光阴；相反，如果我们做好并努力实施学业规划，就能够合理调节自己的日常学习，自己做的每一点都是实现未来目标的一部分。学业规划使我们心中的理想变得具体化，对学业的顺利完成做到心中有数，容易激发热情；同时，学业规划也能促进我们学习意识的转变，从"要我学"变为"我要学"，变被动为主动，增强自我成才的主动性。

=== 知识拓展

美国哈佛大学 30 年前曾对当时的在校学生做过一份调查，发现没有做学业规划的人数占 27%，学业规划模糊的人占 60%，有短期学业规划的人数占 10%，长期学业规划清晰的人数占 3%。30 年后追踪调查结果表明：第一类人几乎都生活在社会的最底层，长期在失败的阴影里挣扎；第二类人基本上都生活在社会的中下层，他们没有多大的理想和抱负，整日只知为生存而疲于奔命；第三类人大多进入了白领阶层，他们生活在社会的中上层；只有第四类人为了实现既定目标几十年如一日努力拼搏，积极进取，百折不挠，最终成了行业领袖或精英人物。

研究表明，在学业生涯的起步阶段，由于人的可塑性强，学业转换成本低，如果在这个阶段就对一个人的学业有准确定位和长远规划，非常有利于今后的成长与发展。由此看来，尽早地指导大学生进行科学的学业规划意义重大。

**模块训练**

1. 训练内容：

认识学业规划的作用和意义。

2. 训练要求：

针对下列关于学业规划的两种观点，进行集体辩论，并形成关于学业规划作用和意义的最终结论。辩论时，必须列举事实，尽可能引用客观数据做论据。

关于大学期间是否应该有个人的学业规划问题，存在两种观点：一种观点认为，大学期间不需要有个人学业规划，因为专业人才培养方案中早已确定每位学生该学什么和什么时候开始学，学生自己不需要，也无法改变。另一种观点认为，大学期间需要有学业规划，这样才能让自己更好地成才和发展。

3. 操作步骤：

（1）按照所持观点，自由组成正反两方进行辩论。

（2）教师要帮助正方课前搜集支持证据，并引导正方从思维方式上破解反方的观点。

（3）教师点评，指出反方观点所存在的漏洞，最后引导学生认识到正方观点的可靠性。

**考评与反思**

1. 考评

请参照下表给出的评价标准，就每个同学在活动中的表现进行评价。

| 领域 | 具体表现 | 自我评分 | 小组评分 | 教师评分 |
|---|---|---|---|---|
| 过程 | 认真完成自学、练习任务（10分） | | | |
| | 主动咨询老师，积极参与小组讨论，阐明自己的观点（10分） | | | |
| | 帮助组内其他成员解决问题，与小组成员一起分享资源、观点，分担任务和责任（10分） | | | |
| | 代表小组发言，全面、准确汇报小组共同的学习成果（10分） | | | |
| 知识 | 了解学业规划的含义，回答问题全面、准确（15分） | | | |
| | 领会学业规划对就业、职业生涯发展的作用，回答问题全面、准确（15分） | | | |
| 技能 | 能结合所学专业准确表达学业规划的含义（15分） | | | |
| | 能结合自己所学专业阐述学业规划的作用（15分） | | | |
| 评分合成后总得分（自评得分×0.1＋小组评分×0.4＋教师评分×0.5）： | | | | |

2. 反思

对于学业规划含义、学业规划与就业、职业生涯发展关系的把握，你与其他同学有哪些异同？为什么？请结合自我评价、小组评价和教师评价结果，分析其中的原因。

# M ODULE 模块 2

## 掌握学业规划的策略和方法

**知识储备**

策略具有方法论的意义，对于解决现实问题具有重要的价值。面对当代大学生不重视学业规划、就业形势严峻的实际，以科学发展观为指导，从现实的可操作性角度出发，提出解决大学生学业规划的策略问题，具有积极的现实意义。

### 一、学业规划的策略

学业规划策略是制定学业规划的思想方法和原则，也是解决职业生涯发展问题的前提和基础。因此，在着手学业规划之前，务必明确学业规划的基本策略。

在确定学业规划策略过程中，我们需要解决以下几个问题。

首先，要根据自己的职业生涯发展需要，制定可行的学业发展规划，据此选择自己的所学专业，为将来的职业生涯发展奠定良好的知识技能结构及综合素质能力基础。由于目前的在校大学生所学专业并非完全是出于理性的选择，即并不是根据自己的职业生涯发展规划所做出的选择，加之高校招生管理体制方面还存在专业调剂的机制原因，许多同学的所学专业并不是自己真正喜欢或者是满意的专业。因此，需要通过其他的方式变通，如修读"双学位"，或调换专业，还可根据学校专业选择的滞后操作等措施加以弥补。而对于准备继续升学、深造的学生来说，这一策略更具有应用指导价值。

其次，确立科学的专业观。由于高校的专业划分是一个常量，是国家意志的具体体现，是不以个人的意志为转移的，而且许多专业虽然市场对其毕业生的需求处于弱化状态，即所谓的长线专业，但从整个国家和民族发展的需求角度来看，仍然是需要的。所以，总会有些同学所学的专业存在着某种程度的就业局限。解决这一问题的对策就是要确立大专业观。要抛弃专业等于职业的错误观念。现代高等教育的首要任务是训练学生的综合文化素质，其次才是专业知识技能的训练问题。就是说，社会对于大学生有一个共同的价值认定，是一种文化价值的定位，与大学生所学的专业并无太多的关系。此外，面对浩瀚的知识海洋，大学生的专业知识技能仍然是有限的。从就业的角度来讲，首先需要适应环境，其次才能谈得上改造环境。所以要拓展自己所学的专业知识技能，才能适应社会发展的需要。例如，作为热门专业外语系的学生，还需要拓展自己的知识技能结构。语言的本性就是一种工具，是为传播交流思想服务的。所以，外语系的学生尽量使自己拓展某一特定的行业知识与技能，如国际贸易、法律等知识与技能，才能适应社会发展的需要。仅仅会说外语是远远不够的。因此，学什么专业对于自己的人生发展并不重要，关键是要看自己是否具备符合大学生的文化素质特性，是否具有与社会需要相适应的知识技能。

最后，要坚持因材就学、学以致用、持续经营的原则。因材就学，是要根据自己的天赋、爱好、性格特点、能力特点选择学业，这样就能最大限度地发挥自身的潜力，从而获得自身最大的就业竞争能力。学以致用，将所爱、所长、所学、所用相结合，才能保证规划主体以最高的效率实现成功就业。持续经营，就是不能让自己陷入绝境，必须在保障基本生存的前提下实现发展；如果没有必要的经济条件，可以暂时放弃学业，通过自己打工或其他合理、合法的方式积累资金，待条件允许后再继续学业。

=== 知识拓展 ===

什么专业好招生就办什么专业，是现阶段中国大学的特色。前一阶段，计算机、会计、法学和新闻专业容易招生，结果什么学校都办这几个专业，有条件上，没条件也上。而会计、法学和新闻（或者传媒）专业对学校硬件的要求比较低，因此，开办的势头就更加凶猛。到今天，这几个专业的毕业生，已经满大街走了，找工作非常困难。

严格来讲，大学专业的设置只是标志一个大体上的专业方向，并不意味着学了某个专业的学生，就一定是这个专业的专家，着眼点应放在学生素质的培养上，尤其在大学阶段的后一两年，要给学生规定一个大致的方向。有的学生可以继续深造，研究某方面的学术，攻读硕士、博士，更多的是直接进入就业市场。但是，对于就业的毕业生而言，他们能否被用人单位录用，最关键的是他们的综合素质如何，而非他们的专业。

## 二、学业规划的方法

在明确了学业规划的基本策略之后，我们可以着手制定具体的学业规划。如何进行呢？不同的人有不同的方法。有关学业规划专家对此给出了一些操作方法上的可行建议。

### （一）明确学业目标

大学学业目标的确定，是在整个职业生涯规划所确定的职业生涯目标的基础上进行的，是职业生涯目标分解后的一部分，即职业准备期的目标，属于职业生涯目标的分目标，是中短期目标，它包括大学期间总体目标的确定、学年度目标的确定、学期目标的确定。大学生应当尽快确定自己的学业目标，如打算成为哪方面的人才，打算在哪个领域成才，等等。对这些问题的不同答案不仅会影响个人学业生涯的设计，也会影响个人发展的机会。当然，在制定学业规划之前，应先做好以下事情：

1. 正确分析自我和学业

自我分析即通过科学认知的方法和手段，对自己的学业兴趣、气质、性格、能力等进行全面认识，清楚自己的优势与特长、劣势与不足。自我分析要客观、冷静，不能以点带面，既要看到自己的优点，又要面对自己的缺点，避免设计的盲目性。

在进行学业规划时，要对该学业所在的行业现状和发展前景有比较深入的了解，比如该行业的人才供给情况、平均工资状况等。不同职业岗位对求职者的自身素质和能力有着不同的要求，在学业生涯设计时，还要了解所需要的学业素质要求，除了解所需要的一般能力外，还要了解所需要的特殊职业能力。

**2. 构建合理的知识结构**

在学业生涯设计时，大学生要能够根据职业和社会不断发展的具体要求，将已有知识科学重组，构建合理的知识结构，最大限度地发挥知识的整体效能。如今的社会对未来人才的知识综合性结构提出了更高的要求，要求大学生既能很好地适应社会需要，又能充分体现个人特色；既能满足专业要求，又有良好人文修养；既能发挥群体优势，又能展现个人专长。构建合理的知识结构没有捷径可走，只能是学习和积累，采取适合自己的科学方法，持续不断地付出艰辛的劳动，辛勤耕耘。

**（二）行动方案的制定**

在阶段性发展规划确定之后，就要制订具体的学期行动计划，甚至可以细化到每天的时间安排。这里要特别强调以下几点：

**1. 选择达成目标的路径**

现在的学习活动正在帮助你实现拟定的学业目标吗？是否有一种途径可以让你现有的学习活动与规划中的学业目标相一致？有效的学业规划需要有确能执行的学业行动方案，这些具体而又可行的行动方案会帮助你一步一步走向成功，实现目标。

如果你现在是一个高职院校的学生，希望三年之后通过"专升本"的方式升到某所大学继续读本科，那你应该问自己下列几个问题：

- 我需要哪些特别的培训和学习才能使我通过考试达到"专升本"的录取标准？
- 为使自己发展路上顺畅坦荡，需要排除的内部和外部障碍有哪些？
- 我目前的老师在这方面能给我帮助吗？我周围的人在这方面能给我帮助吗？
- 我目前就读的这个专业有"专升本"的招生指标吗？录取比例高不高？换别的专业是否更有利？

**2. 培养职业需要的实践能力**

综合能力强、知识面广是用人单位选择大学生的主要依据。大学生应重点培养满足社会需要的决策能力、创造能力、社交能力、实际操作能力、组织管理能力和自我发展的终身学习能力、心理调适能力、随机应变能力等。

**3. 参加有益的学业训练**

高校组织大学生参与的暑期"三下乡"活动、青年志愿者活动、毕业实习、校园创业活动等都是学业训练的很好形式。我们应该积极主动地利用假期实习，从事社会兼职，或参加学校组织的各种模拟性的学业实践活动，为实现学业目标而努力。

**（三）行动方案的实施**

行动方案制定后，关键在于落实，即监督和管理。我们认为，在监督和管理的过程中应采取个人目标管理和他人监控相结合的方法，以确保规划的有效落实。

**1. 个人目标管理**

概括地说，个人目标管理是以大学生个人成才为中心的系统管理过程，是大学生在确定个人大学期间的总体奋斗目标后，把目标进行分解，明确每一学年、每一学期的奋斗目标，并制定相应的行动方案。

要做好个人目标管理，应注意以下几点：

第一，将计划贯穿于行动。

第二，学会自律、自控。

第三，积极主动地争取外界的帮助。

2. 他人监控

人都有惰性的一面，但若让惰性占了上风，所做的规划及其实施方案就如同一张废纸。在这种情况下，就需要外界的主动干预。对于在校大学生来说，能做好这种干预工作的最佳人选就是辅导员或班主任。因此，在做好规划和实施方案后，要交一份给辅导员或班主任，请他们帮助监督。

**（四）反馈与修订**

大学生应将学年小结与学年度目标的完成情况的检查结合起来进行，并侧重于对学年度目标完成情况进行小结。如果全部完成了，还需进一步查看是不是自己的目标定得太低；如果只完成了部分或都没有完成，就要分析原因。总之，要及时对目标进行修订或采取弥补措施。

=== **知识拓展** ========================================

如何进行学业规划设计，以下是给大一新生的 10 条建议：

（1）别把大学生活想象得太美好，要熟悉周围环境，克服初来乍到的忐忑不安的心情。

（2）要加强同学间初始的融合，增进同学友谊。面对不同的生活习惯要学会宽以待人。

（3）给自己设立计划，克服对目标的迷茫心理。

（4）面对新的教法与学习模式要尽快适应，以便能更好地融入到学习的良好氛围中。

（5）克服想家的情结以及其他生活问题，学会独立生活，不依赖父母。

（6）要有安全防范意识，谨慎保管好自己的财物，以免不必要的损失。

（7）劳逸结合是学习的最佳方法，但切忌迷恋网络。

（8）合理安排好自己的课余时间，充分利用大学的资源，培养自学能力。

（9）善于运用应对挫折的心理防卫措施，勇于面对挫折，以积极的态度向挫折挑战。

（10）在校内寻找一位在岗或离退休老师，作为自己学业生涯的指导者。

## 三、一纸式大学生涯规划（学业规划）

在此，介绍一种最简单的大学生学业规划的方法——虚拟简历法。这种方法是在大学学业目标确定后，将大学学业目标进行分解，以确定每一学年或每一学期的阶段性目标，并把阶段性目标填入个人的虚拟简历，即把虚拟简历作为奋斗目标的一种方法。具体方法可分为以下几个步骤：

（1）准备两张空白的简历表。这份简历表是假设毕业时求职用的一张简历表，表中的具体内容见表 3 - 1。

表 3-1 虚拟简历表

| 姓名 | | 专业 | | 学号 | | 照 片 |
|---|---|---|---|---|---|---|
| 性别 | | 出生年月 | | 民族 | | |
| 籍贯 | | 政治面貌 | | 电话 | | |
| 特长 | | | 爱好 | | | |
| 家庭住址 | 省_____市（县、区）_____镇（区、乡）_____村（街道）____号 | | | | | |
| 个人求职优势 | | | | | | |
| 英语水平 | | 计算机等级 | | 其他职业技能证书 | | |
| 学习简历 | | | | | | |
| 大学期间获奖情况 | | | | | | |
| 科研情况 | | | | | | |
| 就业意向 | | | | | | |
| 地域意向 | | | | | | |
| 行业意向 | | | | | | |
| 待遇要求 | | | | | | |

（2）在其中一张简历表中填入自己的大学学业目标，即根据自己的大学学业规划，填写大学期间需要达到的有关目标内容。如政治面貌、特长、爱好、求职优势、英语水平、计算机等级、其他职业技能证书、大学期间的获奖情况、科研情况等，同时，最好在有关的内容旁注明计划实现的时间。另外，就业意向一栏也填上，今后随着对社会的深入了解，需要改变意向，可以进行修改。

（3）定期检查表中内容的实现情况，把已经实现的内容填入另外一张空白简历表中。

**模块训练**

1. 训练内容：

拟定大学期间的学业规划。

2. 训练要求：

结合自己所学专业和职业自我特点，拟定一个科学合理的学业规划，学业规划要求近期、中期和长期规划兼顾，要有可执行性。

3. 操作步骤：

（1）分析自己所学专业和职业自我的特点。

（2）查阅相关资料，以帮助自己拟定本学期、本学年和整个大学期间的学业规划。

（3）将学业规划构想形成书面文字材料。

（4）提交学业规划书面材料，并在小组或全班上互相交流。

（5）教师点评。

**考评与反思**

1. 考评

请参照下表给出的评价标准，就每个同学在活动中的表现进行评价。

| 领域 | 具体表现 | 自我评分 | 小组评分 | 教师评分 |
|---|---|---|---|---|
| 过程 | 认真完成自学、练习任务（10分） | | | |
| | 主动咨询老师，积极参与小组讨论，阐明自己的观点（10分） | | | |
| | 帮助组内其他成员解决问题，与小组成员一起分享资源、观点，分担任务和责任（10分） | | | |
| | 代表小组发言，全面、准确汇报小组共同的学习成果（10分） | | | |
| 知识 | 领会学业规划的策略，回答问题全面、准确（15分） | | | |
| | 掌握学业规划的方法，回答问题全面、准确（15分） | | | |
| 技能 | 对自己的学业有规划意识，坚持科学专业观及因材就学等学业规划策略（15分） | | | |
| | 懂得学业目标确立、行动方案的制定与实施、反馈与修订等学业规划方法（15分） | | | |

评分合成后总得分（自评得分×0.1 + 小组评分×0.4 + 教师评分×0.5）：

2. 反思

你对学业规划策略、方法的理解与运用，相对于其他同学有哪些异同？请结合自我评价、小组评价和教师评价结果，分析其原因。

# M<sup>ODULE</sup> 模块 3

## 学习项目的选择与时间管理

**知识储备**

大学有着丰富的学习资源，是我们开展学习活动的理想平台。如何利用这些资源，从中选择适合我们自己的学习活动项目并合理地分配时间，是学业规划中的重要内容之一。

### 一、活动项目的选择

为充分利用大学的学习资源，培养自己各个方面的素质，我们需要有计划、有目的地投身到大学的各项活动中，如课程学习、课外阅读、课外活动、社会实践、人际交往等。

1. 课程学习

课程学习是大学生掌握未来事业（职业）发展所需要的知识、技能体系的最重要渠道，也是大学专业人才培养方案中所规定的硬性教学任务，有基础课与专业课、专业课与公共课、理论课与实验实训课、必修课与选修课之分。尽管课程的性质不同，对大学生的学习要求也有所不同，但课程学习还是有规律可循的。一般而言，一门课程的学习包括预习、听课、复习、练习（实验操作）和考试五个环节。我们要根据学习的进度，对一周中每门课程的每个学习环节做出适合于自己的具体时间分配，以避免出现一系列影响课业学习成效的问题，如偏科、学习效率低下、学习成绩不理想甚至不及格等问题；要懂得"结果是过程的必然"的原理，确保将时间、精力花在重要的学习活动上。

2. 课外阅读

课外阅读是个性化学习的主要方式，也是大学教育的重要手段与途径，在我们的素质养成过程中起着与课程学习同等重要的积极作用。课外阅读的范围很广，包括专业核心读物、专业相关读物、新兴学科读物、兴趣爱好读物及完善知识、技能结构的其他学科读物等。所谓"读物"是一种泛称，包括学术专著、论文集、报纸杂志、音像影视资料等。阅读的方法有精读和泛读之分。精读是指要认真写出阅读笔记，对读物中所涉及的理论和观点要进行深入的思考，并要求能写出读后体会或评论。泛读是指随意地翻阅，这是了解知识动态、搜集信息的主要途径。泛读虽然以范围广、数量大见长，但受时间限制，也有一个阅读"量"的控制问题。一般认为，每学期至少要精读 40 本书，即平均每周要读两本课外书，寒暑假要按一个学期的阅读量安排阅读计划，其中不包括报纸杂志的阅读量。

3. 课外活动

课外活动是我们培养综合素质的"第二课堂"，其形式多种多样，如各种社团活动，班级、系、院、团委、学生会组织的各类文体活动，还有自行安排的各种社会实践、兼职活动等。这类活动可以帮助我们学到许多从书本上和传统观念的课堂上学不到的丰富的知识技能，对于完善我们的知识结构和技能结构，积累职业生涯的宝贵经验，具有不可替代的积极作用。因此，我们应将参加课外活动作为大学求学期间的重要活动内容来规划，绝不能随心所欲，盲目从事。可选择的策略是，积极参加院、系、班组织的各种集体活动；参加一两个影响较大或者自己非常感兴趣的社团组织，并投入到各项活动中，努力争取对其决策产生某种影响，使之成为全面培养自身素质、展示才干的舞台。

4. 生活事务与人际关系

大学生中的许多人是第一次远离家庭、父母，只有学会管理好自己的个人生活事务，才能为如期完成学业提供健康的身体和其他必要的物质保障。虽然学校为我们提供的此类相关服务越来越全面，但基本的生活技能是其他任何人都不可替代的，是必须经由个人学习才能掌握的。因此，我们应把学习必要的生活技能列入学习计划之中，认真对待。

在管理个人生活事务的过程中，还要注意人际关系处理能力的培养。进入大学校园，我们面对一个全新的学习生活环境，寻求友情、渴望关爱和认同的需要与日俱增。可是，由于对新环境的不适应，一些同学会感受到"知音难觅""苦于和陌生人打交道"等问题的困扰。如何建立和谐的同学关系、师生关系，已经成为当代大学生适应大学生活不得不思考的现实问题。因此，理解现代社会中人际关系的本质，认识交往的特征，把握交往的原则和方法，就成为同学们追求人格完善、养育成功素质的必修内容。

**5. 社会岗位实践**

社会岗位实践对于在校大学生具有加深对本专业的了解，确认适合的职业，培育工作情感和敬业精神，为向职场过渡做准备，增强就业竞争优势等多方面意义。参加社会岗位实践要尽量结合自己的专业，其方式和途径有很多，比如到用人单位打短期工或零工、帮助企业做市场调查、承接分包项目、做家教等。具有一定经济基础的同学还可选择做义工、支教，既锻炼能力，又能奉献爱心。

**6. 体育健身活动**

拥有健康的体魄是同学们日后走向工作岗位，为国家和人民服务的基本前提，合理有效地进行体育健身活动、增强体质，也是我们培养综合素质的基础。因此，我们应有计划、持之以恒地坚持体育健身活动，养成习惯。活动内容因人而异，可选择球类运动、跑步、骑自行车、课间操、韵律操、健美操、时尚瑜伽、国标摩登舞和国际拉丁舞等。

## 二、时间管理

在大学求学期间所进行的活动如课程学习、课外阅读、课外活动、社会岗位实践、人际交往、体育健身活动等，都需要耗费大量的时间，因此学会有效地管理时间对我们大学生来说十分重要，它是一种个人竞争力的体现。

**（一）养成良好的时间管理习惯**

**1. 对学习和工作要事先做计划**

每天、每周给自己制订学习和工作计划与目标。准备一个待办事项清单、时间记录本或效率手册，以备分析检查或查阅待办事项。

**2. 推行一种"限时办事制"**

根据个人生活规律，选择每天精力最充沛、思想最集中的时间，去处理最重要的事情，如背单词，做练习。这会达到事半功倍的效果。克服"办事拖延"的不良习惯，规定自己在限定时间内（如几小时、当天）将学习或工作办完；将一些不太重要的事集中起来办或联办。

**3. 现在就做**

许多人习惯于"等候好情绪"，即花费很多时间以"进入状态"，却不知状态是干出来而非等出来的，最佳时机就是把握现在。

**4. 学会说"不"**

计划赶不上变化是经常遇到的情况。有很多时候自己原本已安排好了计划，但是经常会遭遇临时出现一些变化。例如，朋友拉你打牌或喝酒，会占用你很多自由时间。在这种情况下，要学会恰当地拒绝，这是时间管理中的摆脱不必要的变化和纠缠的一种很有效的方法。

**5. 时间价值观念**

避免"一分钱智慧，几小时愚蠢"的情况，如为省两元钱而排半小时队，为省两毛钱而步行三站地，等等，都是极不划算的。对待时间，就要像对待经营事业一样，时刻要有一个"成本和价值"的观念，要注重时间的机会成本，使时间产生的价值最大化。

**6. 积极休闲**

不同的休闲会带来不同的结果。积极的休闲应该有利于身心的放松、精神的陶冶和人际的交流，有利于提高办事效率。如通过打篮球、网球等共同爱好来结识不同的朋友也能提高办事效率。

**7. 集腋成裘**

生活中有许多零碎的时间很不为人注意，其实这些时间虽短，但却可以充分利用起来做一些事情。比如等车的时间可以用来思考下一步的工作、翻翻报纸乃至记几个单词；运动时可回想遇到的困难的事或急待解决的事；等等。在疲劳之前休息片刻，既避免了因过度疲劳导致的超时休息，又可使自己始终保持较好的"竞技状态"，从而大大提高工作效率。

**8. 搁置的哲学**

不要固执于解决不了的问题，"钻牛角尖"，而是把问题记下来，让潜意识和时间去解决它们；不要开展无谓的争论，这不仅影响情绪和人际关系，而且还会浪费大量时间，到头来还往往解决不了什么问题。

**（二）常用的时间管理工具**

**1. 计划管理**

计划管理时间的重要工具有待办单、日计划、周计划、月计划。所谓待办单，是将你每日要做的一些工作事先列出一份清单，排出优先次序，确认完成时间，以突出工作重点。避免遗忘、未完事项留待明日。待办单包括的主要内容：非日常工作、特殊事项、行动计划中的工作、昨日未完成的事项等。

待办单的使用：每天在固定时间制定待办单（如一起床就做），只制定一张待办单，完成一项工作划掉一项。待办单要为应付紧迫情况留出时间，并且每天坚持。

每学期期末做出下一学期的学习工作规划；每季季末做出下季度的学习工作规划；每月月末做出下月的学习工作计划；每周周末做出下周的学习工作计划等（见表 3 - 2）。

表 3 - 2 一周时间的计划管理

| 实际履行 | 实际时间利用 | | 期望效果 | 期望时间利用 | |
|---|---|---|---|---|---|
| | 每天计划 | 每周计划 | | 每天计划 | 每周计划 |
| 列出日/月活动 | | | 列出时间节约的可能 | | |
| | | | | | |

**2. 时间"四象限"法**

我们的时间究竟被哪些事情占据了？这是一个经常令人困惑的问题。美国著名管理学家斯蒂芬·科维（Stephen R. Covey）提出了一个时间管理的理论，把工作按照重要和紧迫两个不同的程度进行了划分，基本上可以分为四个"象限"：既紧迫又重要（如学习任务、四六级考试等）、重要但不紧迫（如建立人际关系、创造新的机会等）、紧迫但不重要（如电话铃声、不速之客进入等）、既不紧迫也不重要（如客套的闲谈、无聊的信件、个人的爱好等）。若将意大利经济学家柏拉图（Pareto）设定事件优先次序的方法应用于"四象限"分析，可把时间分配在四个象限上，并得到某个时期内需要完成的任务与时间分配比例表（见表 3 - 3）。

表 3-3　利用柏拉图方式进行优先顺序确定任务的时间分配

| | 紧　迫 | 不紧迫 |
| --- | --- | --- |
| 重要 | A 任务<br>马上处理<br>65% | B 任务<br>分阶段处理<br>20% |
| 不重要 | C 任务<br>酌情处理<br>15% | D 任务<br>抑制或延迟满足 |

不难看出，这张表充分体现了时间管理理论的一个重要观念：把主要的精力和时间集中地放在处理那些重要而又紧迫的学习与工作上。这样可以做到未雨绸缪，防患于未然。

3. 时间 ABC 分类法

将自己的学习或工作按轻重缓急分为：A（紧迫、重要）、B（次要）、C（一般）三类；安排各项学习和工作优先顺序，粗略估计各项学习和工作时间和占用百分比；在学习和工作中记载实际耗用时间；每日计划时间安排与耗用时间对比，分析时间运用效率；重新调整自己的时间安排，以便更有效地学习和工作。

4. 考虑不确定性

在时间管理的过程中，还需应付意外的不确定性事件。为意外事件预留时间的方法有三：第一是为每个计划都留有多余的预备时间。第二是努力使自己在不留余地，又饱受干扰的情况下，完成预计的工作。这并非不可能，事实上，工作快的人通常比慢吞吞的人做事精确些。第三是另准备一套应变计划，迫使自己在规定时间内完成工作，你已仔细分析过将做的事，因此你对自己能力有了信心，然后把它们分解成若干情境单元，这是正确迅速完成它们的必要步骤。

=== **知识拓展** ==========================================

有效的个人时间管理方法须符合以下标准：

（1）一致：个人的理想与使命、角色与目标、工作重点与计划、欲望与自制之间，应和谐一致。

（2）平衡：管理方法应有助于生活平衡发展，提醒我们扮演不同的角色，以免忽略了健康、家庭、个人发展等重要的人生层面。有人以为某方面的成功可补偿其他方面的遗憾，但那终非长久之计。难道成功的事业可以弥补破碎的婚姻、孱弱的身体或性格上的缺失吗？

（3）有重心：理想的管理方法会鼓励并协助你，着重于虽不紧迫却极重要的事。一般认为，最有效的方法是以一星期为单位制订计划。一周 7 天中，每天各有不同的优先标的，但基本上 7 日一体，相互呼应。如此安排人生，秘诀在于不要就日程表定优先顺序，应就事件本身的重要性来安排行事历。

（4）重人性：个人管理的重点在人，不在事。行事固然要讲求效率，但以原则为重心的人更重视人际关系的得失。因此有效的个人管理偶尔需牺牲效率，迁就人的因素。毕竟日程表的目的在于协助工作推行，并不是要让我们为进度落后而产生内疚感。

（5）能变通：管理方法应为人所用，不可一成不变，要视个人作风与需要而调整。

（6）携带方便：管理工具必须便于携带，随时可供参考修正。

### 模块训练

1. 训练内容：

拟订大学期间学习项目选择与时间管理方案。

2. 训练要求：

根据职业自我、专业特点和未来就业方向，拟订一个供自己在大学期间的使用的学习项目选择与时间管理方案；所拟订方案应具有可执行性。

3. 操作步骤：

（1）分析自己的职业自我、所学专业的特点，以及未来职业岗位的需要。

（2）查阅相关资料，以帮助自己拟订本学期、本学年和整个大学期间的学习项目选择与时间管理方案。

（3）将学习项目选择与时间管理方案构想形成书面文字材料。

（4）提交学习项目选择与时间管理方案书面材料，并在小组或全班上互相交流。

（5）教师点评。

### 考评与反思

1. 考评

请参照下表给出的评价标准，就每个同学在活动中的表现进行评价。

| 领域 | 具体表现 | 自我评分 | 小组评分 | 教师评分 |
| --- | --- | --- | --- | --- |
| 过程 | 认真完成自学、练习任务（10分） | | | |
| | 主动咨询老师，积极参与小组讨论，阐明自己的观点（10分） | | | |
| | 帮助组内其他成员解决问题，与小组成员一起分享资源、观点，分担任务和责任（10分） | | | |
| | 代表小组发言，全面、准确汇报小组共同的学习成果（10分） | | | |
| 知识 | 了解学习项目选择的方法，回答问题全面、准确（15分） | | | |
| | 了解时间管理的方法，回答问题全面、准确（15分） | | | |
| 技能 | 能结合自己所学专业科学选择学习项目（15分） | | | |
| | 能根据学业实际、运用时间管理工具拟订时间管理方案，并加以实施（15分） | | | |
| 评分合成后总得分（自评得分×0.1＋小组评分×0.4＋教师评分×0.5）： | | | | |

2. 反思

你对有关学习项目选择与时间管理方法的理解与运用，相对于其他同学有哪些异同？请结合自我评价、小组评价和教师评价结果，分析其中的原因。

# MODULE 模块 4

# 学习环境与信息资源的利用

## 知识储备

大学有着得天独厚的学习条件和信息资源，是培养人才的理想场所。因此，争取来大学深造的机会成为千百万青年人梦寐以求追求的目标。我们都是经过"十年寒窗苦"才迈进了高等学府的大门，理应珍惜这来之不易的学习机会，最大限度地利用好这有利条件，努力培养自己的素质与能力，成为对社会有用的人才。

### 一、学习环境资源的利用

1. 树立正确的学习环境观

学习环境对学习主体的学习活动会产生这样或那样的影响。但从辩证唯物主义的观点看，这种外部环境对学习主体的影响是外在的，真正起决定作用的还是学习主体的自身因素。对此，我们在认识学习环境的过程中，要坚持两个基本的原则：

第一，全面辩证地看待和认识学习环境。在看到有利的学习环境的同时，也要看到其中所包含的不利的因素；在看到不利的学习环境的同时，也要看到其中所包含的学习环境中的有利因素。这是学习主体对待学习环境采取实事求是态度的重要表现。反之，对学习环境采取绝对化的形而上学的态度、方法是不正确的。

第二，能动地利用环境。正视学习环境，但不做学习环境的奴隶，而是要做学习环境的主人。学习主体应以积极主动的态度即以能动性原则对待学习环境。

2. 努力调整自身的学习习惯和学习方法，尽快适应大学新的学习环境

我们刚入大学时，还常常用中学时代形成的学习习惯和方法来对待大学的学习生活，因而出现许多不适应的状况。如埋怨教师讲课快、内容多；教师要求预习而自己却不会预习、自习时间无所事事；考试复习习惯于死记硬背，不会抓重点，答题不会组织材料；等等。若这种不适应状况长久下去，必然影响大学生的学习效率。因此，大学新生应该尽快熟悉和了解大学学习的特点，努力调整自己的学习心理、学习习惯、学习方法，尽最大努力缩短这种不适应期。这乃是我们利用好大学学习资源的基本条件。

3. 努力增强学习的主动性，变消极被动性学习为积极主动性学习

我们大多数同学都曾经接受过多年的应试教育。应试教育的重要弊端之一是学生的学习处在"要我学"的消极被动状态。这种习惯和状态延伸到大学中来，会给大学期间的学习烙上被动学习的烙印。尽管有些学生从表面看也"适应"了大学的学习环境，但这种"适应"却仍然是消极被动地适应，其表现是：抓住了大学教育中仍存在的应试教育的问题和

现象，懂得怎样去应付老师、应付作业、应付考试，怎样轻轻松松地获取大学文凭。这种所谓的"适应"不可能使学生很好地利用大学有利的学习环境。因此，真正的适应大学学习环境应该而且必须是能够最大限度地利用大学学习环境。或者反过来说，只有最大限度地利用大学的学习环境，才称得上适应大学学习环境的人。要做到这一点，就必须变"要我学"的消极被动性学习方式为"我要学"的积极主动性学习方式。

4. 在培养自身的基本素质、基础能力和专业能力上多下工夫

教学的直接目的表现在两个方面：一是传授知识，二是培养能力。传授知识是培养能力的基础，培养能力则是传授知识的最终目的。大学教学方式的特点较好地体现了教学的这两个目的及其关系，教师会把这一指导思想贯穿于教学的全过程和各个环节之中。我们要充分利用这一特点，通过预习、听课、复习、考试及各种实习活动等环节掌握专业基础知识和人文素质知识；同时，努力培养和提高自身的基本能力，如学习能力、思维能力、表达能力、鉴别审美能力、自我调整能力、专业技能、创新能力等。

5. 努力充实和完善自己的知识结构

大学拥有庞大的教师队伍，其中不乏在国内外享有盛名的专家，图书资料也很丰富，同时还有较为浓厚的学术氛围。这为大学生构建合理的知识结构提供了有利条件。因此，我们要积极选课、认真听课，多参加一些学术讲座、报告会、研讨会等学术活动，主动向老师请教问题；同时，还要充分利用好图书资料，多读书，使自己的知识面及其结构有一个质的飞跃。

## 二、自我营造良好学习环境

1. 自我奖励，创造良好心理环境

努力学习过后，给自己适当的奖励，合理地休息，让紧绷的神经放松，为下一次的学习凝聚新的力量。适当地放松，不是浪费时间，而是为自己增强学习效率提供保证。努力学习与合理休息说来简单，但实际操作起来却并不那么容易，关键在于对"度"的掌握。当然，度的划分因人而异。有的人只是休息而学习时间少得可怜，本末倒置；有的人则过度疲劳，虽然刻苦却效率低下，往往还会打击学习的积极性。因此，我们要结合自身特点来规划学习时间和进度。

2. 避免干扰，给自己一个安静的环境

干扰，是学习和工作中最需要避免的事。为避免熟人的打扰，我们可以找到其他院系的教室作为自习室进行自习；为避免其他学生的噪声干扰可选择在图书馆学习。另外，在学习的时候关掉一切通信设备，关掉手机，拔掉电话线，这样可以保证你的安静。如果你认为自己的电话非常重要，就把电话换成录音答录电话。

3. 勤整理，给自己一个整洁的环境

整洁的环境，有利于注意力集中，避免你在学习的过程中分散精力。为此尽量做到如下几点：

第一，在学习的环境中，尽量避免放有食品、手机、不相关的书籍等物品，这些物品都会分散你的注意力。

第二，如果是晚上学习的话，尽量开台灯而不要开日光灯。光线的分散也会让注意力分散。只有在写字台上有一片光明，其他的一切都被黑暗笼罩，眼睛无法辨别黑暗中的一切，

自然就无法被打扰。

第三，整齐有序地安排自己的物品。整齐有序的标准就是要在自己找东西的时候，能够顺利地找到自己要找的东西，这样可以节省我们大量的时间。因为大多数人都有一个共同的毛病，就是自己要找的东西越找不到的话，就越想找到它。整洁、整齐的环境对我们的学习大有帮助。

### 三、信息资源的利用

信息资源是学习资源中重要的资源之一，主要有图书馆资源、网上资源和实际调查的信息资源，那么到底如何利用这些资源呢？

1. 图书馆资源的利用

一般图书馆里都有大量的藏书和期刊，资料丰富。但图书信息往往存在滞后现象。因此，到图书馆查阅资料，一定要把期刊与书籍结合起来。面对大量的信息资料，我们在查阅时应先有基本的选择标准。一般来说，对资料的选择有四个标准：第一，必要的资料，就是解决课题不可缺少的资料；第二，真实的资料，就是可靠的、准确的资料，都要有确切的出处；第三，新颖的资料，就是不陈旧过时并与别人重复的资料，因为只有新颖的资料才会证明新颖的观点，只有观点新、资料新才会有创造突破；第四，充分的资料，就是能足够证明论点的资料，使论文的资料在质量和数量上都达到一定的要求。此外，找到的资料必须阅读，一般采用精读与略读相结合的方法。

2. 网上资源的利用

随着互联网的不断发展，网络已成为当今最大的信息库，上网查询资料也逐渐成为人们学习和研究搜集资料的重要方式。网上资料的查询一般有两种方式。

一是专业网站查询，特点是专业性强。一般通过学校图书馆网站能进入中国期刊网、万方数据、维普资讯网、数字化期刊、超星数字图书馆等专业网站和搜索引擎。只要输入关键词或句子很快能查到与之相关的研究内容。大多数文章是不能编辑、复制的，所以要下载到本地硬盘或移动盘上才能使用。有些文章下载是要付费的，不过大多由学校购买了版权。

二是一般网站查询，特点是信息资源丰富。这里也能搜索到专业的知识信息，当然更多的是非专业的知识信息。常用的搜索引擎是百度（Baidu）、搜狐（Soho）、雅虎（Yahoo）、谷歌（Google）等。

3. 实地调查资源的利用

搞好专业学习，特别是研究性的学习，仅仅依靠图书馆和上网查询所得到的资料进行研究是不够的，还必须进行实地调查。实地调查能获得最真实可靠的第一手资料。实地调查最普遍的方式有自然观察、个别访谈和问卷调查等方法。自然观察法，是研究者在自然条件下对某种现象或个体的言谈、举止行动和表情等进行有目的、有计划的观察，以了解其具体信息的方法。它的种类很多：从观察形式来分，可分直接观察和间接观察；从观察时间来分，可分长期观察和定期观察；从观察内容来分，可分全面观察和重点观察。观察法较方便易行，所得信息资料较真实。

个别访谈法是同被调查者单独接触，必须注意方式方法，才能获得所需要的资料。访问前，要对访问对象进行一般性的了解，了解其性格、行为特征、经历、心理素质等，以便顺利开展调查。访问中要讲究方式方法，达成与被访者对象情感默契。同时，要认真记下被访问者提供的信息资料。

　　问卷调查法是将所要调查的内容，制成问题表样形式，以备传送给有关的人员，请其照式填答返回的一种信息采集方式。问卷调查重在对个人意见、态度和兴趣的调查，主要是在经由填答者之填写问卷后，得知有关被测者对某些问题的态度、意见，然后比较、分析大多数人对该项问题的看法，以作为调查者参考。

**模块训练**

　　1. 训练内容：
　　拟订学习环境与信息资源利用方案。
　　2. 训练要求：
　　根据职业自我、专业特点和未来就业方向，拟订一个供自己在大学期间的学习环境与信息资源利用方案；所拟订方案应具有可执行性。
　　3. 操作步骤：
　　（1）分析自己的职业自我、所学专业的特点，以及未来职业岗位的需要。
　　（2）查阅相关资料，以帮助自己拟订本学期、本学年和整个大学期间的学习环境与信息资源利用方案。
　　（3）将学习环境与信息资源利用方案构想形成书面文字材料。
　　（4）提交学习环境与信息资源利用方案书面材料，并在小组或全班上互相交流。
　　（5）教师点评。

**考评与反思**

　　1. 考评
　　请参照下表给出的评价标准，就每个同学在活动中的表现进行评价。

| 领域 | 具体表现 | 自我评分 | 小组评分 | 教师评分 |
|---|---|---|---|---|
| 过程 | 认真完成自学、练习任务（10 分） | | | |
| | 主动咨询老师，积极参与小组讨论，阐明自己的观点（10 分） | | | |
| | 帮助组内其他成员解决问题，与小组成员一起分享资源、观点，分担任务和责任（10 分） | | | |
| | 代表小组发言，全面、准确汇报小组共同的学习成果（10 分） | | | |
| 知识 | 了解学习环境资源利用的方法，回答问题全面、准确（15 分） | | | |
| | 了解信息资源利用的方法，回答问题全面、准确（15 分） | | | |
| 技能 | 能结合自己所学专业科学选择学习项目（15 分） | | | |
| | 能根据学业实际、运用时间管理工具拟订学习环境与信息资源利用方案，并加以实施（15 分） | | | |
| 评分合成后总得分（自评得分 ×0.1 + 小组评分 ×0.4 + 教师评分 ×0.5）： | | | | |

**2. 反思**

你对有关学习项目选择与时间管理方法的理解与运用，相对于其他同学有哪些异同？为什么？请结合自我评价、小组评价和教师评价结果，分析其中的原因。

# M ODULE

# 模块 5

## 学业中的常见心理问题与自我调适

**知识储备**

## 一、学习动力缺乏

学习的动力在大学生的学习中起着决定性作用，那么我们高职院校的大学生的学习动力状况如何呢？从调查现状来看，一般能完成学业但学习比较被动的占 40%，对学业采取应付态度的占 23%，不能完成学业、放任学习的达 18%。这说明学习动力缺乏在相当一部分大学生身上不同程度地存在着。这从普遍流行于大学的课桌文学的内容也可找到部分学生学习动力缺乏的影子。据有人统计，课桌文学中有 15% 反映了大学生的厌学情绪，学习动力缺乏的问题，诸如："分不在高，60 就行；学不在深，一抄则灵。""人生本该 happy，何必每天 study，考试只求 pass，混张文凭 go away。"总之，这种学习动力缺乏问题的存在，对大学生的成才危害极大。

学习动力缺乏，是指学习没有内在的驱动力量，无学习兴趣，无知识需求，不想学习，也就是学生常讲的"学习没劲"。

### （一）学习动力缺乏的表现

**1. 无明确的学习目标**

目光短浅，胸无大志。缺乏社会责任感和事业心，理想模糊，信念丧失。对自己在大学期间以及每学年、每学期学习上要达到什么要求，心中无数。过一天是一天，做一天和尚撞一天钟。

**2. 无求知欲和上进心**

视学习为苦差事，缺乏毅力，没有压力，没有紧迫感，既不羡慕那些成绩好的同学，也不为自己虚度光阴而惭愧。课前不预习，课上不听讲，课后不复习。考前临时抱佛脚，考时能抄则抄，作弊成癖，奉行"60 分万岁，多 1 分浪费"的信条，最大的学习目标是"混张文凭"。

**3. 无视学校的纪律**

厌倦学习、逃避学习。懒散、惰性大，不遵守纪律，对吃喝玩乐情有独钟，把大量时间和精力用在打扑克、下棋、踢球、谈恋爱上面。乱花父母的血汗钱而心安理得，无端浪费大学的好时光而无动于衷。

### （二）学习动力缺乏的原因

**1. 社会原因**

社会还没有真正形成尊重知识、尊重知识分子的氛围；适应市场经济要求的新的劳动用人制度尚未完全建立起来；大学生择业机制尚不健全，就业中不合理、不公平的现象在一定程度上依然存在。有些学生受社会上不正之风的影响，觉得毕业后的出路主要靠"关系"，在校学习成绩的好坏并不能决定毕业后得到回报的大小，因而未把全部精神集中在学习上，甚至滋生厌学情绪，致使学习动力不足。

2. 学校原因

专业设置在一定程度上脱离社会需要，导致大学生择业困难，学用脱节，用非所学。课程设置不合理，教学内容陈旧，方法刻板、单一，教学效果不佳；教学管理不严，教学条件跟不上；等等。这些都是造成大学生学习动力缺乏的直接原因。

3. 家庭原因

家长的不恰当期望，过高或过低的要求是导致大学生学习动力缺乏的间接原因。如有的家长自认为可以为孩子找一份理想的工作，因此，平时不注意了解和关心孩子的学习；也有的家长因家庭条件差，只想让孩子早点毕业工作，为家里减轻负担，而不支持孩子继续深造，等等。这些都不利于大学生确立长远的学习奋斗目标。

4. 个人原因

刚入学的新生，经过艰苦的拼搏终于考上了大学，觉得自己的目的已经达到，可以松一口气，因此没有了在中学时的那股学习劲头；另外，由于底子薄、毅力差、又少了父母的唠叨和升学压力，所以没有及时树立自身的学习目标，造成了前后的动机落差；再有，在大学低年级时，没有迅速适应大学学习生活，自我控制能力较差，容易受别人的影响，尤其自觉不自觉地模仿一些高年级学生的做法，诸如"他们玩我也玩""他们谈恋爱我也谈"，久而久之便不能自拔。

**（三）大学生学习动力缺乏的自我调适**

1. 要充分认识到学习的重要性

对于新入校的新生而言，在学习上不要有丝毫的放松心理。大学一年级是打好专业基础知识的关键一年，如果在这一年间有所荒废，对今后的学习就会产生不良影响。

2. 面对并接受现实

对于那些对学校和专业不满意的学生，因为学校和专业已经确定，几乎没有更改和调换的余地，因此要在短时间内调整好自己的心态，面对这个现实并接受它，尽快进入学习状态，不要因此而影响到学业，以致影响到自己今后的发展。

3. 端正学习态度，树立正确的人生观和价值观

学习的成就要以为社会所创造的价值来衡量，而不能单单以个人所得回报的大小来衡量。只有意识到学习不仅是为了个人的出人头地，还是为了人类进步、国家强大做贡献，才能百尺竿头，更进一步，出色完成大学阶段的学习任务。

4. 要纠正错误的归因

有些学生把能考上大学归结为自己的能力和努力，而把毕业后的出路归结为"关系和运气"，这种归因显然是不正确的。事实上，高校毕业生就业的出路仍然是以其在校学习的成绩和全面发展的素质为选拔人才的根据，其他因素只能暂时起作用。

5. 培养学习的兴趣

兴趣是培养的结果，原来没有兴趣的事务，经过培养也能否产生兴趣。心理学的研究表明，间接的兴趣能否转换成直接的兴趣，关键取决于人们是否具有高度的社会责任感，能否

使个人的兴趣服从祖国的需要，到了一定的时候，原来没兴趣的需要就有可能变成有兴趣的活动。

## 二、学习兴趣不足

大学生的学习兴趣受专业的影响与制约，总体而言，他们的兴趣广泛而多样，集中而稳定，间接兴趣占主导地位。但具体到个体，则存在较大的差异。

### (一) 学习兴趣不足的表现

**1. 学习兴趣过广，缺乏中心**

有的大学生见什么爱什么，什么时尚学什么，兴趣十分广泛，但没有中心兴趣，结果是样样都喜欢，样样都不专，长期下去，将会一无所长。

**2. 学习兴趣过窄**

与前者相反，有的大学生除了对一门课程或某一方面学习感兴趣以外，对其他课程或其他方面的学习一概不感兴趣，即"吃偏食"。长期这样下去，不仅会造成知识面过窄，知识结构不合理，而且就连偏爱的课程也难以真正学深、学透。

**3. 学习兴趣不稳定**

有的大学生兴趣点转移过快，今天对这个感兴趣，明天又对那个感兴趣，见异思迁，这山望着那山高，其结果是对什么都感兴趣，对什么又都不感兴趣，浅尝辄止，走马观花。

**4. 兴趣中心偏离**

兴趣中心偏离，就是兴趣中心偏离本学科、本专业学习。对这种现象应予以正确看待，应该说，丰富广泛的兴趣爱好对同学们知识面的拓展是有益的；但是，也要明白，如果兴趣中心长期发生偏离，对本专业学习是不利的。

**5. 学习无兴趣**

与上述几类情况不同，这类大学生对学习严重缺乏兴趣，却对与学习无关的活动兴趣十足，如有的热衷于经商、玩股票，有的热衷于打牌、下棋、玩游戏，有的则沉溺于恋爱、上网，等等。

### (二) 学习兴趣不足的主要原因

**1. 对所选专业不感兴趣**

大学生对所学专业缺乏兴趣而引起的厌学情绪已成为高校教育的顽疾之一。虽然各高校对此已采取一些措施，如通过考试再调整专业等。但这对于高职院校的学生来讲，却缺乏可行性，因为其本身学制时间短，等到学生发现自己对所选专业缺乏兴趣时已经来不及了，于是只好将就下去，被动地学习，这样学习效率肯定低下，更谈不上学习兴趣。

**2. 缺乏良好的学习习惯**

良好的学习习惯在学习中起着事半功倍的作用。高职院校的大学生本身底子薄，基础不牢固，又由于缺乏升学的压力，在高中阶段的不良习惯到了大学就放开了。如上课喜欢自己做自己的事情，不认真听讲，而大学的专业课难度大、内容深，老师往往讲授一次之后就不再重复，学生多次没用心听，课程就不易跟上，加上部分学生自制力较差，于是很容易出现破罐子破摔的情况，学习兴趣也就越来越差。

**3. 社会因素的影响**

人必须适应社会，这是硬道理。如果学生在选择专业时是完全根据社会的时代需求而定的，即根据就业市场而定的，完全没有考虑个人的个性特征、兴趣、爱好与特长，那么在学习过程中就会出现为了学而学的现象，完全忽略作为人的乐趣。同时，社会的发展是十分迅速的，昨天的热门专业到了今天可能就是冷门了，特别是"复合型人才"的提出更加剧了学生考证的热潮，这样就导致学生的兴趣不稳定，样样都知道、样样都不精的情况也就在所难免了。

总之，大学生学习兴趣不足的原因是多方面的，要培养大学生稳定、良好的学习兴趣，需要多方面的努力。首先，学生要了解自己，根据自己的个性特征结合社会需要选择专业，在学习中不断积累愉快学习经验，培养自己的兴趣，从而让学习兴趣转化为内化的动机；其次，学校也必须不断调整、充实、更新教学内容，改善教学条件和手段，改进教学方法，提高教学效果，从而激发学生的学习兴趣；最后，学校相关人员或部门应对兴趣过广或过窄的大学生进行分类指导。对前者着重引导他们围绕专业学习建立兴趣，对后者要着重帮助他们适当扩大兴趣面，使他们扬长避短，各得其所。

### 三、学习态度不端正

学习态度与一个人的非智力因素密切相关，学生的学习需要、认知、情绪、意志、行为等，在学生身上具体地表现为学习态度。它对学习过程产生直接的影响，是影响学习效果的重要因素。心理学研究表明，个体在过去学习中形成的不良学习态度不仅直接影响当前的学习，而且还会迁移、泛化到其他学习活动中。学生对某一学科的态度，会影响到其对其他学科的态度。

**（一）不良学习态度的表现**

（1）拖拉。不能及时完成老师布置的作业，能拖则拖，今天的事拖到明天，明天的事拖到后天。寻找各种借口替自己开脱，自我原谅，对大量时间的白白被浪费心安理得。

（2）敷衍。对老师布置的学习任务敷衍塞责，偷工减料，马虎了事，并想点子搪塞老师。

（3）粗心。学习不认真、不仔细、粗心大意、马马虎虎，经常出现不应有的差错。

（4）浮躁。学习不深入、不扎实，走马观花，满足于一知半解，喜欢做表面文章，喜欢哗众取宠、投机取巧。

（5）自满。对自己的学习要求过低，易于满足，取得一点点成绩就沾沾自喜，不思进取。

（6）畏难。遇到一点困难就愁眉苦脸，丧失信心，裹足不前。

**（二）不良学习态度的自我矫正**

大学生不良学习态度的形成与其世界观、人生观、价值观、自我认知、情绪、意志以及学习、生活的习惯等有直接关系，要想端正不良学习态度，需要学生自己做出努力。

（1）端正学习动机。建立良好的学习需要机制，使学习由外在需要转化为内在需要，由被动转为主动，这是正确学习态度形成的前提。一个人的学习动机不正确，学习目的和目标不明确，缺乏学习动力，就不可能形成正确的学习态度。

（2）养成良好的生活习惯。生活习惯对学习习惯、学习态度的形成影响较大。一个生活拖沓、懒散的人，学习上不可能勤奋刻苦；一个生活习惯随意的人，学习上不大可能严谨求实。因此，大学生应养成良好的生活习惯，克服不良的生活习气，尤其是一些陋习。

（3）提高自我认知和自我控制能力。自我认知能力高，自我评价能力健全，对正确学习态度的形成起着积极的推动作用，而良好的自控能力则是克服不良学习态度的重要条件。

## 四、考试心理不适

考试对学生来说是又怕又爱。考试不仅仅是方法和手段的问题，更是一种极其复杂的心理活动。面对考试，不同的人有不同的心理，同一个人在考前、考中、考后的心理状态也不同，至于对考试的态度更是随时间、地点、条件的变化而呈现出前后不一，甚至截然相反的特点。考试不适，主要表现在两个方法：一是考试焦虑，二是考试作弊。

### （一）考试焦虑

所谓焦虑，是在一定的应试情境激发下，受个体认知评价能力、人格倾向与其他身心因素所制约，以担忧为基本特征，以防御或逃避为行为方式，通过不同程度的情绪反应所表现出来的一种心理状态。考试焦虑是考试中常见的现象，大凡考试过的人都会有程度不同的焦虑体验。心理学研究认为，学生在学习过程中，保持适当的焦虑是必要的，但不是焦虑程度越高越好。相反，严重的学习焦虑对学习会产生非常不利的影响。因此，大学生在学习中必须注意克服过重的学习焦虑。

**1. 大学生考试焦虑的表现**

大学生考试焦虑的表现有：学习压力大，精神长期高度紧张，思维迟钝，记忆力下降，注意力涣散，情绪躁动，寝食不安，郁郁寡欢，面无表情，精神恍惚。随着考试日期的来临，精神越来越紧张，压力越来越大，生怕自己考不好，所以反反复复复习课程内容，在书上到处打重点，一遍又一遍背诵课堂笔记，即使准备得非常充分，也还是不放心，惧怕考试不能过关或担心比别人考得差。

**2. 大学生产生考试焦虑的主要原因**

（1）自信心不足，总认为自己的智力、能力、基础不如别人。

（2）成就动机过强，迫切希望取得好成绩并且超过别人。

（3）对以前的考试失败和挫折体验太深刻。

（4）兴趣爱好过于单一。

（5）性格内心，不善交往，自我封闭。

**3. 考试焦虑的自我调适**

（1）正确认识考试的意义，端正考试的动机。要认识到考试的目的只是检查教与学的成效，有利于学生检查自己的学习态度和学习能力，有利于调整对自我的认识，并进行自我完善。

（2）对考试成绩的期望值要符合个人实际。考试成绩的高低取决于平日学习的努力与否，而不是取决于考试本身。如果平日努力不够，复习不够，而企图在考试时侥幸地获得高分数，这是不符合实际的想法。克服这种侥幸心理，就可降低考试焦虑。

（3）平日努力学习，加强准备，以平常心应试。克服考试焦虑最好的办法是加强平时的努力，彻底吃透教材，克服学习中的难点，有备无患，信心十足。这样才能以平常心应试，稳操胜券，克服考试焦虑。

（4）有意识地克服"怯场"现象。考试时产生的"怯场"现象，可能是由于对考试信心不足而导致临场慌乱，也可能是缺乏应试的经验与技能，临时碰到问题无力应付，还可能是由于学生个人的气质与性格特点不能适应紧张的场面。因此，除了从心理上消除应试的障碍外，还应从应试的技能方面进行加强。如在考试前检查应携带的物品；考试时如何沉着地阅读试题；如何思考答题的步骤与策略；碰到困难时如何应付；如何对自我的情绪状态进行调整；等等。

**（二）考试作弊**

伴随着大学生对当前大学里考试的种种不满，越来越多的大学生加入了"作弊族"的行列。从流行于大学校园的种种关于考试作弊的顺口溜中，可以看出大学生对待考试作弊的不健康心态。诸如"考，考——老师的法宝；分，分——老师的命根；抄，抄——学生的绝招"；"不抄白不抄，白抄谁不抄，抄了不白抄"；等等。这充分说明了大学生考试作弊现象存在的普遍性，同时也反映了高校考试作弊成风问题的严重性。

大学生考试作弊心理的成因有以下几点。

（1）侥幸心理。凡是考试作弊被抓获的学生都承认他们作弊时存在侥幸心理，虽然都知道作弊是学校禁止的行为，一旦被抓就要处分，但他们总希望自己碰上好运。

（2）虚荣心理。高校一般每学年进行一次奖学金的评比和综合测评名次排列，这些关键都是看考试成绩。尽管有些学生成绩不差，但为了保持自己的优势，满足高人一等的虚荣心理，还是选择作弊这一"捷径"。

（3）从众心理，也称为"不平衡心理"。一些学生开始并不认为考试作弊是应该的，但发现周围作弊的同学成绩比自己好，甚至评到奖学金，也就跻身于作弊行列。据调查，大学生中持"人家作弊，自己不作弊吃了亏"的心理而作弊的占 12.55%。

（4）赌博心理，也称为"冒险心理"。一些学生对竞争的长期性认识不足，对能力的理解存在偏差，入学后不是关注怎样掌握真才实学，而是千方百计地获取文凭与学位，因此在学习上是"平时不烧香，临时抱佛脚"，时间来不及时，也只有孤注一掷，想方设法地考试作弊。在这种心态下，考试作弊这种知识盗窃行为不再是耻辱，而是一种本领、一条捷径。

（5）同情心理，也称为"义气心理"。具有同情心理的学生大都是学习成绩比较好、碍于同学面子以及"哥们义气"而协同作弊的学生。据有关调查，因"碍于情面，无法拒绝"而协同作弊的大学生比例为 9.51%。在考试时向别人伸出援助之手，不仅害了别人，也害了自己。

（6）过关心理，也称为"利益心理"。有一些学生认为进了大学就端上了铁饭碗，平时不努力学习，在学校里混日子；另一些则由于学习基础差、身体健康欠佳等原因，学习起来很吃力。到了考试的时候，他们害怕成绩不及格会受到家长和老师的责备、同学们的白眼并影响今后的就业等原因，便想以作弊的方式达到及格的目的，即所谓的"分不在高，及格就行"。

（7）逆反心理。有些同学对学习和考试非常厌倦，或是对老师非常反感。因此，学校越是明文规定考试不得作弊，这部分大学生越是偏要作弊，并以此为荣。

（8）表现心理。有些同学为了在同学面前显示自己的"勇敢"，从而以考试作弊来让别的同学佩服。

（9）怀疑心理。有些同学对自己信心不足，想通过核对答案或翻看书籍等作弊手段来验证自己做题的正确性。

（10）猎奇心理。有些同学对考试作弊非常好奇，很想通过此举来"体验生活"。

杜绝或减少大学生作弊现象主要是教育问题。首先，要将大学生培养成具有远大的理想、积极的学习态度、正确的认知能力、较高的意志自觉性的人，才能从根本上解决问题。其次，树立良好的学风、校风也极为重要。考试作弊现象的大量出现是当前弄虚作假浮躁之风的必然结果。再次，大学教师应不断提高教学水平，以引导学生好学、乐学，并在考试内容方面注重兼顾基础知识和解决问题的能力及应用能力的考查。最后，严肃考试过程、严抓考场纪律、严惩作弊学生也极为重要。

### 模块训练

1. 训练内容：
大学生学业常见心理问题分析与自我调适方法的运用。
2. 训练要求：
对以下案例情境进行分析，要求对存在问题进行准确诊断，并针对案例中主人翁存在的心理问题，拟订一个可行的自我调适方案。

#### 小张的困惑

小张是一名大学学生干部，入学时学习刻苦，目标明确，成绩十分出色。大学一年级时，专业课成绩曾名列全系第一名。他同时担任班级组织委员兼技能委员，并在系内团总支从事宣传工作。仅仅入学一个学期，小张便在学习及工作上取得了令人羡慕的成绩，被评为优秀团干部，是一等奖学金获得者。在系内首次十佳学生干部的评选中，他是唯一一名大学一年级的学生干部，票数很高。随着年级的升高，他的工作能力有了很大提高，但同时也感觉到自己开始不爱学习，坐在哪儿也学不进去，总想着怎么去策划工作，怎么做才能把工作做得更好，一会儿想这，一会儿想那，就是无法全身心投入学习。后来他感觉是不是自己的记忆力不行了，原来背30几个英文单词只需要十几分钟即可，而后来背了半天还是不能记住，看书看了半天不知在看什么。大学一二年级他两次获一等奖学金，但到了大学三年级，学习成绩下降了，由前四名下降至八九名，由原来的每科80分以上下降至60~70分。他说道，学习中我经常为自己设立目标，却总不能实现，因此我焦躁、悲观，甚至有些抑郁的倾向，对待人和事也没了耐心，一失往日的热情。人际关系大不如从前，此时我觉得我一无是处。

3. 操作步骤：
（1）分析案例情境，找出小张的主要症状，判断问题的性质。
（2）查阅相关资料，以帮助小张拟订一个可行的自我调适方案。
（3）将分析思路、诊断结论和自我调适方案构想形成书面文字材料。
（4）提交书面材料，并在小组或全班上互相交流。
（5）由教师进行点评。

分析指南：这种现象具有普遍性。像西方有的学者说的那样，我们进步的主要敌人是我们自己。更确切地说，是我们自己的潜意识世界中的错误思维方式和观念。像他这样产生厌学倾向的学生干部，主要是由其无意识世界的许多错误的程序性知识造成的。很多学生干部不仅要求自己在工作上积极突出，也要求自己的学习成绩遥遥领先，因此在设定目标上就比别人高。于是，便对自己产生了超强的学习与生活压力，比如学习数量的超负荷和学习时的心情过度紧张，长期伴随着学习过程，便会形成条件性情绪反射，以后便在大脑中形成一种S－E－R（S代表刺激事件，E代表情绪，R代表行为）条件化情绪反应模式。所谓S－E－R条件化情绪反应模式，即学习者在学习压力大时，发生兴趣冲突的情况下使学习S带上了消极情绪E，从而产生厌学行为R。这种反射是在本人既不知道产生的原因也不能够控制的情况下产生的情绪反射，即为不适应性情绪反应。大学生干部工作主动性强，自由度大，所以，无论投放多少精力都不算多。投放的时间越多，精神越是集中，越容易进入创造性思维状态，越容易频频产生工作上的创意灵感。大学生干部工作独立的这一特点本来是好事，但是它同时也潜藏着一种负效应，即当一个人痴迷于创造性工作的时候，是不情愿把精力分配给其他事情的，其中就包括学习。当创造性工作思维带来的乐趣远远大于学习上的乐趣时，便出现了所谓的兴趣冲突现象，即越工作越有灵感。而当我们想去学习时，也是为了应付考试，为了更好地使干部形象完美，这就不免表现出一种被动的倾向，学习应有的乐趣早就被做学生工作的乐趣冲淡；加之学习上的压力，只要其去学习，在工作与学习之间就发生了兴趣冲突，因此下意识地排斥学习，开始产生厌烦情绪。这种情绪日益积月累，便导致了小张后来的学习成绩上的种种不良结果。从行为表现上看，就是某些有经验的教师们常说的：大学生干部的性格往往比较"浮"，学习不像其他同学那样的踏实。

怎样解决这个问题？首先，应多从这类学生的认知上进行辅导，及时纠正其错误认知的形成与泛化。有些学生干部长期协助老师进行学生工作，满口官腔，易脱离群众，在某些问题上比较武断。这样久了必然失去群众的支持，在人际交往上受到障碍，被周围同学孤立，进而影响情绪，不利于其个性及特长的发挥。其次，教育管理者应有一定的心理健康知识，用正确的方法来引导这类学生，使他们会工作、会学习，而非想做工作不会工作，想要学习不会学习。最后，这类学生要树立辩证唯物论观，让自己在世界观及方法论上有个科学的认识，避免走向误区。

**考评与反思**

1. 考评

请参照下表给出的评价标准，就每个同学在活动中的表现进行评价。

| 领域 | 具体表现 | 自我评分 | 小组评分 | 教师评分 |
| --- | --- | --- | --- | --- |
| 过程 | 认真完成自学、练习任务（10分） | | | |
| | 主动咨询老师，积极参与小组讨论，阐明自己的观点（10分） | | | |
| | 帮助组内其他成员解决问题，与小组成员一起分享资源、观点，分担任务和责任（10分） | | | |
| | 代表小组发言，全面、准确汇报小组共同的学习成果（10分） | | | |
| 知识 | 了解常见学业心理问题，回答问题全面、准确（15分） | | | |
| | 了解学业心理问题的自我调适方法，回答问题全面、准确（15分） | | | |

| 领域 | 具体表现 | 自我评分 | 小组评分 | 教师评分 |
|---|---|---|---|---|
| 技能 | 能运用学业心理知识，科学分析、判断自己的心态（15分） | | | |
| | 能针对学业心理问题实际，拟订自我调适方案并实施（15分） | | | |

评分合成后总得分（自评得分×0.1＋小组评分×0.4＋教师评分×0.5）：

2. 反思

你对学业心理问题及其自我调适方法的理解与运用，相对于其他同学有哪些异同？为什么？请结合自我评价、小组评价和教师评价结果，分析其中的原因。

# 巩固与提高

## 单元知识小结

学业规划，是大学生职业生涯规划的重要组成部分，是踏入社会前为自己在职业定位、职业选择等方面所做的准备工作；学业规划为大学生的理想与现实间构建了通路，使得职业生涯目标的实现有了可能。

要做好学业规划应掌握有关的策略和方法。

学业规划的实施需要在学习项目、时间管理、环境资源的利用上下工夫。

## 思考与练习

1. 你认为学业规划有哪些作用？说出你的理由。
2. 你认为一个好的学业规划应该包含哪些方面？如何处理它们之间的关系？

# 寻找未来人生位置——了解职业世界

▶ **学习目标**

**知识目标：**

- 熟悉职业的结构和分类，理解"行行出状元"的道理。
- 了解职业发展趋势及职业声望变化。
- 了解用人单位的性质与个人职业生涯发展的关系。
- 初步明确几类常见职业对人才素质的要求。

**能力目标：**

- 能把握未来职业发展趋势，并形成切合实际的职业观念。
- 能结合自身特点定位未来的职业岗位。
- 能够客观地分析行业的发展现状、趋势及人才准入条件。
- 能够客观地分辨和看待用人单位的性质。

▶ **名言名句**

知己知彼，百战不殆。——《孙子兵法》

▶ **单元导学**

人在一生中必然要进入某个行业，从事某种职业。很多职业在逐渐远离我们的同时，又有很多职业正在走近我们。如何了解职业，准确把握、分析不同职业的特征及其未来走向，是大学生找到适合自己的职业并成功走向社会的重要前提之一。了解行业，就是要分析行业本身所处的发展阶段及其在社会经济发展中的地位，分析影响行业发展的各种因素，预测行业的未来发展趋势，判断行业对人才引进的准入条件，从而为我们的职业生涯规划和学业规划提供依据。但行业的范围非常广、内容复杂，本单元只能从了解行业的意义、内容及方法方面展开讨论，以便为同学们提供认识、了解行业的思想方法。

# M<sup>ODULE</sup> 模块 1

## 了解职业

**知识储备**

职业是人们从事的相对稳定的、有合法收入的、专门类别的工作。它既是个人获得经济收入的来源，也是个人获得非经济收入，如名誉、地位等的来源，同时更是实现个人价值，进而实现个人价值与社会价值统一的重要途径。职业具有结构性，由不同的种类所组成；同时又具有时代性，随时代的变迁而变化。

### 一、社会职业的分类

职业有成千上万种，每一种职业都有其自身的特点和规律。要研究和分析职业问题，必须对职业进行科学的分类。所谓职业分类即采用一定的标准和方法，依据一定的分类原则对从业人员所从事的各种专门化的社会职业所进行的全面、系统的划分与归类。随着社会的进步以及社会分工的精确化，传统的"三百六十行"已经不能体现职业类别的丰富性和多样性了。

以我国职业工种为例，新中国成立以来，先后开展了大量的职业分类调查研究工作，制定了许多职业分类的标准与政策。按行业划分，我国职业可分为一、二、三类产业。第一产业指农业、林业、渔业、畜牧业等国民经济的基础行业；第二产业是指工业、交通业、建筑业等国民经济发展的主导行业；第三产业是指商业、保险业、金融业、旅游业、信息咨询服务业等行业。

按职业横向划分，我国职业可划分为八大类：各类专业技术职业、国家机关党群组织、企事业单位负责的事务及有关工作、商业工作、服务性工作、农林牧渔劳动、工业生产、运输及不便分类的其他劳动。

另还可根据工作特点和专业划分等进行职业分类。

随着科学技术的进步和社会分工日趋细化，出现了越来越多的新兴职业工种。如代理人、经纪人、手机短信写手、网络游戏玩家、色彩师、形象设计师等职业。随着社会的发展，职业结构变迁的速度也越来越快，职业种类也会越来越多。

### 知识拓展

国际标准职业分类和中国国家职业分类，如表 4-1 所示。

表 4-1　国际标准职业分类和中国国家职业分类

| 类别 | 国际标准职业分类 | 中国国家职业分类 |
|---|---|---|
| 1 | 专家、技术人员和有关工作者 | 专业技术人员 |

| 类别 | 国际标准职业分类 | 中国国家职业分类 |
|---|---|---|
| 2 | 政府官员和企业经理 | 国家机关、党群组织、企业、事业单位负责人 |
| 3 | 事务性行政工作者 | 办事人员和有关人员 |
| 4 | 销售工作者 | 商业和服务业人员 |
| 5 | 服务工作者 | 军人 |
| 6 | 农、牧、林业工作者，渔民和猎人 | 农、林、牧、渔、水利业生产人员 |
| 7 | 生产和有关工作者、运输设备操作者和劳动者 | 生产、运输设备操作人员及有关人员 |
| 8 | 不能按职业分类的劳动者 | 不便分类的其他人员 |

## 二、职业的发展趋势

### （一）职业种类增多，新职业频繁出现

职业是社会发展的产物，是随着社会生产力和社会分工的发展而不断前进的。生产力越发达，社会分工越精细，出现的新职业也会越多。如今，我们的社会经常是一年之内就会涌现出几十个新职业，2004年以来，中华人民共和国劳动和社会保障部已经发布了8批新职业信息。如2007年2月，劳动和社会保障部发布了10个近期刚刚证明比较成功的新职业。分别是：会展设计师、珠宝首饰评估师、创业咨询师、手语翻译员、灾害信息员、孤残儿童护理员、城市轨道交通接触网检修工、数控程序员、合成材料测试员、室内装饰装修质量检验员。2007年8月，上海市劳动和社会保障局也发布消息，育婴师、实验师、家具设计师、会展经营策划师、展馆讲解员、漫画师、美容指导师、游戏美术设计师、游戏程序设计师、网络课件设计师、信息安全师、服装跟单师、珠宝首饰评估师、色彩管理技术员和传感器应用技术员15个行当被正式确定为新职业。新职业从一个侧面反映了我国产业结构的调整和经济社会的进步。

### （二）职业分工越来越精细

社会历史发展的必然趋势是社会分工越来越细，专业化程度越来越高。分工越细越有利于求职人员找到自己的定位。以形象设计师为例，我国自20世纪80年代末以来就出现了不少从事形象设计工作的人员，他们一般是由美容、美发、化妆、服装（饰品）设计等职业中分流出来的。由于没有明确的职业定义，形象设计人员很难脱离美容、服装业，单独展开综合设计工作，以致该职业发展缓慢。而分工的精细化，则有望改变这一现状。

### （三）对知识技能的要求越来越高

从发展趋势来看，近年来出现的很多新兴职业领域，大多与科技发展密切相关，职业更新越来越向信息化、智能化转变。这也为我们的人才培养发出了清晰的信号：要想在已有的职业及未来的新职业中立足或成为佼佼者，就必须具有创新精神和终生学习能力，必须具备充足的知识技能，否则的话就不可能胜任职业的需要。

### （四）第三产业发展迅速

当前中国经济的一个重要问题是内需不足，而第三产业是产生新的内需，形成新的社会财富，提高人们生活质量的一个重要的产业或手段。从第三产业比重来看，发达国家从事第三产业人员要超过一、二产业总和。第三产业对拉动第一、第二产业发展，进而提高国家的经济发展水平有重要作用。

目前我国第三产业在国民生产总值中的比重还不高。近年来，我国第三产业中的文化教育、科学研究、宏观管理、货币金融、法律法规、中介咨询、商品流通、旅游、家政服务等职业迅速发展。第三产业能产生大量的新职业，吸收大量社会劳动力，因此今后第三产业将是发展最快、职业变动最大的部门之一。

随着政治、经济、文化、科技的发展和社会的进步，职业也在经历着种种变化，我们大学生只有对职业及职业发展前景有一个正确的认识，才能做出正确的职业决策。

## 三、职业的声望发展分析

职业是人在社会中的工作角色。不同的职业在同一社会中表现出不同的地位和声望。职业声望是人们对职业的社会评价，体现了不同时代人们的职业态度和倾向。职业声望分析就是根据一定的标准和手段对职业的当前的社会地位和发展状态进行的评价和估量。

决定职业声望高低的主要因素有：① 职业环境，即任职者所能获得的工作条件的便利与社会经济权利的总和，包括职业的自然环境与社会环境，如工作的技术条件、空间环境、劳动强度、工资收入、福利待遇、晋升机会、被认可程度等。② 职业功能，是指一定的职业对于提高国家的政治、经济、科学、文化水平的意义及其在社会生活中对于人民的共同福利所担负的责任。③ 任职者素质，如文化程度、能力、政治态度、道德品质等。职业环境越好，职业功能越大，任职者素质越强，职业声望就越高。

据国家权威部门 2012 年发布的资料显示，教师的职业声望最高，科学家居第二位，医生居第三位。四至六位的分别是官员、法官、企业家。

教师，尤其是城市中小学和高校的教师，在很多人眼里是一份比较好的工作，无论福利待遇、工作环境都令人羡慕。在很多人心目中，能进学校尤其是对于女孩子来说，是一个非常不错的选择。

科学家声望崇高是与科技对人们生活和社会进步的作用密不可分的。生活在一个高新技术时代，我们每个人都能切身体会到科技发展给我们带来的舒适与便捷。科学知识虽然不是绝对真理，却在人类认识和改造自然界、创造社会文明、推动社会进步中发挥着无可替代的作用。尽管有个别科学家在市场利益的诱惑下失去了应有的道德水准，但从总体上来看，科学家的职业声望仍然是相当高的。

虽然看病难、看病贵、见死不救、医疗纠纷等词以超高频率在媒体和公众中传播，但这并没有动摇医生在人们心目中的地位。医生职业仍然获得很多人青睐，排位居前，这从一个侧面可以说明，职业选择受经济因素影响较大。很多人在挑选职业的时候更多加进了务实的因素。

官员声望高也反映了人们的一定价值取向。很多人都是希望子女能从事"更实际"和"更有保障"，并且"感觉起来"更受人尊重的职业。这说明以权力或特权为基础的官本位思想仍在我们国家有着极为深广的渗透力。

职业声望体现了职业的发展趋势。未来我国10年内所需的几类人才是：

（1）会计类：随着我国多种类型的经济实体不断涌现，社会对会计人才的需求将会增加，会计将成为各行业中的一个热门专业。

（2）电脑类：从事电脑软件、硬件开发、应用、维护、管理方面的人才将走红。

（3）房地产及相关专业类：在旺盛的房地产业的带动下，将需要大量与之相关的高素质的房地产开发、咨询、销售、物业管理、租借、二手房中介、装潢装修等从业人员。

（4）保险类：随着社会的进步、社会保障体系的完善以及人们自我安全防范意识的增强，保险专业人员将成为热门人才。

（5）家电类：随着经济的迅速发展，一方面国内企业逐渐向世界先进技术靠拢，需要大量的技术人才；另一方面，与庞大的家电市场配套的售后服务及专业维修人才将颇为抢手。

（6）个人服务类：心理咨询师、情感咨询师、保健医师、护理类的家庭服务员的需求量将会增大。

（7）营销（销售）类：作为市场经济中各行各业获得利润的核心环节，无论是生产制造类企业还是单纯的代理、销售业，优秀的销售人才都非常抢手。

（8）家用汽车类：个人对家用轿车的需求将在今后相当长时间内持续上升，家用汽车市场的发展将使汽车配件、维修及相关技术产品开发等职业炙手可热。

（9）旅游休闲及相关产业类：随着人们生活水平的提高，"旅游消费全民化"的时代正在逐渐走进国人生活中，目前中国已形成世界上规模最大的国内旅游市场。另外随着中外交往的深入，入境旅游、出境旅游持续增长的因素将长期存在。中国旅游业将迎来前所未有的发展机遇，同时也将带动相关产业，如航空、出租、交通、酒店等相关行业的快速发展。届时，旅游及其相关的服务行业将成为未来几年热门的职业之一。

（10）餐饮、娱乐服务业类：社会生活节奏的加快使人们对快餐业的需求增加，按现代人居生活而布局的餐饮网点将更多，从事特色餐饮人员将会大受欢迎。另外随着人们对精神需求的增加，娱乐从业人员也将炙手可热。

决定职业声望分析的因素除了本节提到的三种主要因素外，还受其他一些因素的影响。如不同性别群体、不同年龄群体、不同文化群体、地域群体对职业声望的评价也是存在着明显差异的。但在职业声望的总体评价上是趋于一致的：从事脑力劳动的职业基本排位靠前；职业声望排序与权利、知识、教育、专业技术及需求成正比；在注重职业评价的等级性、市场性及务实性方面也基本接近。但职业声望不是一成不变的，它也会随着生产力的进步、科学技术的发展、社会各种制度的变革及人们观念的转变而发生变化。

=== **知识拓展** ===

目前，我国技能型人才极其缺乏，需要数十万数控技术应用领域的操作人员、编程人员和维修人员；在推进国民信息化过程中，全国计算机应用专业人才的需求每年新增加百万人左右；随着汽车保有量的大幅度上升，全国汽车维修行业每年需要新增近30万从业人员；在医疗服务领域，按照到2015年我国的医护比例预计达到1:1的预测和规划，我国每年需要培养各层次护士15万人。

（李家华，黄天贵：《职业指导》，13页，北京，高等教育出版社，2005）

**模块训练**

1. 训练内容：

调查、了解所学专业指向或意向职业的发展趋势和社会声望。

2. 训练要求（2选1）：

（1）根据自己的专业指向或意向职业，就近找1~2家相关单位前往考察，拜访基层和人力资源负责人，询问他们有关该职业发展前景和社会声望的看法。

（2）从计算机网络或图书馆查找有关职业结构分类、发展趋势与声望分析的文献资料；从中整理出一份关于所学专业指向或意向职业发展趋势与声望的文档资料。

3. 操作步骤：

（1）按职业意向自由组建调查小组，推选组长和发言人。

（2）选择走访单位或从计算机网络和图书馆查找有关职业结构分类、发展趋势与声望分析的文献资料；从中整理出一份关于所学专业指向或意向职业发展趋势与声望的书面报告。

（3）小组间汇报交流调查报告内容，陈述对专业指向或意向职业发展趋势与社会声望的看法。

（4）教师对各小组的调查报告进行点评。

**考评与反思**

1. 考评

请参照下表给出的评价标准，就每个同学在活动中的表现进行评价。

| 领域 | 具体表现 | 自我评分 | 小组评分 | 教师评分 |
|---|---|---|---|---|
| 过程 | 认真完成自学、练习任务（10分） | | | |
| | 主动咨询老师，积极参与小组讨论，阐明自己的观点（10分） | | | |
| | 帮助组内其他成员解决问题，与小组成员一起分享资源、观点，分担任务和责任（10分） | | | |
| | 代表小组发言，全面、准确汇报小组共同的学习成果（10分） | | | |
| 知识 | 了解职业的基本分类，回答问题全面、准确（15分） | | | |
| | 领会职业的发展趋势和社会声望，回答问题全面、准确（15分） | | | |
| 技能 | 能结合科技、经济社会发展情况，分析职业结构、发展趋势及声望变化的可能性（15分） | | | |
| | 能根据自己所学专业，判断未来拟将从事职业的种类、发展趋势与声望（15分） | | | |

评分合成后总得分（自评得分×0.1 + 小组评分×0.4 + 教师评分×0.5）：

2. 反思

对于自己拟将从事职业的种类、发展趋势与声望进行分析，看看与其他同学有哪些异同？请结合自我评价、小组评价和教师评价结果，分析其中的原因。

# MODULE 模块 2

## 用人单位与个人职业生涯发展关系

**知识储备**

不同的用人单位有不同的用人制度。了解不同类型单位的用人制度，对做好"人—职匹配"、合理规划职业生涯具有重要的价值。本节将从分类的角度对用人单位聘用人才的特点进行分析。

### 一、机关单位的用人特点与个人职业生涯发展

我国机关单位有政府行政机关和党务机关两套体系，是世界上机关单位数量最多的国家，也是吸收高校毕业生的大户。例如，仅中央机关每年就提供上万个公务员职位。由于公务员享有比较完善的福利待遇，加上大多数机关都拥有相当的职权，社会地位高，因此进入机关单位当公务员成为众多高校毕业生不遗余力追求的目标。报考人数逐年递增，竞争激烈，录取比例极低，有些单位甚至不到 1%。那么，进机关单位当公务员是否真值得每一位毕业生去奋力追求呢？我们不妨先来分析一下公务员的聘用特点。

《中华人民共和国公务员法》（简称《公务员法》）规定，机关单位公务员的聘用实行凡进必考的原则。自 20 世纪 90 年代以来，每年从中央到地方，都要举行公务员录用考试，这为有志于进入公务员行列的高校毕业生提供了机会。公务员录用考试的科目通常有《行政职业能力倾向测验》和《申论》2 科，但一些地方政府的公务员录用考试还保留过去流行的《公共基础知识》这一科，因而要考 3 科。公务员录用考试分笔试和面试两部分，先笔试后面试，面试成绩所占比例非常大；其录用一般按成绩从高到低录取。

《公务员法》规定，对公务员的管理坚持监督约束与激励保障并重的原则。除有严明的行为规则和考核、惩戒制度外，还有 9 项基本义务、16 项基本纪律，对公务员进行严格的考核，考核的结果与公务员职务的升降、涨工资、发奖金以及辞退相挂钩；违反纪律的要受处分。其次，领导成员有引咎辞职和责令辞职制，即所谓"问责制"。此外，还有严格的离职从业限制。公务员辞去公职或者退休的，原系领导成员的在离职 3 年内，其他公务员在离职两年内，不得到与原工作单位业务直接相关的企业或者其他营利性组织任职，不得从事与原工作业务直接相关的营利性活动，违反者要予以处罚。

按照《干部任用条例》规定，公务员的职务晋升须经过以下 4 个程序：① 民主推荐。民主推荐包括会议投票推荐和个别谈话推荐。② 组织考察。确定考察对象后，按照干部管理权限，进行严格考察。考察必须依据干部选拔条件和不同职务的职责要求，全面考察其德、能、勤、绩、廉等各方面条件，并注重考察其工作实绩。③ 讨论决定。按照干部管理

权限由党委（党组）集体讨论做出任职决定，或者决定提出推荐、提名的意见。④ 按照规定履行任职手续。委任制职务，由任免机关依法任命。选任制职务，进行依法推荐和民主协商，由选举机关选举产生。

机关单位是规章制度比较严明的地方，工作内容稳定但原则性强。这对于那些热血方刚、争强好胜、性格耿直的人来说恐怕难以适应。可见，公务员职业并不是对每一个人都适合的，应视个人的职业价值观、职业理想和性格而定。

## 二、事业单位人才聘用特点与个人职业生涯发展

事业单位大多是以脑力劳动为主体的知识密集性组织，专业人才是事业单位的主要人员构成，利用科技文化知识为社会各方面提供服务是事业单位的主要手段。

我国事业单位几十年一直按照党政机关的管理方法进行管理，人员靠统派、工资国家定，没有形成适应事业单位工作性质与特点的人事管理制度，从而使事业单位政事职责不分，社会化程度不高，财政负担沉重，缺乏竞争机制和自我发展、自我约束机制，机构臃肿，人员结构不合理，干部"坐铁交椅"，职工"端铁饭碗"，人员能进不能出，职务能上不能下；工作人员的积极性不高，各类人才潜能的发挥受到制约。近年来通过改革，这些现象逐渐有所转变，对人才的聘用也开始遵循凡进必考的原则。但由于事业单位对人才的需求以专业技术人才为主，因此考试的方式与公务员的录用考试有所不同。考试的内容和方式主要针对胜任专业技术岗位的工作需要来设计，例如学历、职业资格等的审查，岗位专业知识与能力水平的考核等。

根据国家事业单位人事制度改革的有关文件规定，事业单位职员职位依据工作性质划分为专业技术职类、行政管理职类和工勤技能职类。行政管理职类划分为行政领导和行政事务两个职系。行政领导职系由单位行政领导和单位内设机构行政领导职位构成；行政事务职系由除领导职位外的行政事务工作职位构成。专业技术职类由单位的业务工作职位构成。其职系划分，属国家规定的专业技术职务系列的，按国家规定执行；国家没有规定的，由地方人事部门根据单位业务工作的实际与需要确定。行政管理职类和专业技术职类的职位，根据事业单位的组织结构和管理的实际分别设定职级序列，两类职位的职级互不对应。

行政管理类的职位划分为 10 个职级，最高级别为第一职级，最低为第十职级。其中行政事务职系职位的最高职级不能超过该单位的部门正职行政领导的职级。专业技术类的职位划分为 13 个职级。最高级别为第一职级，最低为第十三职级。工勤技能职位分为技术工岗位和普通工岗位，技术工岗位设置 5 个等级，普通工岗位不分等级。各职位的职级，根据职位的责任大小，工作难易程度和所需的资格条件及其他相应因素确定。

改革后的事业单位推行"养事不养人机制"，对指标可以量化的公共服务事项将逐步实行"以事定费""以费养事"。事业单位按需设岗（职位），每个职位均设置任职资格条件，如本职位工作所应具备的最低学历、工作年限、工作经验、专业知识和技能、专业技术资格（职业资格）以及身体条件等。职员可根据自身的条件应聘相应的职位，若被聘任并能胜任该职位，即可享受该职位的工资福利待遇。相反，若不能胜任所聘职位，则将被解聘，其待遇也相应被取消。

职员可受聘不同职类两个职位，其两个职位均占该职类职位数，该职员应当同时签订两个职位的聘任协议书，按工作量和工作时间确定主要职位，依主要职位享受实际工资待遇，

并可按其中一个职位的职级确定其档案工资。

根据人事部、财政部 2006 年颁布的《关于印发事业单位工作人员收入分配制度改革方案的通知》，事业单位实行岗位绩效工资制度。岗位绩效工资由岗位工资、薪级工资、绩效工资和津贴补贴四部分组成，其中岗位工资、薪级工资为基本工资。岗位工资主要体现工作人员所聘岗位的职责和要求。

从以上介绍可以看出，事业单位对所聘用人才的职业生涯发展在整体规划上还是比较周全的。对那些学历层次比较高、精通专业技术而又想成就一番事业的人来说，是比较合适的工作单位。

### 知识拓展

根据人事部、财政部 2006 年颁布的《关于印发事业单位工作人员收入分配制度改革方案的通知》，事业单位新聘用人员工资待遇：

新参加工作的大学本科（含获得双学士学位的本科生和未获得硕士学位的研究生）及以下毕业生，实行一年见习期，并执行见习期工资；长学制专业大学本科毕业生，见习期工资待遇可适当提高。见习期工资执行期满后，岗位工资按所聘岗位确定，薪级工资按转正定级的标准执行。

新参加工作的各类学校毕业生见习期工资标准分别为：大学专科毕业生 655 元，大学本科毕业生 685 元，获得双学士学位的大学本科毕业生（含学制为六年以上的大学本科毕业生）、研究生班毕业和未获得硕士学位的研究生 710 元。

见习期工资执行期满后，上述人员按所聘专业技术岗位或管理岗位执行相应的岗位工资标准，薪级工资按以下办法确定：大学专科毕业生执行 5 级（125 元）薪级工资标准，大学本科毕业生执行 7 级（151 元）薪级工资标准，获得双学士学位的大学本科毕业生（含学制为六年以上的大学本科毕业生）、研究生班毕业和未获得硕士学位的研究生执行 9 级（181 元）薪级工资标准。

获得硕士学位的研究生初期工资标准为 770 元，获得博士学位的研究生初期工资标准为 845 元。明确岗位后，按所聘专业技术岗位或管理岗位执行相应的岗位工资标准，薪级工资分别执行 11 级（215 元）和 14 级（273 元）薪级工资标准。

## 三、企业单位人才聘用特点与个人职业生涯发展

企业聘用人才的方式依企业性质的不同而千差万别，对个人职业生涯发展也因人而异。

### 1. 国有企业

在法律上，国有企业职工是企业的主人，企业不能随意辞退职工，因此工作比较稳定，职工可以在一个单位长期工作，如能升迁到高位，将有较高的社会地位；更有部分大型国有企业因受到政府行政主管部门的保护，长期处于行业垄断地位，企业能获得垄断利润，经济效益可观。基于上述原因，许多高校毕业生都对到国有企业工作趋之若鹜。事实上，国有企业人才多，竞争激烈，很多人难以崭露头角；机构多，存在官僚主义，工作难有创造性；一个人只能从事某一部分的工作，容易限于单调，难有全面发展的机会。加之国有企业在人事安排上沿袭着国家机关的模式，管理人员由上而下进行任命，等级森严，"关系"至上；待遇与"官位"挂钩，但不与贡献和效益相连。这对那些有抱负、"想大干一场"的毕业生而

言是一大考验，甚至可以说国有企业并不是他们理想的用人单位。不过一些大型国有企业到底是优是劣，还应依个人职业价值观而定。

2. 外资企业

外资企业在人事管理方面，一般按照国际惯例从事管理。由于外资企业有较多的自主权，所以大都根据双向选择的原则，实行聘用合同制、择优任用制。对于应届高校毕业生的招聘，外资企业过去普遍选择名牌大学的学生，但这种情况正逐渐发生变化，最近也开始重视从普通院校中选拔优秀的学生。它们比较重视学生的工作态度、学习和实践能力。曾有一段时间，在中国的日本企业喜欢接收高校应届毕业生。但是，现在也越来越倾向于选择有多年工作经验的人进入公司。总体而言，名牌大学毕业生占有先机，实际能力更被看重，最好有某个行业的多年实践经验。当然外语能力必不可少，这是进入外企，特别是跨国公司的重要条件。

近年来，外资企业在用人方式上逐渐采取新的战略和机制。具体表现在以下方面：① 本土化战略。外资企业要在中国站稳脚跟，需要一批精通中国政治、经济、法律事务的人才为他们服务，出谋划策，以保证企业的各种行为符合中国的国情。同时，外资企业以高薪争夺高级人才，但所谓的"高薪"，相对他们国内薪酬水平还是较低的，因此可以节省大笔费用。② 垄断战略。在高科技行业，人才竞争非常激烈。外企通过垄断本行业的高级人才来保证他们在竞争中立于不败之地，打击潜在竞争对手。③ 培训战略。外资企业非常重视员工培训，通过培训可以把员工的岗位技能大大提高，并向员工灌输企业文化等方面的知识，努力造就符合本公司要求的稳定的高素质队伍。外企的培训政策对国内高校毕业生有很大的吸引力，因为得到这样的培训机会无疑将有利于他们的职业生涯发展，给未来发展打下良好的基础。④ 高待遇战略。外资企业的待遇高，这是不争的事实。高待遇使得外企得以实现人才本土化和人才垄断战略。外资企业的高待遇不仅仅体现在高工资上，还体现在对其他福利待遇的重视上。许多外资企业出台了新的措施，比如给员工提供高额住房补贴，这就使员工能够尽快解决住房问题，从而大大激发员工的工作积极性，增强了职工队伍的稳定性。高待遇战略大大提高了外资企业对人才的吸引力。

3. 民营企业

民营企业的用人制度基本上与外资企业相同，并具有更大的灵活性。需要指出的是，随着我国企业的发展，不少民办企业已开始从毕业生中招聘工作人员，一些地区参照外资企业人事管理办法，为毕业生到民办企业求职和发展创造了较为宽松的政策环境，拓宽了高校毕业生的就业空间和途径。

但民营企业大多具有家族企业的性质，企业所有权与经营权往往不分离。企业虽然建立了公司制的企业制度，但却实行古典式的管理模式。由于民营企业往往为家族或者合伙人所有，家族内地位高的人控制着企业决策层的位置，任人唯亲现象比较严重。对于管理人员的选择机制有多种渠道，主要包括：从社会上公开招聘，从本企业基层提拔，从家庭、家族、亲戚朋友当中选用。从社会上招聘的是一些家族成员中尚不具备的高级专业技术人才；从企业内部提拔的多为仓库管理员和一般管理人员。对于总经理和财务主管，则在亲戚朋友当中选用的居多，并且注重的不是个人的能力，而首先考虑的是忠诚度。因此，在一些民营企业的用人制度上，"任人唯亲而不是唯贤"成为其主要特征。

此外，对有志于到非国有企业单位工作的高校毕业生有以下几点建议：

（1）要有肯吃苦的思想准备。这些非国有企业单位一般劳动强度大，工作效率高，管理制度严，对工作人员的工作要求甚至是苛刻的。因此要做好应付紧张工作的心理准备。

（2）要有一定的风险意识。这种风险意识来自两个方面：一是企业面临激烈的竞争。这些企业在市场经济的海洋中并非个个坚如磐石，倒闭、破产者屡见不鲜，若你进入的非国有企事业单位因经营不善而倒闭了，你应承受得住这种压力，坦然面对现实。二是企业内部的竞争也是激烈的，对每一个人来说都面临适者生存、弱肉强食的挑战。一旦被解聘，切不可无所适从，垂头丧气，而应振奋精神，寻找新的生活天地。

（3）要有从事各种工作的能力。由于这些单位讲求效益，人员精简，因而要求应聘者具备多种能力，仅仅只能从事某一种工作的应聘者是不受欢迎的。其中外资企业对应聘者的外语水平有较高的要求。

（4）要全面看待这类单位的工资待遇。应该说这些单位的工资待遇比其他单位都要高。但是也应看到，在医疗保健、住房制度方面，外资企业和民营企业尚不如国有企业健全。所以，全面看待这些企业的待遇是非常重要的。

### 模块训练

1. 训练内容：
通过案例分析，了解专业和职业岗位与个人职业生涯发展的关系。

#### 如鱼得水的小明

小明是一个性格外向、喜欢挑战、责任心很强、胆大心细、又吃苦耐劳的学生，高中毕业后听从别人的建议，报考了某职业学院的汽车修理专业。但是来到学校后他发现自己的性格并不适合这个专业，兴趣也不在这个专业上。他很喜欢营销，但又不知道这个专业是否适合自己，因此觉得很矛盾，于是和家长一起找到了一位职业指导师寻求帮助。职业指导师在分析了小明的性格、兴趣、特长之后，建议小明可以考虑从事营销这个职业。小明于是转到了经管系营销专业，在这个专业里，小明有种如鱼得水的感觉，他认为自己选对了专业。在学校他认真学习，广泛摄取知识。大二的时候，小明已开始尝试去各个学校推销文具用品。在无数次的跌打磨炼后，小明已经掌握了很多推销的要领，悟出了很多真谛。仅仅两年的时间，小明的文具用品已经占据了所在城市高校的一半市场，他每月的纯收入已经达到了近4 000元。大三毕业的时候，小明用自己积攒的钱，开了一家文具用品批发店。现在小明正在向新的目标迈进。

2. 训练要求：
根据案例情境，分析主人翁事业取得初步成功的原因。

3. 操作步骤：

（1）按3～7人规模组建讨论小组，推选组长及发言人。

（2）分析、讨论案例中主人翁的职业自我特点、专业变换及事业发展情况，形成小组集体意见。

（3）小组间汇报交流调查报告内容。

（4）教师给予点评。

分析指导：小明成功的很大因素在于他具备营销职业对从业者的素质要求，他的个性特征符合营销这个职业，他因势利导，选择了这个职业，实现了"人—职匹配"。

**考评与反思**

1. 考评

请参照下表给出的评价标准，就每个同学在活动中的表现进行评价。

| 领域 | 具体表现 | 自我评分 | 小组评分 | 教师评分 |
|---|---|---|---|---|
| 过程 | 认真完成自学、练习任务（10分） | | | |
| | 主动咨询老师，积极参与小组讨论，阐明自己的观点（10分） | | | |
| | 帮助组内其他成员解决问题，与小组成员一起分享资源、观点，分担任务和责任（10分） | | | |
| | 代表小组发言，全面、准确汇报小组共同的学习成果（10分） | | | |
| 知识 | 了解几种主要用人单位的特点，回答问题全面、准确（15分） | | | |
| | 领会不同用人单位特点对个人职业生涯发展的影响，回答问题全面、准确（15分） | | | |
| 技能 | 能结合所学专业指向的职业类别，分析拟将进入的用人单位的特点（15分） | | | |
| | 能分析判断拟将进入的工作单位特点及其对自己职业生涯发展利弊（15分） | | | |

评分合成后总得分（自评得分×0.1＋小组评分×0.4＋教师评分×0.5）：

2. 反思

对自己所学专业指向的职业类别、拟将进入的工作单位特点及其对职业生涯发展利弊的分析，你与其他同学有哪些异同？为什么？请结合自我评价、小组评价和教师评价结果，分析其中的原因。

# MODULE 模块 3

## 了解常见职业对人才素质的要求

**知识储备**

素质是人在先天禀赋的基础上，通过后天的环境和教育影响形成和发展起来的相对稳定的内在基本品质。职业素质是劳动者对社会职业了解与适应能力的一种综合体现，其主要表现在职业兴趣、职业能力、职业个性及职业情况等方面。影响和制约职业素质的因素很多，主要包括受教育程度、实践经验、社会环境、工作经历以及自身的一些基本情况（如身体状况等）。不同种类的职业对人才的职业素质要求是不同的。在自己的每一次职业选择之前，我们除了要认清自我外，还要了解职业对从业者的素质要求，只有这样才能最大限度地发挥自身的潜能，实现"人—职匹配"。

## 一、各类职业对人才的基本素质要求

### （一）较强的专业知识

大多数企业在招聘人才的时候，最先考察的仍然是专业知识。专业知识水平的高低不仅反映了一个人对知识掌握的程度，更重要的是反映了一个人的学习态度和能力。这种态度和能力对以后的工作来说也是非常重要的。

### （二）职业忠诚

职业忠诚集中表现为人们对事业和工作的爱。它要求职业工作者必须热爱自己所从事的工作，全力付出，竭诚地为之奋斗，并将自己的一生与其所从事的事业联系起来，在事业的成功中实现人生的价值。

### （三）有团队合作意识

有集体认同感，能够在团队中明确自己的定位，又能从维护单位整体利益出发，与不同部门之间开展良好的合作。

### （四）能开拓创新

不因循守旧，不安于现状。企业的发展与其是否拥有创新型人才有着密切的关系。很多企业在招聘人才的时候一个非常重要的衡量标准就是所选人才是否具有创新意识。

## 二、几种职业对人才的素质要求

### （一）商业经营人员的素质要求

（1）求新能力：勇于求新，对新事物、新环境、新观念有敏锐的感受能力。头脑灵活，能经常产生各种新颖想法。

（2）信息处理能力：善于处理市场获得的信息，辨别其价值，及时反馈。

（3）情绪表达能力：对周围的世界以及商场的感受比较灵敏，在贸易场合善于表达自己的意见。

（4）文学写作能力：包括公务文书和日常事务文书的写作，掌握其基本格式及表达技巧。

（5）组织管理能力：对进销储运业务活动组织协调得当。

（6）果断决策能力：依据事实而非依据想象进行决策，及时对经营做出正确的抉择，具有高瞻远瞩的能力。

（7）勇于负责：对上级、下级、产品用户及整个社会抱有高度的责任心。

（8）改革挑战能力：不满足于现状，勇于开拓新领域。

### （二）工程技术人员的素质要求

（1）扎实的专业基础知识，较广的知识面，了解并熟悉相近专业的知识。

（2）人际关系良好，善于处理协调工作中涉及的各方面人际关系，保持各部门之间的信息沟通。

（3）实践能力较强，善于将理论知识转化为现实操作。

（4）较强的组织能力，工作思路清晰，能灵活、及时、有效地处理好工作中的异常情况。

（5）求知欲旺盛，不断学习国内外新知识、新技术并能转化运用。

（6）较好的计算机应用能力和一定的外语水平。

（7）严肃认真、实事求是的工作态度。

**（三）广告策划、设计人员的素质要求**

（1）较强的创造性，有创新，有创意。

（2）知识丰富。

（3）了解消费者心理规律。

（4）法制观念强，不制造虚假广告。

（5）较强的语言表达和人际沟通能力。

（6）较强的想象能力和绘画能力。

（7）计算机应用能力较强。

**（四）推销、营销人员的素质要求**

（1）独立性和自我管理能力较强。

（2）职业敏感性较强，善于捕捉机遇。

（3）诚实、守信用。

（4）了解消费者心理。

（5）灵活机智。在销售过程中难免会遇到各种不同类型的人或不同情况，优秀的从业人员应该能够灵活应对出现的各种状况。

（6）人际关系较好。

（7）较强的公关能力，良好的气质。

**（五）金融财会人员的素质要求**

（1）有良好的职业道德素质，廉洁奉公，诚实可靠，能抵制各种诱惑，坚持原则。

（2）严守财经纪律，保守财经秘密。

（3）扎实的专业知识和宽广的知识面。

（4）有较强的数字反应能力和汇总、规划能力。

（5）认真踏实、工作细致。

**（六）物流人员的素质要求**

（1）扎实、复合型的知识结构。

（2）拥有报关报检、国际贸易、运输仓储、物流信息及外贸英语等知识。

（3）严谨的思维方式。

（4）组织管理与协调能力。

（5）团队合作精神。

（6）较强的异常事故处理能力。

**（七）服务人员的素质要求**

（1）良好的品德，尽心尽责，恪尽职守。

（2）较强的异常情况处理能力。

（3）良好的沟通能力，善于和不同的人打交道。

（4）大方得体，态度和蔼，有耐心。

（5）身心健康，包括身体健康、心理平衡、头脑冷静、思想健康。

以上介绍了几种常见的职业素质要求，仅供参考。职业是不断发展变化的，随着社会的发展，不同职业对人才的素质要求也会发生一定的变化。

## 模块训练

1. 训练内容：

考察专业指向或意向职业岗位对入职者的素质要求。

2. 训练要求：

（1）查阅文献，分析所学专业指向或意向职业单位对入职者的素质要求。

（2）就近走访1~2家相关单位，采访单位人力资源管理人员，了解他们对入职者素质要求的看法。

3. 操作步骤：

（1）按就业意向自由组建小组，推选组长及发言人。

（2）就近走访相关单位人力资源管理人员，询问并记录他们对入职者的素质要求，或从图书馆及计算机网络查找文献资料，汇总形成职业岗位入职者素质要求报告。

（3）小组间汇报交流调查报告内容。

（4）教师给予点评。

## 考评与反思

1. 考评

请参照下表给出的评价标准，就每个同学在活动中的表现进行评价。

| 领域 | 具体表现 | 自我评分 | 小组评分 | 教师评分 |
|---|---|---|---|---|
| 过程 | 认真完成自学、练习任务（10分） | | | |
| | 主动咨询老师，积极参与小组讨论，阐明自己的观点（10分） | | | |
| | 帮助组内其他成员解决问题，与小组成员一起分享资源、观点，分担任务和责任（10分） | | | |
| | 代表小组发言，全面、准确汇报小组共同的学习成果（10分） | | | |
| 知识 | 了解常见职业对入职者的素质要求，回答问题全面、准确（15分） | | | |
| | 领会不同职业对入职者素质要求的差异，回答问题全面、准确（15分） | | | |
| 技能 | 能结合所学专业指向的职业类别，分析该职业对入职者的素质要求（15分） | | | |
| | 能对照拟将进入职业对入职者素质要求，分析自己应该在哪些方面需要加强培养和锻炼（15分） | | | |
| 评分合成后总得分（自评得分×0.1 + 小组评分×0.4 + 教师评分×0.5）： | | | | |

**2. 反思**

你对自己所学专业指向的相关职业对入职者的素质要求以及自己目前素质状况的分析、判断，与其他同学相比有哪些异同？为什么？请结合自我评价、小组评价和教师评价结果，分析其中的原因。

## 巩固与提高

### 单元知识小结

职业是随着人类文明的进步和社会劳动分工的发展而出现的。一定社会分工的连续活动，就形成了职业。

职业是谋生的需要，是社会存在和发展的基础，也是实现个人价值的途径。

职业分类标准随国情、经济科技发展水平等因素的变化而变化。

选择职业时，必须以一种前瞻性的高度去预测未来热门职业，客观分析职业声望，并结合自身条件，理智、客观、全面地选择职业。

能否尽早认识职业，明确自己的职业发展方向，并有目的地选择职业，是决定自己能否顺利就业，进而实现"人—职匹配"的重要因素。

### 思考与练习

1. 调查一下与你所学专业相关的职业，对这些职业今后的发展趋势做初步预测并写出预测报告。

2. 调查访问一些用人单位的人力资源部门主管，了解下他们对从业人员的素质要求。对比现在的自我，找出其中的差距，制订一份完善自我计划。

# 整合人生发展资源——规划职业生涯

▶ **学习目标**

**知识目标**

- 初步认识职业生涯规划的含义与作用。
- 了解职业生涯规划的原则、方法和步骤。
- 掌握职业生涯规划编制的内容与技巧。

**能力目标**

- 能运用所学的知识编制切合实际的职业生涯规划书。

▶ **名言名句**

如果你不知道自己要到哪儿去，那你通常哪儿也去不了。——西方谚语

▶ **单元导学**

给自己定一个规划：毕业后是选择工作，还是继续深造？对自己做何种选择应早做准备，未雨绸缪。这需要我们运用整合思维方式，对个人自身素质、相关社会关系与需求资源进行整合，寻求职业生涯发展的切入点和生长空间。通过全面剖析，明确自己的目标并为之不断地挑战自我、超越自我，为将来走向社会做好准备，这是职业生涯规划的出发点。职业生涯规划关系到一个人一生事业的成败，设计好自己的职业发展道路，是每个大学生的重要课题。本单元将从了解职业生涯规划的含义、作用与类型入手，帮助大家逐步掌握职业生涯规划的原则、方法、步骤及规划的编制内容与技巧。

# M ODULE 模块 1

## 了解职业生涯规划的含义、作用与类型

> **知识储备**

### 一、职业生涯规划的含义

生涯即事业生涯，是指一个人一生连续担负的工作职业和工作职务的发展道路。职业生

涯规划是指一个人对一生职业发展道路的设想和筹划，其目的是要根据自身的兴趣、特点，将自己定位在一个最能发挥潜能的位置，并最大限度地实现自我价值。根据定义，职业生涯规划首先要对个人特点进行分析，再对所在组织环境和社会环境进行分析，然后根据分析结果制定一个人的事业奋斗目标，选择实现这一事业目标的职业，编制相应的工作、教育和培训的行动计划，并对每一步骤的时间、顺序和方向做出合理的安排。

职业生涯规划一般分为个人职业生涯规划和组织职业生涯管理规划两种，我们这里所讲的职业生涯规划主要是针对个人而言的。

个人职业生涯规划与组织职业生涯管理规划不同，后者是由组织的人力资源管理部门根据组织发展需要而采取的一种现代管理手段，用以了解员工，激励员工从而发掘、留用优秀人才，其根本目的是为了组织的发展。因此，组织的职业生涯管理规划不可避免地带上了组织领导、管理者的思想印痕。

个人职业生涯规划指的是一个人对其一生中所承担职务的相继历程的预期和计划，这个计划包括一个人的学习与成长目标，以及对一项职业和组织的生产性贡献和成就期望。个人职业生涯规划并不是一个单纯的概念，它和个体所处的家庭以及社会存在密切的关系，并且要根据实际条件具体安排。因为未来的不确定性，职业生涯规划也需要确立适当的变通性。虽然是规划，但也不是一成不变的。同时，职业规划也是个体的人生规划的重要部分。

换言之，职业生涯规划的意思就是：你打算选择什么样的行业，什么样的职业，什么样的组织，想达到什么样的成就，想过一种什么样的生活，如何通过你的学习与工作达到你的目标？它实质上是通过自我认识、自我探索、自我成长，最终达到自我实现的人生发展过程。

=== **知识拓展** ===

职业生涯规划的重点在职业准备、职业选择、职业适应三个环节。大学生要对职业进行物质、心理、知识、技能等各方面的准备，还要根据各方面的分析与自己的职业锚合理客观地对职业做出选择。对即将踏入的职业活动要有一定的合理的心理预期，包括工作的性质、劳动强度、工作时间、工作方式、同事以及上下级关系都要快速适应，迅速成为一个合格的职业者。

良好的职业生涯规划一般应具备以下特性：

（1）可行性。规划要有事实依据，从个人的能力、兴趣爱好出发，结合个体自身的实际情况，而不是美好的幻想或不着边际的梦想，否则将会贻误良机。

（2）适时性。规划是预测未来的行动，确定将来的目标，因此各项主要活动何时实施、何时完成，都应有时间和时序上的妥善安排，以作为检查行动的依据。

（3）灵活性。规划未来的职业生涯目标，牵涉到多种可变因素。因此，规划应有灵活性，以增强其适应性。

（4）持续性。人生具有阶段性和连续性的特点，规划是为了避免出现断层，保证每个发展阶段衔接连贯。

## 二、职业生涯规划的作用

职业市场上有句名言：你今天站在哪里并不重要，但是你下一步迈向哪里却很重要。成功的人生需要正确规划，成功的人生是科学规划的结果。对于大学生而言，职业生涯活动将伴随我们的大半生，拥有成功的职业生涯才有可能实现完美的人生。因此，职业生涯规划具有特别重要的意义。职业生涯规划的作用，可以体现在以下几个方面：

第一，职业生涯规划可以发掘自我潜能，增强个人实力。一份行之有效的职业生涯规划将会：① 引导你正确认识自身的个性特质、现有与潜在的资源优势，帮助你重新对自己的价值进行定位并使其持续增值；② 引导你对自己的综合优势与劣势进行对比分析；③ 使你确立明确的职业发展目标与职业理想；④ 引导你评估个人目标与现实之间的差距；⑤ 引导你前瞻与实际相结合的职业定位，搜索或发现新的或有潜力的职业机会；⑥ 使你学会如何运用科学的方法采取可行的步骤与措施，不断增强你的职业竞争力，实现自己的职业目标与理想。

第二，有利于个人建立科学的择业观。由于现在的高校毕业生就业体制已经改革，传统的计划分配已被"双向选择，自主择业"取代而成为大学生就业的主要形式，但是这种体制上和观念上的变化与我们在成长阶段所受到的教育模式是截然不同的。面对日趋紧张的就业压力，我们在入学时选择学校和专业的主要甚至是唯一标准就是——毕业后好找工作，缺乏主动择业的观念。而我们毕业时又容易走向两个极端：一是盲目自信，只考虑自身的需要而脱离实际，对求职单位和职业有盲目的要求；另一种是纯粹的现实主义心态，"只要社会需要的就是我们要选择和考虑的"。这与所提倡的科学择业观显然是背道而驰的，科学的择业观倡导的是建立在知己知彼基础上的"人—职匹配"，而系统的职业生涯规划有利于建立这种观念。

### 知识拓展

择业受求职者自身条件和职业要求的制约：一方面，求职者不可能具有从事一切职业的能力与兴趣；另一方面，各种职业由于有各自不同的劳动对象、手段和工作环境，对求职者的能力也有相应的特定要求。

我们大多数人的第一份职业从广义上讲就是择业的结果，但这种择业很大程度上可能只是父母的意愿、学校的推荐、社会单方面需求的结果，与我们自身的条件（职业兴趣、职业锚、职业能力）可能并不完全相符。而科学的择业，即求职者依照自己的职业期望和兴趣，凭借自身能力挑选职业，使自身能力素质与职业需求特征相符合。

第三，职业生涯规划可以增强个人发展的目的性与计划性，提升成功的机会。生涯发展要有计划、有目的，不可盲目幻想"撞大运"，很多时候我们的职业生涯受挫就是由于生涯规划没有做好。好的规划是成功的开始，古语讲，"凡事预则立，不预则废"就是这个道理。

第四，职业生涯规划可以提升个人应对就业竞争的能力。当今社会处在变革的时代，到处充满着激烈的竞争。物竞天择，适者生存。要想在这场激烈的就业竞争中脱颖而出并立于不败之地，必须设计好自己的职业生涯规划。磨刀不误砍柴工，有了清晰的认识与明确的目标之后再把求职活动付诸实践，这样的效果会变得更好，也更经济、更科学。

第五，职业生涯规划有助于评估个人目前的工作成绩。职业生涯规划的一个重要功能是提供了自我评估的重要手段。你可以根据规划的进展情况评价你目前取得的成绩。

=== **小案例** ===

有人会问：不搞职业生涯规划也能成功啊。你看有些人没有做过职业生涯规划，但照样能当上主管、经理。是的，不搞职业生涯规划，也可能获得事业成功。但是，如果你做了职业生涯规划，你的事业会取得更快的发展，取得更大的成就。下面我们来看个例子，或许你可以从中悟出一些道理。

假如，你现在住着平房，想在院内盖个小厨房。当你确定了盖厨房这个目标后，就会注意收集砖头、瓦片等材料。你走在街上就会注意哪里有砖头、哪里有瓦片，碰见砖头捡块砖头，碰见瓦片捡块瓦片，用不了多长时间，你就会把原料备齐，小厨房盖起来了。如果你没有这个目标，走在街上就不会注意砖头、瓦块，甚至就算砖头、瓦块摆在你的面前，你也不会认为它有什么用处。这就是说，两个人在同一条街上走过，一个有目标意识的人和一个无目标意识的人，其收获大不相同。全球连锁巨头沃尔玛集团创始人山姆·沃尔顿（Samuel Walton）在密苏里大学上学时，他决定要竞选学生会主席。经过许多思考，他发现了成为学生领袖的捷径，那就是对在校园遇到的每一位学生，在他们开口之前，就先跟他们打招呼，尽可能与他们交谈。"如果我认识他们，我会主动叫他们的名字打招呼，即使我不知道他们的名字，我也主动打招呼。这样，久而久之，我几乎成了大学里认识人最多的人，尽管有些人不知道我的名字，但这些人后来在竞选中认出了我，把我当成他们的朋友，我如愿击败了所有的对手而当选了。"

点评：只有树立了明确的目标，才能向着目标的方向努力，有意识地收集有关素材，创造有利条件，使你的事业尽快获得成功。

## 三、职业生涯规划的类型

职业生涯规划的种类较多，根据不同的划分标准大体上有以下两个方面：

### （一）职业生涯规划按照采用的方式分类

**1. 依赖型**

依赖父母、朋友、老师，或遵从书本与社会舆论。很多学生从小只知道不断学习课本上的知识，在就业之前很少关注与职业有关的事情。加之学校、社会也缺乏相关的教育与资讯，导致很多人都不能正确处理可能影响到自己以后职业发展的问题。有许多学生填写大学志愿时，听从父母、老师的安排，尽挑当时最热门的专业。很少有人是根据自己的兴趣能力自主选择的。考研、留学也不知道为了什么，只是因为身边的大部分人都这么做。在做职业生涯规划时，这类学生没有自己的主见，往往是听命于他人。

**2. 直觉型**

凭自己的直觉来选择职业。这种类型的大学生往往在选择职业时并没有进行严密的职业规划，凭着自己的直觉或一时的兴致做出职业决定。因此这类学生的职业生涯规划带有较强的随意性和盲目性。

**3. 理性型**

综合考虑个人与职场等因素，分析利弊得失，做出并执行相应的计划。排除少数运气好的人在内，大部分职场成功人士在规划自己的职业生涯时，都是非常理性的。他们会及时关注职业信息，充分了解自我，制定合适的目标，并为目标而不断努力。

以上三种类型各有利弊。依赖型最省时省力，但是将自己的命运托付给他人，终究是一件危险的事情；直觉型短期内可能会很满足，可是随机性太强，会存在较大风险；理性型考虑周全，但是会花费较多时间与精力。

如果你在意职场的得失，追求事业的成功，如果你想在职业生涯中少一点烦恼，多一点快乐，那么还是应该多花点时间与精力，多做些思考，做个"理性型"的人。

### （二）职业生涯规划按照时间的长短分类

**1. 人生规划**

人生规划是整个职业生涯的规划，包括从求学阶段的学业规划到退休之后的生活规划，设定整个人生的发展目标。

**2. 长期职业规划**

长期职业规划是 5～10 年的规划，主要设定较长远的目标。对大学生而言，也就是由现在开始规划到自己 30～40 岁时所希望达到的目标。

**3. 中期职业规划**

中期职业规划一般为 2～5 年内的目标与任务。

**4. 短期职业规划**

短期职业规划是 2 年以内的规划，主要是确定近期目标，规划近期完成的任务，如对专业知识的学习，2 年内掌握哪些业务知识，等等。

### 模块训练

1. 训练内容：

认识职业生涯规划的作用和意义。

2. 训练要求：

以下列出了人们关于职业生涯规划问题的两种观点，请针对这两种观点进行集体辩论，以形成关于职业规划作用和意义的最终结论。辩论时，必须列举事实，尽可能引用客观数据作论据。

关于职业生涯规划问题，存在两种截然相反的观点：一种观点认为，人的职业生涯需要规划，毕竟凡事预则立嘛，有规划才能发展得更好；另一种观点认为，生涯无常，听天由命，人的职业生涯不需要规划。

3. 操作步骤：

（1）按照所持观点，自由组成正反两方进行辩论（若本班刚好无人持反对观点，则由老师指定部分同学扮演反方）。

（2）教师要帮助正方课前搜集支持证据，并引导正方从思维方式上破解反方的观点。

（3）教师点评，指出反方观点存在的漏洞，最后引导学生认识到正方观点的可靠性。

### 考评与反思

1. 考评

请参照下表给出的评价标准，就每个同学在活动中的表现进行评价。

| 领域 | 具体表现 | 自我评分 | 小组评分 | 教师评分 |
|------|---------|---------|---------|---------|
| 过程 | 认真完成自学、练习任务（10分） | | | |
| | 主动咨询老师，积极参与小组讨论，阐明自己的观点（10分） | | | |
| | 帮助组内其他成员解决问题，与小组成员一起分享资源、观点，分担任务和责任（10分） | | | |
| | 代表小组发言，全面、准确汇报小组共同的学习成果（10分） | | | |
| 知识 | 了解职业生涯含义和类型，回答问题全面、准确（15分） | | | |
| | 领会职业生涯规划的作用，回答问题全面、准确（15分） | | | |
| 技能 | 能结合所学专业，阐述职业生涯规划的含义和可采取的规划类型（15分） | | | |
| | 能根据自己所学专业，分析、判断职业生涯规划的作用（15分） | | | |

评分合成后总得分（自评得分×0.1 + 小组评分×0.4 + 教师评分×0.5）：

2. 反思

对职业生涯规划含义、类型和作用的分析，你与其他同学有哪些异同？为什么？请结合自我评价、小组评价和教师评价结果，分析其中的原因。

# 模块 2

## 掌握职业生涯规划的原则与方法

**知识储备**

### 一、职业生涯规划的原则

职业生涯规划的原则是开展职业生涯规划的指导思想和方法基础。为保证职业生涯规划的有效性，我们必须坚持以下几个原则：

1. 可行性原则

在职业设计过程中，不能一味地进行封闭式"自我设计"，除了考虑自身的愿望和兴趣爱好之外，还必须考虑特定环境的需要，即特定的历史条件和时代要求，避免空中楼阁式的自我设计。

2. 胜任原则

每种职业都有相应的职业要求，个人应该根据自己的知识水平、身体素质、个性特点、能力倾向等因素确定自己所能胜任的职务等级。否则，面对力不从心的工作，不仅工作效率低下，甚至无法完成任务，并将使组织和个人同时遭受损失。

3. 特长原则

每个人都各有所长亦各有所短，科学有效的职业生涯规划就体现在能否帮助个人充分利用长处、避开短处，最大限度地发挥潜能。

4. 发展原则

职业不只是作为生存的手段，更是人们寻求发展的方式。因此，在职业设计时，要考虑职业的发展前途、组织所提供的发展空间以及群体的和谐性等各方面因素，寻找适合自身发展的良好环境。

5. 灵活原则

个人本身的外部环境都在不断变化发展，特别是在科学飞速发展的年代，职业更新速度加快。面对动态的世界，个人应该不断积累知识和经验及时调整职业发展道路，以主动的姿态适应社会和环境的要求。

## 二、职业生涯规划的方法

职业生涯规划是一个发展的过程，职业选择的趋向性必须依赖于个人的实际情况，不同的年龄和发展阶段的特征与职业生涯的选择及发展是一种相互依赖、相互作用的过程。总体而言，职业生涯规划最重要的是既要充分发挥自己的性格特点、兴趣爱好、专业知识的优势，扬长避短；又要考虑社会和市场的要求，随时掌握最新的信息。许多职业心理学工作者在进行职业咨询时常常使用以下几种方法：

**（一）5W 分析法**

5W 分析法是五个 W 的归零思考模式，具体来说就是要解决职业生涯规划中的五个具体的问题：

（1）Who are you?（你是谁?）是指对自己进行一次深刻的反思，把自己的优点和缺点都一一列出来，对自己有一个全面、客观、清醒的认识。具体操作方法是：面对自己，真实地写出每一个想到的答案，并按重要性排序，比如自己的年龄、性别、性格、家庭情况、专业、动手能力、思考能力等。

（2）What do you want?（你想要什么?）是指对自己的职业发展有一个心理趋势的检查，知道自己需要什么样的职业和生活。具体操作方法是：详细回忆自己从小到现在所经历的事情，并将自己喜欢做的事情写出来。

（3）What can you do?（你能做什么?）是指要清楚自己能干什么或者可能有哪方面的发展潜力。具体操作方法是：把自己有能力做的，还有通过潜能开发能够做的事写下来。

（4）What can support you?（可以支持你的是什么?）是指周围可供你自己发展所需要的环境资源，通过对主客观因素的深入调查，做出可行性分析。具体操作方法是：列出环境支持或允许我做什么的事，并将自己所处的家庭、单位、学校、社会关系等各种环境因素考虑进去。

（5）What you can be in the end?（最终你会怎么样?）是指确立自己最终的职业目标。确定自己的职业与生活规划是什么。

**（二）SWOT 分析法**

正如单元 2 所述，SWOT 是四个分别表示"优势、劣势、机遇、威胁"意思的英文单词首字母的缩写。优势：你学了什么、做过什么、最成功的是什么、忍耐力如何；劣势：你的性格弱点、经验或经历中欠缺什么、最失败的是什么；机遇：现在的就业形势、各种职业发展空间、社会最急需的职业；威胁（挑战）：专业过时、同学竞争、薪酬过低。

根据家长、老师和同学们对自己的评价，借助于自我性格测验，发现自己是一个较为外向开朗的人还是内向稳重的人；对哪些问题较为感兴趣，或擅长哪些技能；也可以分析出自己的一些弱点。

通过上述方法，仔细分析就业形势与自己能力的匹配情况，规划好自己的职业生涯。

### （三）内外因分析法

人生的整体规划离不开个人所从事行业的影响。时代是不断发展的，社会是不断进步的，整个社会的发展都有其行业发展的轨迹。在职海中择业，有如下四个问题值得考虑：

第一，冷门还是热门。热门职业一般薪酬较高，但我们绝不能以此定职业，必须分析自己的能力所长，对已经表露出来的职业兴趣和职业特长要特别珍惜，尽量寻找符合自己兴趣、特长的职业。即使一时无法就职于自己喜欢的职业也没有关系，可以在以后工作中逐步调整。

第二，稳定还是不稳定。中国有句老话："三十年河东，三十年河西。"以前很红火热门的职业，现在可能一点都不吃香。同时，职业稳定的概念也是相对的，计划经济时，所有职业都是稳定的；而现在，即使是公务员也有淘汰机制。所谓的不稳定，不是职业的不稳定，而是企业、单位的不稳定。作为社会分工的各种职业，在社会上永远都是需要的。

第三，大公司还是小企业。大公司的优点很多，比如，有良好的福利、晋升机制、培训体系，就职经历为以后求职带来便利；但是缺点也很明显，因为大企业人才济济，分工过细、过于明确，个人长处就不易被发现，其他能力可能很难得到锻炼。相对于大公司，在小公司工作，可能身兼数职，更能展示才能，职业发展空间可能会更广阔。

第四，大都市还是小城镇。人才结构呈金字塔形，高端人才少；人才分布呈山地形，有的地方人才多，是高地，有的地方人才少，是平地。东北振兴、西部开发和中部崛起，这些地区的发展对中高级人才的需求都非常大。中西部地区更是对人才求贤若渴，每年都会从发达省市甚至国外引进优秀人才。

### （四）职业心理测验法

采用标准的职业心理测验量表可以比较客观地检测出自己在职业兴趣和职业能力方面的特点，从而实现"人—职匹配"。比较成熟的职业心理测验量表有卡特尔16PF测验和霍兰德职业倾向能测验，本节主要介绍后者。美国职业心理学家霍兰德（John Holland）根据多年实践与研究，提出职业性向的六角形理论。他认为有六种职业类型，而且个人和工作领域都是由这些类型综合而成的。

### 1. 现实型

现实型领域对个人有实质上的要求。这类工作场合常有个人操控的工具，如机器或动物。人们需要有技术能力来从事类似机器修理、电器设备维护、驾驶车辆、饲养动物或者其他实质技术等工作。在此领域中，处理事务的能力比待人接物的能力来得重要。这种类型的人喜欢有规则的具体劳动和需要基本技能的工作，但缺乏社交能力，适合从事的主要是熟练的手工工作和技术工作，如制图员、司机、电工、机械工、运输工、产业工人以及木工、瓦工、铁匠、修理工等。

2. 研究型

研究型的人比较喜欢猜谜或者是需要用到智慧思考的挑战游戏，他们善于学习，并对自己能解决科学上的问题感到自豪。他们也喜欢阅读有关科学的书刊，倾向于在工作中独立地解决科学上的问题。这类人喜欢抽象的、分析的、推理的和独立的定向任务，但缺乏领导能力，适合从事的主要是科学研究和实验工作，包括各类科学研究人员，如气象学者、天文学者、地质学者以及物理学、生物学、化学、数学等学科的科学工作者。

3. 艺术型

艺术型领域非常开放自由，很鼓励创意以及个人表现能力。这类领域为人们提供了开发产品与创造性解答的自由空间。这种让人们发挥创意，并可颠覆传统、表达自我的职业类别，包括了音乐家、行为艺术家以及自由作家等。这类人喜欢通过艺术作品来达到自我表现的目的。他们感情丰富、善于想象，对艺术创作充满兴趣，但缺乏办事能力，适合从事的主要是文学艺术工作，如室内装饰、图书管理、诗人、作家、演员、记者以及音乐、书画、雕塑、舞蹈、摄影等。

4. 社交型

社交型领域鼓励人们要真诚待人，彼此了解。这类人对社会交往感兴趣，经常出入社交场所，关心社会问题，愿为社会服务，但缺乏机械能力，适合从事的主要是与人打交道和为人办事的职业，即教育人、医治人、帮助人、服务于人的工作，如教师、医生、护士、律师、服务员、公关人员以及社团工作者和社会活动家等。

5. 商业型

在商业型领域中，人们通常很有自信，善于使用社交手腕且较为独断。这个领域重视的是升迁和权利，说服力和业务能力占了很重要的地位。这类人往往缺乏科学研究能力，适合从事的主要是管理、决策方面的工作，如国家机关及机构负责人、党团干部、经理、厂长、推销员以及宣传、推广等工作。

6. 事务型

事务型领域通常就是指办公室，在这一领域里，需要保存记录、档案、影印资料、整理报告等。事务型的人往往会是有组织能力，且能听命行事的可靠人才。这类人对系统的、有条理的工作感兴趣，讲究实际，喜欢有秩序的生活，习惯按照固定的规程、计划办事。他们习惯选择与组织机构、文件档案和日程表之类的东西打交道，如办公室办事员、图书管理员、税务员、统计员、出纳员、秘书以及打字、校对等工作。

霍兰德的"人—职匹配"理论以个体差异为基础，通过个体评价和职业分析使二者相结合。其方法直观简单，反映了职业指导的基本方面，并且便于实施。特别是心理测验技术的运用和发展，为"人—职匹配"提供了必要的技术手段，使得这一理论曾一度占主导地位。

=== 小案例 ===

在学校举办的小型招聘会上，毕业生小李的父母在招聘会尚未开始时，就早早地到会场打听单位的情况。招聘会开始很久以后，小李才姗姗来迟，并由家长陪同前往用人单位摊位前面谈。面谈过程中，小李发言的时间还没有其父母多，结果谈了一家又一家，最终仍一无所获。

点评：小李的问题出在择业过程中过分依赖他人。现在的毕业生，独生子女所占的比例越来越大，他们的生活一帆风顺，没有经历过什么波折，再加上父母亲的过分呵护，客观上也培养了他们的依赖心理。这些毕业生大多缺乏主见，自我意识模糊，在择业中常会茫然不知所措，自己独立进行择业决策的能力差，以致在人才市场上，父母代替子女，亲友代替本人与用人单位洽谈的场面屡见不鲜。难怪有用人单位对有依赖性的毕业生说："你本人都要靠别人来推销，企业能靠你来销售产品吗？"

### 模块训练

1. 训练内容：

运用霍兰德职业能力倾向测验对你自己的职业适应类型进行分析。

2. 训练要求：

（1）用随后所附霍兰德职业能力倾向测验进行自我诊断。

（2）结合自己所学专业特点，确定自己所适合的职业类型。

3. 操作步骤：

（1）根据霍兰德职业能力倾向测验指导语的要求，回答全部问题。

（2）根据霍兰德职业能力倾向测验的计分和分类方法，得出自己的测验结果。

（3）结合自己所学专业的特点及其他资源因素，确定你合适的职业类型。

（4）提交你的职业类型分析书面材料，并在小组或全班上互相交流。

（5）教师点评。

**附录：**

#### 霍兰德职业倾向能力测验问卷

编号_____ 姓名_____ 性别_____ 年龄_____ 测验日期_____

指导语：本测验是在美国著名就业指导专家霍兰德的职业倾向能力测验量表的基础上，根据中国的具体国情修订而成的。本测验将帮助您发现和确定自己的职业兴趣和能力特长，从而使您更科学地做出职业定位或职业选择。

本测验共有4个部分，每部分含6个方面的测验题，共计192道题，请您按自己的实际情况依次对每道测验题做出选择，并将您的选择用"√"号标记在答卷纸上相应的空格内，请不要漏过任何一道题。

本测验没有时间限制，但您应尽快去做。

**第一部分  您愿意从事下列活动吗?**

R. 现实型活动：

1. 装配修理电器或玩具。

2. 修理自行车。

3. 用木头做东西。

4. 开汽车或摩托车。

5. 用机器做东西。

6. 参加木工技术学习班。

7. 参加制图描图学习班。

8. 驾驶卡车或拖拉机。

9. 参加机械和电气学习。

10. 装配修理电器。

A. 艺术型活动：

11. 制图或绘画。

12. 参加话剧或戏曲。

13. 家具设计或室内装潢。

14. 练习乐器或参加乐队。

15. 欣赏音乐或戏剧。

16. 看小说或读剧本。

17. 从事摄影创作。

18. 写诗或朗诵。

19. 进艺术（美术/音乐）培训班。

20. 练习书法。

I. 研究型活动：

21. 阅读科技图书和杂志。

22. 在试验室工作。

23. 改良水果品种，培育新的水果。

24. 调查了解土和金属等物质的成分。

25. 研究自己选择的特殊的问题。

26. 解算式或数学游戏。

27. 学物理课。

28. 学化学课。

29. 学几何课。

30. 学生物课。

S. 社会型活动：

31. 参加学校或单位组织的正式活动。

32. 参加某个社会团体或俱乐部的活动。

33. 帮助别人解决困难。

34. 照顾儿童。

35. 出席晚会、联欢会、茶话会。

36. 和大家一起出去郊游。

37. 想获得关于心理学方面的知识。

38. 参加讲座或辩论会。

39. 观看或参加体育比赛和运动会。

40. 结交新朋友。

E. 企业型活动：

41. 说服鼓动他人。

42. 卖东西。

43. 谈论政治。

44. 制订计划或参加会议。

45. 以自己的意志影响别人的行为。

46. 在社会团体中担任职务。

47. 检查与评价别人的工作。

48. 结识名流。

49. 指导有某种目标的团体。

50. 参与政治活动。

C. 常规型活动：

51. 整理好桌面和房间。

52. 抄写文件和信件。

53. 为领导写报告或公务信函。

54. 查收个人收支情况。

55. 参加打字培训班。

56. 参加算盘、文秘等实务培训。

57. 参加商业会计培训班。

58. 参加情报处理培训班。

59. 整理信件、报告、记录等。

60. 写商业贸易书信。

**第二部分　您具有擅长或胜任下列活动的能力吗?**

R. 现实型能力：

61. 能使用电锯、电钻和锉刀等木工工具。

62. 知道万用表的使用方法。

63. 能够修理自行车或其他机械。

64. 能够使用电钻床、磨床或缝纫机。

65. 能给家具和木制品刷漆。

66. 能看建筑设计图。

67. 能够修理简单的电气用品。

68. 能够修理家具。

69. 能够修理收录机。

70. 能简单地修理水管。

A. 艺术型能力：

71. 会演奏乐器。

72. 能参加二部或四部合唱。

73. 能独唱或独奏。

74. 能扮演剧中角色。

75. 会创作简单的乐曲。

76. 会跳舞。

77. 会绘画、素描或书法。

78. 会雕刻、剪纸或泥塑。

79. 会设计海报、服装或家具。

80. 能写得一手好文章。

I. 研究型能力：

81. 懂得真空管或晶体管的作用。

82. 能够举例三种含蛋白质多的食品。

83. 理解铀的裂变。

84. 能用计算尺、计算器、对数表。

85. 会使用显微镜。

86. 能找到三个星座。

87. 能独立进行调查研究。

88. 能解释简单的化学式。

89. 理解人造卫星为什么不落地。

90. 经常参加学术会议。

S. 社会型能力：

91. 有向各种人说明解释的能力。

92. 常参加社会福利活动。

93. 能和大家一起和谐地工作。

94. 善于与年长者相处。

95. 会邀请人、招待人。

96. 能简单易懂地教育儿童。

97. 能安排会议、宴会等活动的人员顺序。

98. 善于体察人心和帮助他人。

99. 帮助护理病人或伤员。

100. 安排社团组织的各种事务。

E. 企业型能力：

101. 担任过学生干部并且干得不错。

102. 工作上能指导和监督他人。

103. 做事充满活力和热情。

104. 有效地用自身的做法调动他人。

105. 销售能力强。

106. 曾作为俱乐部或社团的负责人。

107. 向领导提出建议或反映意见。

108. 有开创事业的能力。

109. 知道怎样做能成为一个优秀的领导者。

110. 健谈善辩。

C. 常规型能力：

111. 会熟练地输入中文。

112. 会用外文打字机或复印机。

113. 能快速记笔记和抄写文章。

114. 善于整理保管文件和资料。

115. 善于从事事务性的工作。

116. 会用算盘。

117. 能在短时间内分类和处理大量文件。

118. 能使用计算机。

119. 能搜集数据。

120. 善于为自己或集体做财务预算表。

**第三部分　您喜欢下列职业吗?**

R. 现实型职业:

121. 飞机机械师。

122. 野生动物专家。

123. 汽车维修工。

124. 木匠。

125. 测量工程师。

126. 无线电报务员。

127. 园艺师。

128. 长途公共汽车司机。

129. 火车司机。

130. 电工。

A. 艺术型职业:

131. 乐队指挥。

132. 演奏家。

133. 作家。

134. 摄影家。

135. 记者。

136. 画家、书法家。

137. 歌唱家。

138. 作曲家。

139. 电影、电视演员。

140. 节目主持人。

I. 研究型职业:

141. 气象学或天文学者。

142. 生物学者。

143. 医学实验室的技术人员。

144. 人类学者。

145. 动物学者。

146. 化学学者。

147. 数学学者。

148. 科学杂志的编辑或作家。

149. 地质学者。

150. 物理学者。

S. 社会型职业：

151. 街道、工会或妇联干部。

152. 小学、中学教师。

153. 精神病医生。

154. 婚姻介绍所工作人员。

155. 体育教练。

156. 福利机构负责人。

157. 心理咨询员。

158. 共青团干部。

159. 导游。

160. 国家机关工作人员。

E. 企业型职业：

161. 厂长。

162. 电视片编制人。

163. 公司经理。

164. 销售员。

165. 不动产推销员。

166. 广告部长。

167. 体育活动主办者。

168. 销售部长。

169. 个体工商业者。

170. 企业管理咨询人员。

C. 常规型职业：

171. 会计师。

172. 银行出纳员。

173. 税收管理员。

174. 计算机操作员。

175. 簿记人员。

176. 成本核算员。

177. 文书档案管理员。

178. 打字员。

179. 法庭书记员。

180. 人口普查登记员。

**第四部分  请评定您在下述各方面的能力等级：**

【注：请先将自己与同龄人在相应方面的能力进行比较，然后经斟酌后做出评定，并将评定的等级数字填写在答卷上。评定共分 7 级（1、2、3、4、5、6、7），数字越大表示能

力越强。】

181. 你的机械操作能力等级为（1～7）：

182. 你的艺术创作能力等级为（1～7）：

183. 你的科学研究能力等级为（1～7）：

184. 你的语言表达能力等级为（1～7）：

185. 你的商业洽谈能力等级为（1～7）：

186. 你的事务执行能力等级为（1～7）：

187. 你的体力劳动技能等级为（1～7）：

188. 你的音乐能力等级为（1～7）：

189. 你的数学能力等级为（1～7）：

190. 你的交际能力等级为（1～7）：

191. 你的领导能力等级为（1～7）：

192. 你的办工能力等级为（1～7）：

计分规则

前三大部分中的每一题，选中后得一分，第四部分由被测试者自己打分，合并计算后即可得出自己在各个类型上的总分。测验结果与分析（以小钱的回答结果为例），如表5－1所示。

表5－1　小钱的霍兰德职业倾向能力测验得分统计表

| 测验维度 | 兴趣 | 专长 | 职业 | 能力 | 总分 |
|---|---|---|---|---|---|
| R 现实型 | 2 | 4 | 3 | 4 | 13 |
| I 研究型 | 13 | 12 | 15 | 6 | 46 |
| A 艺术型 | 34 | 26 | 29 | 6 | 95 |
| S 社会型 | 33 | 27 | 31 | 7 | 98 |
| E 企业型 | 28 | 31 | 30 | 5 | 94 |
| C 常规型 | 1 | 9 | 8 | 5 | 23 |

从接受测验的得分情况来看，小钱在艺术型、社会型和企业型上的得分明显高于另外三种类型的得分。前三者的总平均分比现实型、研究型和常规型三者的总平均分高出近三倍，因此小钱带有明显的艺术型—社会型—企业型职业兴趣倾向。（见图5－1）

对照前面关于各职业兴趣类型的描述，我们可以对测验所得结果做出如下分析：小钱直觉敏锐，善于表达，做事有计

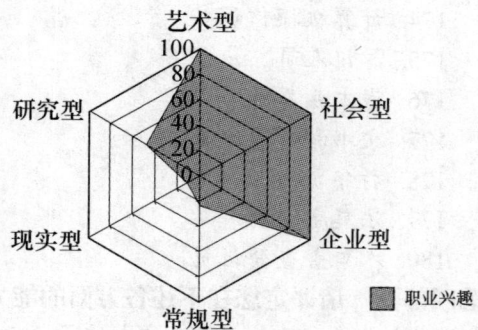

图5－1　小钱的霍兰德职业倾向能力测验结果剖面图

划，乐于从事社会交往性职业，并富有幻想和创作欲望，情感丰富，有很强的人际归属感，热情，大方。他喜欢从事需要丰富想象力的工作，乐于与人相处，对错综复杂和不规则的事物非常感兴趣；有强烈的影响他人的欲望；乐于组织合作和协作，友好对待周围的人，宽宏大量，对情绪情感有极为丰富的内心体验，表情丰富，表演才能高。在工作中，他有相当高的热忱，有时喜欢夸张的表现，也喜欢有所创造。

小钱所适宜的工作环境：公共关系、社团组织工作，有自由度和要求创造性的职业岗位，对人际交往技巧要求较高的工作。

**考评与反思**

1. 考评

请参照下表给出的评价标准，就每个同学在活动中的表现进行评价。

| 领域 | 具体表现 | 自我评分 | 小组评分 | 教师评分 |
|------|----------|----------|----------|----------|
| 过程 | 认真完成自学、练习任务（10分） | | | |
| | 主动咨询老师，积极参与小组讨论，阐明自己的观点（10分） | | | |
| | 帮助组内其他成员解决问题，与小组成员一起分享资源、观点，分担任务和责任（10分） | | | |
| | 代表小组发言，全面、准确汇报小组共同的学习成果（10分） | | | |
| 知识 | 领会职业生涯规划的原则，回答问题全面、准确（15分） | | | |
| | 掌握职业生涯规划的方法，回答问题全面、准确（15分） | | | |
| 技能 | 能运用职业生涯原则分析自己在职业生涯规划方面存在的问题（15分） | | | |
| | 能5W分析法、SWOT分析法、内外因分析法、职业心理测验法等方法进行职业生涯规划（15分） | | | |

评分合成后总得分（自评得分×0.1 + 小组评分×0.4 + 教师评分×0.5）：

2. 反思

你对职业生涯规划原则和方法的理解与运用，与其他同学相比较，有哪些异同？为什么？请结合自我评价、小组评价和教师评价结果，分析其中的原因。

# M ODULE 模块 3

## 掌握职业生涯规划的主要步骤

**任务要求**

通过查阅资料和小组讨论，了解和掌握职业生涯规划的主要步骤，包括自我评价、环境评价、人生定位、确立目标、了解用人单位的要求与期望、实施策略、职业生涯规划的评估、反馈与修正等环节。

**知识储备**

我们在进行职业生涯规划时，不仅要坚持一定的原则，而且还要遵循科学的程序，以提高工作的有效性。职业生涯规划的程序可能因人而异，但也存在基本的步骤，主要有自我评估、环境评价、确定目标、制订行动计划和内容、选择需要采取的方式和途径以及职业生涯规划的评估、反馈与修正等。

## 一、自我评价

自我评价也就是要全面了解自己。一个有效的职业生涯设计必须是在充分且正确认识自身条件与相关环境的基础上进行的。要审视自己、认识自己、了解自己，做好自我评估，包括自己的兴趣、特长、性格、学识、技能、智商、情商、思维方式等，即要弄清我想干什么、我能干什么、我应该干什么、在众多的职业面前我会选择什么等问题。认识自己的优势和劣势。所以应该充分发掘自己独特的个性，去走自己独特的人生道路。只有这样才不至于一味盲目地从众。

1. 成长历程

通过分析一个人过去的成长历程，可以比较客观地认识其心理特征和职业倾向，这是有效设计未来的前提和基础。

2. 背景分析

我们认识自己，要结合社会背景、学校背景、家庭背景等来分析。这样做的自我认识，除了对自己有比较全面的认识外，还可以让专家全面地帮助你运用所有的资源，得出在特定家庭、社会、学校等背景下，如何发挥自己潜能的思路。此外还应分析自己的家庭背景、生活背景等。

3. 优劣势分析

采用SWOT分析法对自己的优劣势进行分析，其中需要运用各种调查研究方法，分析出学校专业所处的各种环境因素，即外部环境因素和内部能力因素。外部环境因素包括机会因素和威胁因素，它们是外部环境对个人的发展直接有影响的有利和不利因素，属于客观因素，一般归属为社会的、市场的、家庭的、学校的、能力的、竞争的等不同范畴；内部环境因素包括优势因素和弱点因素，它们是个人在其发展中自身存在的积极和消极因素，属主动因素，一般归类为管理的、组织的、经营的、财务的、人力资源的等不同范畴。在调查分析这些因素时，不仅要考虑到个人的背景与现状，而且更要考虑个人的未来发展。

4. 性格分析

对自己进行完整的性格分析，通过性格分析，得出自己的优点与弱点。

5. 个人价值观分析

我们对很多方面的事情（如工作、事业、爱情、家庭等）会形成自己的看法。这些都需要罗列出来，这有助于你在遇到问题时知道如何去分析和解决。

6. 身边人的评价

父母、亲戚、老师、上司、同学等对自己的评价。自我认知除了要自己对自己进行分析外，还需要借助外力，收集身边人对自己的客观评价，就是一个通过外部来进行自我认知的模式。这个模式可以通过自己设计调查问卷，让身边人来填写，通过对他们的调查问卷，来客观地分析和定位自己。

7. 职业测评

职业测评是现在最常用的职业规划工具，专家和学者用大量的时间设计出大量的题目，通过完成这些题目，来对你的个人素质、职业价值观、综合能力等进行测试。职业测评能客观地评价自己，给予自己客观的参考意见。但是由于人是复杂的动物，标准化的东西只能作为一个参考。

## 二、环境评价

职业生涯规划还要充分认识与了解相关的环境，评估环境因素对自己职业生涯发展的影响，分析环境条件的特点、发展变化情况，把握环境因素的优势与限制。了解本专业、本行业的地位、形势以及发展趋势，就要正确对待这样的一些问题：职业的冷门与热门；职业的稳定与不稳定；就职部门是大公司还是小公司；就职地域是大都市还是小城镇。

## 三、人生定位

在我们的职业生涯规划里面，路径的选择以及职业生涯是多变的，但是人生定位，以及个人的核心价值观应该是相对稳定的。因此，在职业生涯规划中对于自己的人生定位显得非常的重要。由于社会和经济变化太快，很多人都因此而缺乏长期目标，缺乏对人生价值的思考。古语云：君子立长志，小人常立志。

1. 人生的意义（核心价值观）

我们很难判断自己的价值观，部分原因是它们深藏在人的潜意识里，一时很难找到合适的话加以描述。下面，是一些有关价值观的形容词，你可以从中选择那些对你重要或你感觉不错的词。把那些你觉得应该选的词和你真正想选的词都画出来。你也可以把自己认为重要但没有出现的词或词组加进去。在选择的时候，要保持轻松愉快的心情，不要想得太多，你可以闭上眼睛做几次深呼吸后再开始。

创新 成功 富有 卓越 挑战 冒险 亲情 快乐
健康 自由 美丽 勇气 自信 幸福 关心 学习
服务 奉献 真诚 真实 兴奋 爱情 尊重 尊严
安全 稳定 活泼 智慧 伟大 权利 幽默 高雅
高尚 和谐 正义 简洁 乐趣 活力 公平 和平
自律 毅力 诚信 体贴 吸引 热情 忠诚 舒适
享受 完美 娱乐 独立 耐心 浪漫 感激 激情
家庭 同情 发明 鼓舞 控制 休闲 平静 造诣
教导 公正 认同 成就感 创造力 助人为乐

相信你已经选出了很多你认为重要的词，现在，请重新评估一下你所选的词，然后从中选出8个你认为更重要的词，然后写下来：

（1）

（2）

（3）

（4）

（5）

（6）

（7）

（8）

请仔细看一下你所选择的 8 个词，注意一下自己内心的感受，它们是否代表着你内心真正的自我。下面，请你从这 8 个词中再选择 5 个对你来说最重要的词，并考虑一下，哪些词实际上表达的是同一个意思，只是以不同的方式表达了出来？是否还有更广泛的价值可以涵盖这些及其他意义相近的词？对于以上所选的 8 个词，问如下几个问题：为什么我觉得这个词如此重要？为什么我会在与这个词有关的事物上花钱或者花精力？为什么我在与这个词有关的事物上只花了这么少的时间或精力？对这些问题的回答可能对你非常有价值。在问这些问题后，你会发现，有些事物可能并不像你原来想象的那样重要；相反，有些你原来认为不那么重要却可能是真正值得你看重的东西。现在把选择出的 5 个价值观写下来：

（1）

（2）

（3）

（4）

（5）

看着这 5 个经过精心挑选的价值观，你的内心是否感觉到兴奋？你是不是对这几个价值观所代表的事物有种似曾相识的感觉？它是否代表着你内心深处渴望成为的人或渴望过的生活？如果是的话，它们就是你的主导价值观，代表着你的核心自我。

2. 自我价值的实现

你想做一个怎样的人？你想在自己的墓志铭上面刻些什么呢？想让历史怎样评价你呢？你做什么事情会兴奋，做什么事情会开心，做什么事情觉得是成功？请认真地思考你想成为一个怎样的人。把它具体化、量化，然后把它变成可以实现的事实，这个就是你一生要为之奋斗的目标。

3. 生活品质（家庭、婚姻）

我们每个人都有父母，父母含辛茹苦生养我们，该怎么报答他们？让他们过上什么样的生活？完成他们什么样的心愿？还有，我们也都会为人父母，你对现在的生活满意吗？如果不满意，你想不想儿女重复过你的生活？如果不想，那你希望他们过怎样的生活，享受什么样的教育，在什么样的环境下成长？若想如愿，该付出多少金钱、时间和精力？要有怎样的经济实力作基础？把它们量化，然后客观地评价你的家庭品质以及婚姻。

人生定位，每个人都不一样，每个人的价值观以及成功观都不一样。所以人生定位是一个需要大量时间来思考的问题，它将是你人生的目标，你的一生需要围绕着它来完成。

## 四、确立目标

确立目标是制定职业生涯规划的关键，目标有短期目标、中期目标、长期目标和人生目标之分。长期目标需要个人经过长期艰苦努力、不懈奋斗才有可能实现，确立长期目标时要立足现实、慎重选择、全面考虑，使之既有现实性又有前瞻性。短期目标更具体，对人的影响也更直接，也是长远目标的组成部分。

### 五、了解用人单位的要求与期望

据有关调查资料，用人单位最喜欢的工作态度：准时、诚实、可靠、稳定、主动、合作、学习、幽默、乐于助人；用人单位最不喜欢的工作态度：懒惰、迟到、缺席、不忠实、不诚实、野心太小或太大、被动、不合作、没礼貌、不守规则、不尽责、无适应能力、虚假报告、精神不集中。

有人还对中国香港与美国的一些用人单位对员工的要求进行过调查，结果如下：

中国香港用人单位青睐有以下特质的员工：沟通能力、创新思考、分析推理、实用取向、激励推动、领导能力、策划能力、人际关系、判断决定、情绪稳定。

美国用人单位青睐有以下特质的员工：基础——学习如何去掌握新的学习方法和策略；基本能力——阅读、书写、数学、电脑操作；沟通——表达、口才、主动聆听；适应能力——创新思考；发展技巧——自我尊重、意志力、订立目标；小组效能——人际关系、团队合作、谈判；影响技巧——明白企业文化、分享领导的地位。

### 六、实施策略

实施策略就是要制定实现职业生涯目标的行动方案，用具体的行为措施来保证。没有行动，职业目标只能是一种梦想。

在确定了职业生涯目标后，行动便成了关键的环节。没有达成目标的行动，目标就难以实现，也就谈不上事业的成功。这里所指的行动，是指落实目标的具体措施，主要包括工作、训练、教育、轮岗等方面的措施。例如，为达成目标，在工作方面，你计划采取什么措施，来提高你的工作效率？在业务素质方面，你计划学习哪些知识，掌握哪些技能，来提高你的业务能力？在潜能开发方面，采取什么措施开发你的潜能？等等，都要有具体的计划与明确的措施，以便于定时检查。专家建议，大学生的职业生涯规划应该在入学时开始，从大一起就应该思考个人所学专业未来的发展，需要掌握哪些知识和能力，掌握这些技能能到哪些行业和企业工作，自己是否喜欢这样的职业。这样可以使所学专业知识与社会发展、自身潜力、将来职业发展同频共振。

职业生涯规划和发展是一个复杂的、持续的过程，在这一过程中，单凭个人的经验是很难实现目标的。我们知道，职业生涯发展是一个不可逆转的过程，对于每一个人来说，生命都是有限的，职业选择的每一个步骤都与个人的年龄联系在一起。因此，在这一过程中，可以借助职业咨询师的专业优势，获取其对个体职业生涯规划具有建设性的建议，这会起到事半功倍的作用，至少能少走弯路。

### 七、职业生涯规划的评估、反馈与修正

职业生涯规划评估是指在实现职业目标的过程中有意识地搜集相关信息和评价，不断地总结经验和教训，自觉地修正对自我的认知，适时地调整职业目标。俗话说，"计划赶不上变化"。影响职业生涯规划的因素很多，有的因素是可以预测的，而有的因素难以预测。要使职业生涯规划行之有效，就须不断地对职业生涯规划进行评估，修正职业生涯目标，调整

职业生涯策略，这样才能在激烈的择业竞争中，赢得成功，走向辉煌。

总之，大学生职业生涯规划不仅是一个复杂的程序，还需要科学的方法，并持之以恒。只有这样，才不至于白白浪费时间，才不至于毫无目标和毫无准备。

═══ **小案例** ═══════════════════════════════════════════

### 小王的求职路 = 思考 + 创意 + 实践

小王是某高职院校的学生，大学毕业的时候，他并不像一些同学那样忙着"包装"自己，甚至将不曾有过的职务往自己的简历表上填。小王总觉得一个人的本领是最重要的，将自己弄成一只"绣花枕头"没有什么意义。

小王在自己的简历表上加了一个附件，那是一篇很中肯的用白描手法自我介绍的文章，并配了带点漫画味道的自画像。他很明白：与众不同，最能吸引人的眼球。小王在文章里用细节很巧妙地将自己的优点、缺点以及所有专长袒露无遗。有的人避讳谈自己的短处，其实有经验的人一看就知道那是虚的，世界上有没有缺点的人吗？

交出简历表没有几天，小王接到了郭某的一个电话。小王有点纳闷，因为那不是小王递交简历的公司。郭某没有同小王谈就业的事，说知道小王有些技艺，公司有一批广告业务，而平时做这工作的人生病了，想请小王暂时帮几天忙。小王毫不犹豫地答应了。

按约定，小王来到一个并不大的办公室，一位中年男子拿出一份资料给小王，很客气地对小王说能不能用最简洁的手法将它图文并茂地表达出来。随后二人又约定用五天时间在那间办公室里完成。

从那天起，小王每天清晨来到办公室，到办公室后，先按自己原来的习惯"洒扫庭除"（小王认为干净的环境有利于学习工作）。小王每次都把自己深思熟虑的想法向郭某汇报后再执行。几天来都是这样。

五天后，小王如期交差。郭某接过小王的设计对小王说，公司经理对小王很满意，决定聘用小王。小王这才知道，原来它就是小王求职的公司。那间办公室不过是公司搬入新址后暂时还没来得及退租的一间废弃的办公室。后来小王当了经理助理。时间久了也与经理熟了，经理告诉小王，他一看到小王的简历表就感到小王与别人不一样，对小王有了兴趣，想先考察一下小王的文、画是否出自他本人之手，所以给了小王这个任务，接着几天看了小王的工作，还说了他曾看到小王在走廊里捡了一只香蕉皮扔进垃圾箱，感到小王的素质很好，是一个可以聘用的人才。

点评：当你面对一个全新的平台时，你得静下心来仔细想一想工作的性质，然后是要明确目标，用心思考，用一种良好的心态去努力工作。只要你勤于思考并使自己的优势付诸于创意之中，你的求职之路就不会太漫长了。

**模块训练**

1. 训练内容：

职业生涯规划案例剖析与模仿。

2. 训练要求：

根据下面提供的案例资料，分析、判断该职业生涯规划工作的过程是否科学合理。若认为科学合理，请指出有哪些方面值得借鉴；同时要求与此作参照，编制你自己的职业生涯规划方案。

3. 操作步骤：

（1）阅读随后所附案例资料，分析、判断该资料所呈现的职业生涯规划工作是否科学合理（可与其他同学一起讨论）。若认为比较认同该做法，则参照该做法拟订自己的职业生涯规划方案；若不认同该做法，请自主查阅其他资料，并确定相应的职业生涯规划方法。

（2）分析自己所学专业和职业自我的特点。

（3）查阅相关资料，以帮助自己拟订大学期间和毕业后的职业规划方案。

（4）将职业规划构想形成书面文字材料。

（5）提交职业规划书面材料，并在小组或全班上互相交流。

（6）教师点评。

**案例资料**

### 一、个人职业生涯规划编写的提纲

职业生涯规划是一个系统工程，主要取决于两个方面的因素：一是社会发展的客观需要，特别是社会、企业、职业的现实要求；二是当事人自身的实际情况。一般分为以下几个部分：

**（一）自我认知**

1. 人生历程。

2. 背景分析。

3. 优劣势分析。

4. 性格分析。

5. 个人价值观和人生观。

6. 身边人（包括父母、亲戚、老师、上司、同学等）对你的评价。

7. 职业测评。

**（二）人生定位**

1. 人生的意义（核心价值观）。

2. 自我价值的实现。

3. 生活品质（家庭、婚姻）。

**（三）职业选择**

1. 根据自身爱好、专业、性格、能力、特长，拟订具有自我特色的就业竞争能力的职业方案。

2. 外部环境（市场、家庭、社会、文化、人际关系、行业）。

3. 职业规划过程的主要抗争。

职业选择总结：个人的职业必须符合社会经济大的趋势。

（四）能力的培养计划

1. 基本需求（吃、喝、玩、乐及个人基本需求）。

2. 个人能力（生存能力、职业能力、工作能力及个人生活能力）。

（五）机遇与修正

内力修正系统（个人原则）。

外力修正系统（专家与朋友）。

## 二、具体规划内容与过程

（一）案例背景资料

潘东（化名），男，某大学机械工程系二年级学生。由于对机械设计专业不感兴趣，考试成绩不好，在同学和老师的眼里他几乎成了问题学生。在辅导员的建议下，他主动找到了学校负责职业生涯规划的专家。经过专家的耐心引导，潘东敞开了关闭已久的心扉，对自己做了一番深刻的内省后，根据专家的指导，做了合适的职业规划。以下是其职业规划咨询的内容。

（二）自我认知

1. 成长历程

潘东在孩提时代，父母工作比较繁忙，因此培养了他独立自理的能力。受许多古代名著和历史人物传记的影响，潘东立志做一个像孙武、韩信那样的人物。到了中学时代，他开始认识到现代社会不可能出现古代式的战争，但是古代的兵法和谋略在现代社会仍可以有无限的发挥空间。上初二时，他便确定了要成为一个成功企业家的长远目标。由于他的高考成绩不理想，没有实现考进上海财经大学的目标，阴差阳错进了一所普通大学的机械工程专业，因此他觉得自己很失败。

2. 背景分析

社会背景：潘东生长在我国改革开放之后的时代，国家经济和教育事业都取得较大规模的发展。我国高校招生规模不断扩大，现已成为世界上高等教育规模最大的国家。因此毕业生就业形势日益严峻，企业对人员的招募也越来越谨慎。但经济高速发展，科技日新月异，加入 WTO（World Trade Organization，世界贸易组织）以及全球化，使中国成为世界发展的要地，商机无限。

家庭背景：潘东童年时家里人主要是务农，接着父母响应国家的号召，加入深圳的建设队伍。之后因为其父母在深圳经商，很多亲人也随之而来。到了现在，基本上整个家族都在从事商业活动，大部分为个体商人。家里的商业气氛也是影响潘东发展的重要因素。

由于潘东小时候主要在农村生活，对贫穷、艰辛体验比较深，懂得勤劳的重要性。现在他来到城市生活，目睹着世界的变化，眼界变得开阔了。

3. 性格与优劣势分析

潘东积极、主动，热情、大方，受人信赖；雄心勃勃，学习能力很强，具有很好的口才和娱乐他人的能力。

优点是充满活力，果敢、刚猛，喜欢冒险，求知欲很强。

缺点是个性冲动，主观强，太过强势和专断，自制能力不够。

4. 个人价值观分析

学习方面：潘东不是一个勤奋的人，但是一个讲求效率的人。他习惯在最短的时间用自己认为最好的方法去处理大量的事情，而且保证事情的质量。他坚持学对自己有用的东西，学自己需要的东西，增强自己的信息搜集能力和吸收学习能力，整合资源能力。

工作事业方面：潘东是一个认真的人，一个比较有自我规划的人。他从初中就制定了自己的人生路途和目标，虽然一切不能全部如意，但是他并没有改变目标，并且在前进的路途上，不断修正方向。潘东参加了许多校内外的工作，形成了属于自己的人生、工作和处事的看法。

生活方面：潘东是一个大方、勤劳、适应能力很强的人，不容易受周边人和事的影响。他热心帮助别人，得到了许多人的认可。在生活上他往往向其他同学退让以求总体的协调，并认为自己多做一点事情，多付出一点对自己没有太大损失。

感情方面：潘东有不少知心朋友，有更多的普通朋友。他喜欢结交志同道合之人，深感"物以类聚，人以群分"。他认为爱好越多，认识的朋友就会越多，人其中的一个精神享受就是可以做自己喜欢做的事情。在爱情上潘东认为自己是一个负责人的人，一个理智（现实）的人。

兴趣方面：潘东的兴趣爱好十分广泛。因为他小时候喜欢看报纸和书籍，加上成长于深圳这个中国的窗口城市，所以知识面比较广阔，和很多人都拥有共同话题。

特长：组织、策划、管理、公关、创新、演讲。

人生原则：经营个人品牌；思考是用于解决问题，而不是逃避问题。

自我评价：一个好人，一个善良的人，一个理智的人。认真，负责，守信，积极进取。

5. 职业测评

职业个性特征：从以上信息分析得出，潘东通常善于辞令，尤其适合做领导工作和推销工作；通常精力充沛、热情洋溢、富于冒险精神、自信、支配欲强；喜欢与人争辩，总是力求使别人接受自己的观点。缺乏从事精细工作的耐心，不喜欢那些需要长期智力劳动的工作；通常喜欢追求权力、财富、地位。

适合的职业特征：从事需要胆略、冒风险且承担责任的活动；喜欢从事领导及企业性质的职业。

6. 人生定位

人生目标：成为一个成功且快乐的企业家。55 岁拥有 10 亿资产，带领企业跻身世界名企，以东方企业家的身份参与全球化竞争。

人生意义：

（1）为国家、为社会贡献自己的一份力量。

（2）供养父母，把自己的家庭建设好。

（3）把家族事业发扬光大。

（4）影响和帮助身边的朋友。

（三）环境分析

我国目前政治稳定，经济持续发展，在全球经济一体化环境中扮演着重要角色。中国加入 WTO 后，使我国汽车产业面对战略的选择。此时，封闭式发展中国汽车产业的历史条件已经不复存在。但任何一个国家都不会有全方位的比较优势，在现阶段，制造业恰恰是中国的优势所在，并有无比巨大的潜力。

**（四）职业选择**

1. 大学期间目标

大学二年级下学期围绕职业目标选择提高自我基本素质，打好各项专业知识基础；大学三年级要提高全面素质和能力，拿下英语四级和计算机国家一级证书；尽量找一些实习机会，从实习中获取经验；充分了解社会及用人单位的需求，为求职就业做好充分的准备。

2. 职业路径

（1）从现在开始关注汽车行业的发展。

（2）2009—2012年，熟悉适应期：利用3年左右的时间，经过不断的尝试努力，初步找到适合自身发展的工作环境、岗位。如在大公司做汽车技术人员。

（3）2012—2015年，去小的公司做技术总监，吸取经验。

（4）2015—2025年，进一步学习、提高各种知识和技能，到大公司做技术总监。

**（五）能力的培养计划**

1. 计划培养的能力

（1）社交能力。

（2）管理策划能力。

（3）组织领导能力。

（4）信息收集处理能力。

（5）资源整合能力。

（6）团队合作能力。

2. 培养能力的途径和措施

在学校期间，积极参加有关社团，组织策划一些活动。锻炼组织策划、领导、协调和管理能力。每次活动都需要与很多人打交道，从中锻炼自己的社交能力和口才，同时也让自己能体会到团队协作的重要性，积累团队协作的经验。在策划和组织活动的时候，注意发挥外联作用，对校内外的信息进行大规模搜集，努力使活动办得有声有色。加强对校园市场进行调研和开发，经常对在校学生的市场需要进行调查，总结出一些市场调研的经验。另外在培训方面，积极参加有关培训，如学生干部培训、业务培训等。

**（六）职业生涯规划的调整**

在职业生涯发展变化与社会需求的变化中，与时俱进，灵活调整，不断修正、优化职业生涯规划，主动适应各种变化，努力发展和完善自己的职业生涯规划。

职业生涯规划是一个动态的过程，必须根据实施结果的实际情况进行及时的评估与修正。为保证调整的有效性，拟建立两个修正系统，即自我修正系统和他人修正系统（专家、亲人或朋友）。

1. 自我修正系统的运作机制

当遇到选择的时候，问自己几个问题：

第一，我做这个选择，符合我的价值观吗？

第二，我做这个选择，对于实现我的目标有作用吗？

第三，我做这个选择，会不会伤害到其他人？如果有，伤害的程度有多大？

第四，我做这个选择，可以对得起自己的良心和付出吗？

第五，我做这个选择，可以让我得到相应的成长和进步吗？

2. 他人修正系统

如果自我修正系统不能完全解决问题，就追求他人系统来解决问题。

从现在开始，组建起自己的顾问团（智囊团），这个顾问团是由自己认为可以提供帮助、在某个方面有出色表现、令人尊敬的专家或者长者组成。他们可以是自己的老师、父母、上司和长辈等。

**考评与反思**

1. 考评

请参照下表给出的评价标准，就每个同学在活动中的表现进行评价。

| 领域 | 具体表现 | 自我评分 | 小组评分 | 教师评分 |
|---|---|---|---|---|
| 过程 | 认真完成自学、练习任务（10分） | | | |
| | 主动咨询老师，积极参与小组讨论，阐明自己的观点（10分） | | | |
| | 帮助组内其他成员解决问题，与小组成员一起分享资源、观点，分担任务和责任（10分） | | | |
| | 代表小组发言，全面、准确汇报小组共同的学习成果（10分） | | | |
| 知识 | 了解职业规划的主要步骤，回答问题全面、准确（15分） | | | |
| | 掌握职业生涯规划各个步骤之间的逻辑关系，回答问题全面、准确（15分） | | | |
| 技能 | 能准确判断职业生涯规划各环节之间的关系（15分） | | | |
| | 能依照职业生涯规划经典步骤进行职业生涯规划（15分） | | | |

评分合成后总得分（自评得分×0.1＋小组评分×0.4＋教师评分×0.5）：

2. 反思

你对职业生涯规划步骤的理解与运用，相对于其他同学有哪些异同？为什么？请结合自我评价、小组评价和教师评价结果，分析其中的原因。

# 巩固与提高

## 单元知识小结

职业生涯规划对于一个人的成才、事业成功是必不可少的。成功的人生是科学规划的结果。做好职业生涯规划，可以发掘自我潜能，增强个人实力；可以增强发展的目的性与计划性，提升成功的机会；可以提升应对竞争的能力；有助于评估目前工作成绩。

做职业生涯规划，要正确把握职业生涯规划的原则，深入调查研究，运用恰当的方法和步骤。

职业生涯规划是对自己未来美好生活蓝图的设计，由于受各种因素的制约和影响，一个人的职业生涯规划与今后的职业选择很难做到完全吻合，因此采取适当的方法和机制对职业生涯规划进行修正、调节是十分必要的。

### 思考与练习

1. 结合自己所学的专业，进行市场调查，了解用人单位的需求状况，然后进行分析，你认为最适合你的岗位是什么？你要做好这个岗位的工作，你目前还需加强哪些技能？制定出一个短期职业生涯规划。

2. 搜集或采访成功人士的职业生涯经历，并对其进行分析、总结，从中理出具有借鉴意义的内容。

3. 根据所学的有关知识写出自己中期或长期的职业生涯规划，并将内容填写在表5-2~表5-7里。

自我认知——天生我材必有用

表5-2　自我性格特征分析表

| | 性格特征关键词 | 列举能说明此项特征的具体事例 |
|---|---|---|
| 我的性格特征 | | |
| | | |
| | | |
| | | |

表5-3　自我优势性格特征分析表

| | 优势性格特征关键词 | 列举能说明此项特征的具体事例 |
|---|---|---|
| 我的优势性格特征（与应聘职位要求相符合的性格特征） | | |
| | | |

表5-4　自我劣势性格特征分析表

| | 劣势性格特征关键词 | 弥补措施 |
|---|---|---|
| 我的劣势性格特征（与应聘职位要求不符合的性格特征） | | |
| | | |

表 5-5　自我工作、生活经历分析表

| | 时间、地点、内容 | 积累了什么经验 | 培养了什么能力 | 取得了哪些成绩 |
|---|---|---|---|---|
| 我的工作或生活经历 | | | | |
| | | | | |

表 5-6　自我知识、技能分析表

| | 关键词 | 达到的水平或取得的成绩 |
|---|---|---|
| 我具备的专业知识、技能、专长等 | | |
| | | |
| | | |
| | | |

表 5-7　与目标职位联系紧密的个人优势

| | 关键词 | 能说明此项优势的具体事例 | 能对目标公司做出何种贡献 |
|---|---|---|---|
| 我的优势 | 优势一： | | |
| | 优势二： | | |
| | 优势三： | | |

# 精通谋职工具——掌握就业方法与技能

▶ **学习目标**

### 知识目标

- 了解信息搜集和合理利用的方法。
- 掌握谋职资料的撰写要求。
- 掌握面试的应对技巧。
- 了解求职过程中可能会出现的心理问题及调适方法。

### 能力目标

- 能利用各种渠道寻找就业信息。
- 能制作一份有针对性、能吸引别人眼球的谋职资料。
- 能灵活运用各种面试技巧，从容应试。
- 能运用各种心理调适方法，解决求职过程中可能遇到的心理问题。

▶ **名言名句**

家有千金，不如一技傍身。——民间俗语

▶ **单元导学**

对于未来的工作，每个人心中都会描绘出一幅色彩斑斓的图画。不管是带有个人理想色彩、世俗色彩还是功利色彩，这幅画最终都要由社会这块大调色板来描绘。然而，对于每个求职者来说，要找到满意的工作，并非简单的事情，他（她）需要做出种种的努力和准备，真正了解自己，了解单位，才能寻找到合适自己的位置。在求职前，我们必须扪心自问："就业，我准备好了吗？"

本单元将从就业信息的搜集与运用入手，探讨谋职资料的准备、面试策略、与用人单位沟通技巧等问题，同时还将练习使用求职常见心理障碍的自我方法。

# MODULE 模块 1
## 就业信息的搜集与运用

**知识储备**

### 一、就业信息搜集的渠道

就业信息搜集的渠道很多，每种渠道都有各自的特点，求职者要善于利用各种渠道搜集和整理信息。常见的就业信息搜集的渠道有以下几种：

#### （一）学校负责就业工作的部门

学校负责就业工作的部门如就业指导中心或招生就业处以及二级学院（系）办公室等，是用人单位选择毕业生所依赖的主要部门。每年学校都会向用人单位发出需求调查表，了解用人单位的需求情况，而用人单位也会通过学校发布当年的需求信息。学校获得的所有需求信息一般会通过学校的就业网和就业公告栏进行发布。通过学校发布的就业信息具有很强的针对性。因此，学校就业工作部门成为求职者搜集就业信息的主要渠道之一。

#### （二）人才中介机构

经济的飞速发展，带动了人才中介机构的完善和建设，现在各省、市、区都相继建立了劳务市场或人才交流中心，它们的功能也得到不断地完善。这些机构积极收集用人信息，掌握了大量覆盖各行各业的就业信息。它们在举办供需见面活动、网上招聘活动、办理人事代理、档案管理、人才租赁等方面发挥了巨大的作用。

=== **知识拓展** ===

随着劳动力市场的开放，各种人才中介机构让人眼花缭乱、真假难辨，难以选择。如果求职者需要到人才中介机构求职的话，一定要带上一双慧眼，选择一些背景可靠、声誉好、效率高及专业性比较强的机构，最好是到各地政府人事部门或劳动部门主办的公益性人才中介机构去找工作。对于一些不是很熟悉的社会办的中介机构，则要重点关注其合法性，即劳动部门颁发的"人才市场中介服务许可证"和工商行政管理机关颁发的营业执照，而且许可证和营业执照必须是在有效期使用的原件而非复印件，还需要看是否有涂改的痕迹。同时，要关注他们职业介绍工作的流程是否按劳动管理条例规范运作，收费是否严格执行或参照物价部门核定的标准收取，如果支付了费用，则一定要向他们索要正式发票，因为发票是正式维权的依据。特别要注意的是，当自己的合法权益受到侵害时，可以通过当地的举报电话向有关部门举报来挽回损失。

#### （三）社会关系网络

由自己的家庭成员、亲戚、朋友、熟人、邻居、老师、同学及校友等组成的社会关系网络是非常巨大的，它可能延伸到各个领域，求职者通过这个关系网络来搜集就业信息，了解自己感兴趣的或者是专业对口的职业情况，是非常有效的。作为一名求职者，需要定期地与自己关系网络中的每一位朋友保持密切的联系，并不断扩大这个关系网络，这将为自己的职业发展提供有益的外部支持和帮助。

**（四）计算机网络**

随着计算机网络的普及，网上招聘逐渐成为一种时尚潮流。求职者在互联网上可以通过专业的求职网站、用人单位网站、门户网站的求职频道等来搜集就业信息。当然，网上也充斥着各种虚假、过时的垃圾信息，求职者在网上求职时要注意掌握必要的信息筛选窍门，避免盲目带来被动损失。

**（五）现场供需见面会**

为了更好地解决大学生就业的问题，各省市的教育厅（局）、人事部门、劳动部门以及各高校都会定期地举行各类供需见面会。在供需见面会中提供了很多针对性较强的就业信息，求职者可以通过现场进行比较选择，挑选自己喜欢的用人单位。但往往这种供需见面会参加的求职者比较多，信息的利用率也比较低。对此，求职者可以将现场提供的单位摊位信息及招聘信息一览表（有些是印刷成报纸）在会后加以利用，尽可能地争取就业机会。

**（六）广播、电视、报纸、杂志等各种媒介**

在传媒高度发达的今天，用人单位还会通过广播、电视、报纸、杂志等各种传媒发布需求信息。求职者可通过这些媒介，寻找适合自己的就业岗位。

求职者通过各种媒介寻求就业信息并做出相应的应聘行为，这种方法主动性强，简单易行，但成功率比较低，所以在就业信息不足的情况下，可以尝试使用。求职者通过这种渠道搜集就业信息，应尽可能选择正规的招聘类报纸，少看那些不负责任的小报或免费的招聘信息，避免上当受骗。

**（七）社会实践和教学实习**

社会实践和教学实习等活动与专业知识紧密联系，不但开拓了学生的视野，更有利于学生接触社会，体验职业，使求职者能真正了解各种单位的情况，获得准确可靠的职业信息。在实践实习的过程中，学生通过与用人单位沟通和交往，如能建立良好的关系，赢得用人单位的好感和信任，当用人单位有需求时，就比别人有更多的就业机会了。

=== **小案例** ===

小李是广州某职业技术学院汽车维修专业毕业班的学生。根据学校教学安排，毕业班学生最后一学期大部分时间都在企业进行生产实习。小李被安排到离学校较远的一个汽车生产企业实习。然而小李在下厂前还没有找到接收单位，他性格又较为内向，家在农村，没有太多的人际关系，他希望通过学校找到工作，可眼下却要离开学校到外地实习，他不知道除了学校还能通过什么渠道找工作，为此他茶饭不思，忧心忡忡。

点评：信息不足或信息不对称，是毕业生就业难的原因之一。了解就业信息的各种搜集渠道，学会利用各种就业信息，对毕业生的顺利就业能起到事半功倍的效果。

## 二、就业信息的运用

面对林林总总的就业信息，求职者不要急于做出应聘的行为，而是要结合自己的实际情况，有针对性地去进行整理、分析和排列，去掉无效的、过时的甚至是虚假的信息，使之更好、更有效地为自己的求职服务。

就业信息的运用，实际上就是一个将社会需求的职业和自我进行匹配的过程。因此，在运用就业信息时，求职者要把握好几个原则：

**1. 时效性原则**

就业信息一般都会有时间限制，求职者应该在规定时间内应聘，以便把握良机。

**2. 胜任原则**

求职者在初次就业的时候，无论经验还是技术能力上都还比较薄弱，因此，求职者要立足于实际，让单位接纳自己，正确对待自己和工作，而不是好高骛远，选择不能胜任的工作。

**3. 重要性原则**

将搜集到的信息按重要性排序，进行初步筛选，重点关注重要的信息。

**4. 灵活运用原则**

用人单位对所需要的人才都会有一定的要求，但并非是不能变通的。在就业信息面前，求职者要相信自己的实力，冷静而认真地分析自己的优势和不足，不要因为某个次要条件达不到单位的要求而轻易放弃，要努力尝试和争取，这样可能有意外的收获。

**5. 信息共享原则**

在自己获取的就业信息中，有些信息对自己并无直接用处，但可能对他人有用。遇到这种情况，我们可以主动地将这些信息提供给其他同学，以求信息共享。古语云："助人者人亦助之。"

=== **知识拓展** ===

### 最有效的求职途径

美国的玛吉·华特丝（Marge Watters）和莱恩·欧康纳（Lynne O'Connor）合著的《求职圣经》一书中，介绍了5种最有效的求职方法：

创意求职法——成功率86%，它的主要特点是根据自己的特长和专业知识，向有兴趣的公司查询职位空缺情况前，设法拜会公司的决策人。实践表明，那些越不登广告招聘人手的公司，竞争对手越少，如得到雇主垂青，对方可能为你度身打造一个职位。

直接找公司的负责人——成功率47%，这种方法对高校毕业生有较大的难处，因为你很难找到与那些跨国公司、大公司老板会面的机会，你很可能要锲而不舍花上几星期，甚至更多时间，对方才肯见面。

找朋友介绍——成功率34%，俗话说"多一个朋友多一条路"，可请教认识的每位朋友，了解哪里正有空缺。由于朋友，特别是知心朋友，对自己各方面情况比较了解，所以朋友的介绍是找到理想工作的一条重要的途径。

找亲戚介绍——成功率27%，向亲戚打探各种工作机会，这样可扩大找工作的范围，事前便应该给亲戚朋友一些较详细的个人资料，如你要求的工作类别、个人专长等。

利用母校就业指导中心——成功率21%，由于近几年毕业市场化就业经验的积累，各个学校毕业生就业指导中心与不少大的用人单位建立了良好的合作关系，他们对就业资讯、职位需求情况掌握得比较全面，加上是自己的毕业生，学校的"胳臂"终归往里拐。

有4种最为人们熟悉、为多数人使用的寻找工作的方法，失败率却比想象中高。例如：

靠招聘广告——失败率76%～95%，职位愈高失败率也愈高。

靠人才中介机构——失败率76%～95%，但也视职级高低而定。

靠行内专业或贸易刊物的招聘广告——失败率93%。

靠大量寄出履历表——失败率92%。

## 模块训练

1. 训练内容：

拟订一个就业信息搜集与运用计划方案。

2. 训练要求：

结合自己所学专业和职业自我特点，拟订一个科学合理的就业信息搜集与运用计划方案，要求该方案能够提供明确的就业信息搜集途径和渠道、信息利用思路，要有可执行性。

3. 操作步骤：

（1）分析自己所学专业特点和就业意向。

（2）查阅相关资料，以帮助自己拟订一个科学合理的就业信息搜集与运用计划方案。

（3）将就业信息搜集与运用计划方案构想形成书面文字材料。

（4）提交就业信息搜集与运用计划方案书面材料，并在小组或全班上互相交流。

（5）教师点评。

## 考评与反思

1. 考评

请参照下表给出的评价标准，就每个同学在活动中的表现进行评价。

| 领域 | 具体表现 | 自我评分 | 小组评分 | 教师评分 |
|---|---|---|---|---|
| 过程 | 认真完成自学、练习任务（10分） | | | |
| | 主动咨询老师，积极参与小组讨论，阐明自己的观点（10分） | | | |
| | 帮助组内其他成员解决问题，与小组成员一起分享资源、观点，分担任务和责任（10分） | | | |
| | 代表小组发言，全面、准确汇报小组共同的学习成果（10分） | | | |
| 知识 | 了解就业信息搜集渠道，回答问题全面、准确（15分） | | | |
| | 领会就业信息运用原则，回答问题全面、准确（15分） | | | |

续表

| 领域 | 具体表现 | 自我评分 | 小组评分 | 教师评分 |
|------|---------|---------|---------|---------|
| 技能 | 能结合自己的职业生涯发展规划方向，制订科学的就业信息搜集计划（15分） | | | |
| | 能结合自己的职业生涯发展规划方向，明确自己的就业信息运用原则与方法（15分） | | | |

评分合成后总得分（自评得分×0.1＋小组评分×0.4＋教师评分×0.5）：

**2. 反思**

对就业信息搜集渠道与运用原则的理解和应用，你与其他同学有哪些异同？为什么？请结合自我评价、小组评价和教师评价结果，分析其中的原因。

# MODULE 模块 2

## 谋职资料的准备

**知识储备**

招聘单位一般通过谋职资料形成对求职者的最初印象和评价，并决定是否给予其进入下一轮复试的机会。然而招聘单位每天都能收到成百上千的谋职资料，如何让自己在众多的竞争者中脱颖而出呢？掌握撰写求职信和制作简历的技巧，也许能帮上你不少忙。

### 一、求职信的撰写

求职信是一种自我表白的形式，是为了表达求职者对招聘单位及某一职位的极大兴趣而作的一份重要宣传资料。一份好的求职信要能体现求职者清晰的思路和良好的表达能力。求职信和简历一样重要，所以，谋职资料中应该有求职信。

求职信要层次分明、简洁明了、重点突出，不能不着边际，凭空乱写，否则会偏离求职信的真正用意，非但无法达到自我推销的目的，反而会给招聘者留下不良的印象。

**（一）求职信的主要内容**

求职信和普通信函的结构基本上是一致的，可以通过"开头、中间、结尾"三部分来进行书写。

**1. 开头部分**

简单说明（可用一句话）自己是从何处得知该职位的招聘信息。例如：很高兴从我校的就业网上看到你们的招聘信息，我对贵公司网络管理员一职十分感兴趣，拟应聘此职位。

**2. 中间部分**

（1）简单描述对招聘单位和应聘职位的认识。对招聘单位的认识，可以着重于对其企业文化或价值观的认同，以表达对招聘单位的关注和兴趣，这会引起招聘人的注意和好感，但最多只能用两三句，点到即止。对应聘职位的认识，可以着重于自己对工作职责的了解程度上。

（2）先陈述个人的求职资格，所具备的技能和性格特征等；再用事例或数据说明自己具有与申请职位要求相匹配的能力、相关的经历和经验，以说明自己符合应聘单位和职位的要求。

3. 结尾部分

真诚表达对阅读者的感谢，并表明自己非常希望得到面谈的机会，最后写上祝福语。

**（二）求职信撰写的要求**

1. 称呼得当

要用具体的称呼，不要写"给有关负责人"。尽量写给负责招聘事宜的人，如果确实无法了解到他们的姓名，可称呼为"尊敬的招聘经理""尊敬的人事部经理"或"尊敬的领导"等。

2. 简练

撰写求职信要力求意思表达直接、简洁，突出主题，引人入胜，避免空泛啰唆、拖沓冗长。人力资源专家建议，求职信最好控制在 300 字左右。

3. 实事求是

诚实是用人单位对员工最基本的要求。因此，求职信切忌弄虚作假，要用事实代替华而不实的修饰语。恰如其分地介绍自己，并针对某一单位的某一职位来突出重点，这将给招聘者留下亲切、自然和实实在在的感觉，从而达到较好的效果。

4. 用语规范、文理通顺

招聘者希望通过求职信了解求职者的文字表达能力、态度以及与岗位相符的基本素质。如在求职信中出现错字、别字、病句及文理不通的现象，是招聘者最不愿意看到的，这些错误的存在会给招聘者留下一个缺少诚意和缺少职业素养的不良印象。

5. 自成一体

求职信往往与简历一同寄出，但求职信与个人简历的作用是不一样的，简历是告诉招聘者有关求职者的个人情况、经历和技能，而求职信是告诉招聘者自己能为单位做些什么。求职信要自成一体，不要成为简历的翻版，许多在简历中的具体内容不应在求职信中重复，如求职信中确有需要，可以挑选简历中最重要的 1~2 条与应聘职位相关的实践经验或业绩成果来写。

6. 签名

求职信的落款要使用亲笔签名，而不要将自己的名字打印在上面。

=== **知识拓展** ===

在求职过程中如果能做到以下几点，将对你成功就业大有裨益：

1. 知己知彼

在准备求职资料前，要了解自己的优势、劣势、价值观、喜欢的工作方式等；同时要了解所应聘的用人单位有什么样的企业文化特点？他们的产品是什么？市场形象和定位又是什么？所应聘的职位必须具备什么样的条件和能力？具体的工作任务是什么？等等。只有在知己知彼的前提下才可能更有针对性，更好地展示自己的风采，让自己的谋职资料更有吸引力，从而获得面试机会。

2. 寻找卖点

要结合招聘单位和职位的关键因素找到自己最突出的卖点。所谓卖点，其实就是招聘单位最希望了解的东西。招聘单位一般都会在招聘启事上写明对招聘人员的要求，比如，沟通能力强、英语四级以上水平等。有时候个人能力不是通过说就可以的，要举出事例证明你这方面的能力，把这些关键信息告诉招聘企业。那么，撰写时就需要把自己符合这些要求的特长写上。

3. 选择合适的格式，适度地"包装"，并精心排版

基本素材准备好后，我们就可以正式开始制作了。简历格式宜选能让人一目了然的，如表格式。适度地"包装"和精心地排版可以让用人单位对你的优点一目了然，很快就能找到他们想看到的东西。可采取对重要信息用不同的字体、字号、加粗以及在排版的时候推进、错行等技巧。

一份有针对性的高质量的求职资料是使你获得面试机会的基础。

## 二、简历的制作

简历是介绍个人身份、学业、经历和性格特征等的书面材料，是求职者为自己撰写的"产品说明书"。因此，简历的撰写要基于对自己和对用人单位的了解。

简历应该写得清楚简洁，直奔主题，宜用点句式表达。简历不应该出现错别字、病句和污渍。简历的篇幅在 1～2 页最为合适。一份有针对性的简历会帮助求职者给招聘者留下一个美好的最初印象，帮助求职者从众多竞争者中脱颖而出。

### （一）简历的基本内容及要点

1. 个人基本信息

一般要写明姓名、性别、生源地、联系地址、联系电话、手机、电子邮箱地址等基本情况，民族、身高和政治面貌等其他信息可以根据实际情况决定是否向用人单位提供。

2. 求职意向

这是简历中必须要写明的内容。求职意向一定要尽可能描述得清晰，如办公室秘书。而不要描述得空洞、"全能"，如本人可以从事本专业领域的生产、管理、销售、服务、技术支持等工作。

应聘岗位要与招聘单位的招聘岗位相符，如应聘同一单位两个或以上相近的岗位时，要注明先后。千万不要一份简历同时应聘两个或以上"牛头不对马嘴"的职位。那些不写自己的求职意向或是"全能"的求职意向往往会让招聘者觉得应聘者目标不明确而不予考虑。

3. 教育背景

教育背景是反映求职者受教育的情况，包括正规、非正规的教育和专业培训。很多求职者喜欢从小学一直写到大学，显得很啰唆。其实一般只写在大学期间的情况就可以了，建议采取从近到远的倒叙方式填写，内容包括毕业的学校、所学专业、主修并与应聘职位相关的专业课程（如果附有成绩单可以省略）、获奖情况、培训情况（特别是与你所申请的职位相关的）等。

对于大学生而言，由于缺乏工作经验，教育背景就显得比较重要了，尤其是培训情况。

因此，这项内容就要放在前面的位置，尤其是要放在社会实践的前面。否则，用人单位容易错误地把你当成是已有工作经验的社会人，从而失去竞争优势。

4. 社会实践

社会实践经历是求职者把理论知识应用到实践中去的有力说明，也是众多用人单位关注的内容，主要包括三个方面：

（1）学校实践的经历。在学校的学生会、团委和班级以及在各种社团、协会的任职情况，包括具体的职位和工作的主要内容以及取得的成绩等。

（2）单位实习的经历。交代清楚实习的单位、部门和具体的工作，并能具体说明所取得的成绩或收获。对于那种只在实习单位"混"了几天，并不了解单位的基本情况的经历就没有必要写到简历中，避免在面试时无法回答相关的问题。

（3）课程设计。课程设计是专业知识的综合运用，能反映出应聘者在专业知识方面所获得的锻炼。如果你的课程设计题目是来源于某一企业或与招聘单位的经营业务范围相同或相似，此时你就一定要写上此项，因为它将成为你的一个亮点。

5. 个人能力

个人能力是专业知识和社会经历的有利补充，是反映求职者综合素质的重要组成部分，包括英语能力、计算机能力以及其他对自己求职有利的技能和关键技术。

6. 自我评价

自我评价一般可写可不写，如果要写的话，可以适当地对自己的性格特征、特长、兴趣爱好等方面进行描述，力求客观真实，不要运用太多对自己褒扬的词语，也可附相关的测评报表。

**（二）简历制作范例**

林进同学计划毕业后到某经营服装的贸易公司从事外贸跟单员工作，为此，他为谋职准备了如下简历。

**林　进**

联系电话：（86－10）6276×××× （H）　　1381009××××　电子邮箱：×××@126. com

通信地址：广东省珠海市府前路15号××职业技术学院106号信箱（100871）

性　　别：男　　出生日期：1982年×月×日　　毕业时间：2007年7月

---

**【求职意向】**

外贸跟单员

**【教育背景】**

2004年9月—2007年7月　　××职业技术学院　　国际贸易专业

曾两次获得学院一等奖学金；被评为2005－2006学年优秀学生干部。

2006年7月1日—8月30日　　参加由××大学珠海校区举办的外贸跟单员考前培训班的学习。

**【学校工作经历】**

2005年12月　　筹办学院毕业生大型校园招聘会（任筹备小组副组长，参与策划、组织、协调各方面事宜，积累了大量的组织管理经验。）

2006年3月　组织**2006年度学院TCL营销论坛**（作为主要负责人之一，负责总体策划及组织工作，得到了各方面的高度评价，因表现突出被TCL移动通信有限公司聘请至市场推广部实习。）

【社会工作经历】

2005年7月—2005年8月　**广州××服装进出口公司**（实习，任进出口部经理助理，负责部门日常事务管理，为客户提供服务，对销售数据进行分析处理等。）

2006年7月—2006年8月　**TCL移动通讯有限公司**（实习，任市场推广助理，负责市场推广业务及产品资料的管理。）

【专业知识】

具备较扎实的营销学、消费者行为、国际贸易等专业知识，并通过实习加深了理解。选修了人力资源管理、社会心理学、服装设计、色彩与搭配等课程，考取了外贸跟单员的职业资格证，并积累一定相关工作经验。

【外语能力】

英语：具备较强的英语听说读写能力，已取得CET-6证书。

法语：曾接受160学时以上的专业训练，具备一定的日常沟通能力及阅读能力。

【电脑操作能力】

能熟练使用Internet，曾通过大量检索和查阅技术完成了有关论文及工作项目报告。

能熟练使用Word、Excel、PowerPoint等办公软件，擅长使用Excel进行数据分析和处理以及制作各类电子报表和图表，并擅长使用PowerPoint制作各类演示用PPT文件。

【特长爱好】

喜爱阅读，尤其是外文书刊，有一定的写作能力。

【自我评价】

为人谦逊有礼，喜欢接受新鲜事物，工作认真细致，有耐心，勇于承担责任，能积极主动地发现不足，并努力寻找解决问题的方法，以使工作做得尽可能完美。

点评：

这是一份比较有针对性、重点突出、简洁清晰的简历，主要体现在以下几个特点：

（1）求职意向清晰。

（2）在学校工作经历中，林进把自己参与过的、学校举办的活动名称都用黑体列出，同时把自己的具体职务也列了出来。这样把自己曾经做过的工作作简要介绍，并增加了自己的具体职务后，便于单位在审阅时更加清晰地认识求职者，对求职者的能力更加了解。求职者也通过这种方式更加突出了自己的亮点。

（3）在社会工作经历中，林进把实习公司的名称用黑体列出，同时把自己曾经做过的工作具体化，使之变得更加详细，便于招聘单位能够对其社会实践情况一目了然。

（4）在描述工作经历时，详细写明了参与的工作，具体做什么事情，并且写了做事情的成果，这样能够增加说服力，能够让招聘企业看到这个求职者的能力。

（5）在专业知识部分，林进也是选了跟他的求职意向相关的列了上去，并且进行了总结。

（6）外贸工作肯定对外语能力的要求很高，同时现代企业大都采取计算机对数据进行处理和分析。显然林进非常清楚这一点，所以他把英语能力和计算机能力两项分别列出来，也介绍得很详细，这样来证明自己的能力的做法是非常可取的。这样写便于单位在挑选的时候一下就能看到这些关键词。

（7）最后，在爱好特长和自我评价中，林进也紧紧围绕求职意向来描述。

## 三、英文求职资料的制作

现在越来越多的用人单位特别是外资企业要求求职者提供英文求职资料，英文求职资料在某种程度上是求职者英语水平的一个体现。求职者可以根据实际需要决定是否要制作英文求职资料。

### （一）英文求职信的组成部分

1. 信头（heading）

信头包括写信人的单位名称、地址、电话号码、传真、e - mail、邮编及写信日期等，通常写在信纸的右上角。

2. 信内地址（inside address）

信内地址包括收信人的姓名、头衔、公司名称、地址等，一般写在信头下面空一两行处，写在信纸的左边，顶格写。信内地址必须准确、具体并于信封上的写法保持一致。

3. 称呼（salutation）

收信人的称呼语自成一行，低于信内地址一两行处，从信纸的左边顶格写起。开头的第一个词和专门名词的第一个字母用大写，末尾用逗号，但美国和加拿大用冒号。求职信中常见的称呼语：Dear Sir、Dear Sirs、Dear Madam、Gentlemen、Dear Mr. Chen、Dear Mrs. Smith、Dear Miss Zhang、Dear Ms. Liu。如果不知道收信人的姓名，则可用 To whom it may concern 来称呼，相当于"敬启者"。

4. 正文（body of letter）

正文写在称呼的下方，段落之间应该空一行。正文的内容要包括：介绍信息的来源，表明求职意愿；介绍个人情况，适度推销自己；列举个人技能，突出求职优势；请求答复联系，表明感激之情。

5. 结束语（complimentary close）

结束语是写信人对收信人的一种谦称，写在正文下面隔二三行的位置上，只占一行，从信纸的中间或稍偏右的地方开始。第一个词的首字母要大写，末尾用逗号。在英语求职信中，一般常用以下结束语：Truly yours、Very truly yours、Yours truly、Sincerely yours、Very sincerely yours、Yours sincerely、Faithfully yours 等。

6. 签名（signature）

签名，即写信人署名，位于结束语下面，偏向纸的右边。求职信如果是打印的话，务必要在结束语和打印好的姓名之间亲笔署名。

7. 附件（enclosure）

寄发英文求职信时，求职者随函附寄的一些个人资料。如有附件，就应该在签名下方左下角处注明 Enclosure，缩写为"Encl."或"Enc."。

### （二）英文个人简历的主要内容

（1）联系方式（contact info）。

（2）求职目标（objective）。

（3）教育背景（education）。

（4）工作经历（experience）。

（5）荣誉与奖励（honors and awards）。

（6）业余爱好（hobbies）。

（7）其他（other）。

英文个人简历的内容和中文简历没有太大的区别，但是在撰写英文个人简历时要注意使用陈述性语气，尽可能选用具体、明确的名词、动词或形容词。在语法上，保持同类部分合并，避免使用缩略语，多用主动语态，少用被动语态，尽量使用短句和以"I"或"my"开头的句子。

在完成英文个人资料的制作之后要反复检查，最好能寻找一位英文水平较高的友人帮忙看一下，一是从拼写、语法、句式等方面看，有无错误；二是从遣词造句的角度上有没有更合适、更恰当的表达。

## 知识拓展

### 招聘方如何看简历和求职信？

一般来说，招聘经理最看重求职者与职位相关的技术能力、领导/管理能力、服务意识、主动性、灵活性、团队协作的意识、解决问题的能力。还会关注学生组织或参加的校园活动和兼职工作。

1. "十秒钟简历"

用人单位每年可能都要面对堆积如山的谋职简历，因此招聘方阅读简历的时间是非常有限的，一般只用十秒钟，最长也不超过两分钟，"跳"着看简历，通过寻找关键词进行初选。他们首先"以貌取人"，看看简历是否有与众不同、吸引眼球的地方；再看个人信息、求职意向、实践经历；最后才看能力、性格等。因此，别出心裁而又有针对性的简历容易通过第一轮的"海选"而获得机会。用词恰当流畅，重点突出，表达简洁清晰，格式规范的简历往往能引起招聘方的关注。

2. 用人单位从以下方面来看你的求职信

（1）是否具有用人单位所要求的专业素质？

（2）是否对用人单位和应聘的职位表现出极大的兴趣？

（3）是否对用人单位所处的行业有所了解？

（4）是否有很强的人际沟通能力和书面表达能力？

（5）求职信中是否有错别字和语法错误？

## 小案例

### 先看专业再挑学校背景

采访对象：中国移动通信集团公司 人力资源部高级项目经理刘灵心先生

中国移动采取多种方式招聘，招聘会、报纸杂志、猎头等，用得最多的是网络招聘；同时还会针对招聘项目，进行校园招聘、社会招聘和内部竞聘。移动已经将很多工作外包给专业人才网站，因此在筛选简历、笔试和面试时都遵循着一个既定的程序和标准。一个优秀人才应聘中国移动，需要经过以下几个程序：软件系统筛选简历→人工筛选简历→第一轮面试→笔试→第二轮面试。自动软件系统会通过考查五个方面来挑选简历：学校和专业、学习成绩、班级排名、英语能力和项目经验都有可能是你应聘中国移动的五大拦路虎。中国移动青睐来自重点院校、专业对口的大学生，而拥有名校背景，突出的英语能力，担任过班长、学生会干部、社团组织者的经历，都会成为应聘中国移动的加分亮点。

（中国高校求职者就业服务信息网）

## 四、其他问题

### 1. 附件材料

求职资料还包括推荐表、成绩单和各类证书、证明等。这些材料是求职者在求职中的辅助材料，可以准备好一套复印件及原件，在单位有需要的时候备查，也可以选取对求职起到较大作用的附在简历之后。

### 2. 资料投递方式

求职资料的投递常见的有直接投递、邮寄投递、网络投递三种。直接投递往往是在用人单位现场招聘的时候完成；邮寄投递则是根据搜集到的就业信息，通过邮寄的方式投递个人简历；网络投递则是通过 e-mail 将个人资料以附件的形式发给用人单位，注意不要采用压缩的格式，尽量不用附件形式发送。

### 知识拓展

随着就业竞争压力的增大，求职者采取的求职方式也日趋多元化，同时也就产生了不法分子通过窃取求职者个人资料进行违法犯罪活动的现象。这种现象的出现要引起我们的注意，必须要加强安全防范意识，不要让违法犯罪分子有机可乘。

（1）求职资料中尽量只留一个常用的联系电话，如无特殊需要，不要轻易留下身份证号码和家庭、父母、亲朋好友的电话号码等重要信息。

（2）招聘会现场不要随意丢弃记录个人信息的资料。求职者在现场求职填写《求职信息登记表》时，最好在招聘会现场专设的填表区填表，如果在现场填表时，注意周围有没有人长时间观看。如果填表错误，不要不作任何处理，随意丢弃。

（3）网上求职时多留心眼，不要随意公开重要信息。在填写网络求职登记表时，不要在各个网站上到处填写自己的求职信息，不要轻易公开个人的重要信息，特别是自己的家庭住址和家庭电话最好不要填写。在接到陌生单位打来的电话时，要详细了解对方的情况如对方名称、经营范围等并进行核实后再作决断。

（4）求职被骗要及时与公安机关或相关机构联系。

### 模块训练

#### 1. 训练内容：

编制自己的中文或英文简历。

#### 2. 训练要求：

结合自己所学专业特点和就业意向，编制一份中文简历或一份英文简历。简历内容要充分体现自己的专业特长和职业生涯发展意向及相关经验积累。

3. 操作步骤：

（1）分析自己所学专业的特长、职业生涯发展意向和相关的经验积累。

（2）查阅相关资料，以帮助自己编制出色的中文或英文简历。

（3）把你认为满意的中英文简历构想形成书面文字材料。

（4）提交你的中文或英文简历，并在小组或全班上互相交流。

（5）教师点评。

**考评与反思**

1. 考评

请参照下表给出的评价标准，就每个同学在活动中的表现进行评价。

| 领域 | 具体表现 | 自我评分 | 小组评分 | 教师评分 |
|---|---|---|---|---|
| 过程 | 认真完成自学、练习任务（10 分） | | | |
| | 主动咨询老师，积极参与小组讨论，阐明自己的观点（10 分） | | | |
| | 帮助组内其他成员解决问题，与小组成员一起分享资源、观点，分担任务和责任（10 分） | | | |
| | 代表小组发言，全面、准确汇报小组共同的学习成果（10 分） | | | |
| 知识 | 掌握中英文求职信的撰写与内容筛选方法，回答问题全面、准确（15 分） | | | |
| | 掌握中英文简历的制作方法，回答问题全面、准确（15 分） | | | |
| 技能 | 能结合自己的就业方向，撰写出合格的中英文求职信（15 分） | | | |
| | 能结合自己的就业方向，制作出合格的中英文简历（15分）（15 分） | | | |

评分合成后总得分（自评得分 ×0.1 + 小组评分 ×0.4 + 教师评分 ×0.5）：

2. 反思

对求职信撰写与简历制作方法及技巧的掌握，你与其他同学有哪些异同？请结合自我评价、小组评价和教师评价结果，分析其中的原因。

# M ODULE 模块 3

## 掌握面试策略和技巧

**知识储备**

面试是大学生就业过程中的又一重要环节。虽然用人单位对人才的招聘主要视应聘者专业的吻合程度和能力水平而定。但好的面试策略和技巧有利于应聘者向用人单位展示自己的才能。因此，大学生在平时努力培养自己专业能力的同时，也应重视面试策略与技巧的掌握。

## 一、面试策略和技巧

面试是指在特定的时间、地点所进行的，有着预先精心设计好明确的目的和程序的谈话，通过招聘者与应试者之间面对面的观察、交谈等双向沟通的方式，了解应试者的素质特征、能力状况以及求职动机等方面情况的一种人员甄选与测评技术。面试是以谈话和观察为主要工具的一个双向沟通的过程，常用的方式有："一对一"或"一对多个"的传统面试、情境模拟、无领导小组讨论、电话面试和视频面试等。

### （一）面试前的准备

试场如战场，"知己知彼，百战不殆。"

**1. 了解自己**

"知己"关键在于能挖掘自己身上与所应聘单位、所应聘岗位相吻合的特质，并在面试过程中充分地展现出来，给面试考官留下深刻的印象。因此，面试前求职者应根据招聘岗位的要求有针对性地组织自己的兴趣、个性特征、价值观和能力等各方面的素材，尽量用事例和数据说明自己的综合能力。

=== 小案例 =========================================

张弘是某职业技术学院应用生物技术专业的应届毕业生，在校期间是学生干部，品学兼优。当他得知某知名啤酒制造公司第二天要到学校招聘本专业的学生时，他决定应聘质检部化验员一职。张弘心想：凭自己的实力，得到这个职位是轻而易举的事情。因此，第二天他在没有任何准备的情况下直奔面试现场。

考官："你了解我们公司吗？"

张弘："对不起，我昨天才知道你们来招聘，还没来得及了解。"

考官："你为什么选中我们的公司？"

张弘："因为你们公司名气大。"

考官：你是名男生，你觉得自己适合这个职位吗？

张弘："……"（紧张的张弘无言以对，慌乱中蹦出了"谢谢"两字）。

……。

一大串问题涌来，小张毫无准备，狼狈不堪，仓促应战。结果可想而知，张弘在初试就被淘汰了。

点评：失败的准备必然导致失败的结局。面试前充分准备，做到知己知彼，是面试成功的前提和保证。

**2. 了解单位的情况**

面试准备要做到知己知彼，"知彼"就是求职者必须深入地了解所应聘的公司和岗位的基本情况。用人单位一般采取发布信息、企业宣讲、筛选求职资料、笔试、初次面试、复试、最后面试、录用这种招聘流程。求职者可以通过网站、报纸、招聘广告、打咨询电话、与应聘单位的员工交谈等方式了解单位的基本情况和所应聘岗位的工作内容、素质要求、工作职责等，同时要分析所应聘岗位与自己的兴趣、性格、能力和特长是否相吻合。上面案例中的张弘对所应聘的公司了解不多，对所应聘的岗位及要求没有进行分析，对自己也没有充分的了解，这是导致了面试失败的直接原因。

=== **知识拓展** ===

面试前，了解用人单位面试测评的主要内容，有利于求职者在面试中从容应对，使面试收到事半功倍的效果。面试测评的主要内容有：

（1）仪表风度。这是指求职者的外貌、衣着举止、谈吐、精神面貌等。像国家公务员、教师、公关人员、秘书等职位，对仪表风度的要求较高。当然，应聘其他职位也需要衣着整洁、举止谈吐大方、精神奕奕。

（2）专业知识。了解求职者掌握专业知识的深度和广度，其专业知识水平是否符合所要录用职位的要求，作为对专业知识笔试的补充。面试对专业知识的考察更具灵活性和深度，所提问题也更接近空缺岗位对专业知识的需求。

（3）实践经验。一般根据查阅求职者的个人简历或求职登记表，进行相关的提问。查询求职者有关背景及过去工作的情况，以补充、证实其所具有的实践经验，通过对于求职者工作经历与实践经验的了解，还可以考察求职者的责任感、主动性、思维力、口头表达能力及遇事的理智状况等。

（4）口头表达能力。面试中求职者是否能够将自己的思想、观点、意见或建议顺畅地用语言表达出来。考察的具体内容包括表达的逻辑性、准确性、感染力、音质、音色、音量、音调等。口头表达能力对于教师、公关人员和管理人员等职位非常的重要。

（5）综合分析能力。面试中，考察求职者是否能对主考官所提出的问题，通过分析抓住本质，并且说理透彻、分析全面、条理清晰。综合分析能力对于市场分析员和管理者等职位非常的重要。

（6）反应能力与应变能力，主要看求职者对主考官所得的问题理解是否准确，回答的迅速性、准确性等。对于突发问题的反应是否机智敏捷、回答恰当。对于意外事情的处理是否得当、妥当等。反应能力和应变能力对急诊科医务人员、司机和飞行员等职位来说是最重要的能力之一。

（7）人际交往能力。在面试中，通过询问求职者经常参与哪些社团活动，喜欢同哪种类型的人打交道，在各种社交场合所扮演的角色，可以了解求职者的人际交往倾向和与人相处的技巧。在面试销售人员、公关人员和管理人员时，人际交往能力是必须重点面试的内容。

（8）自我控制能力与情绪稳定性。自我控制能力对于国家公务员及许多其他类型的工作人员（如企业的管理人员）显得尤为重要。

（9）工作态度。一是了解求职者对过去学习、工作的态度；二是了解其对现报考职位的态度。一般来说，如果在过去学习或工作中态度不认真，对于自己做什么事情，或者自己不愿付出努力，做好做坏都无所谓的人，在新的工作岗位也很难做到勤勤恳恳、认真负责。

（10）上进心。上进心强的人，一般都确立有事业上的奋斗目标，并为之而积极努力。

（11）求职动机。了解求职者为何希望来本单位工作，对哪类工作最感兴趣，在工作中追求什么，判断本单位所能提供的职位或工作条件等能否满足其工作要求和期望。

（12）业余兴趣与爱好。通过询问求职者休闲时喜欢从事哪些运动，喜欢阅读哪些书籍，喜欢什么样的电视节目，有什么样的嗜好等，可以了解一个人的兴趣与爱好，这对录用后的工作安排常有好处。

（13）其他。面试时主考官还会向求职者介绍本单位及拟招聘职位的情况与要求，讨论有关工资、福利等求职者关心的问题。

### 3. 学习基本的礼仪

中国是礼仪之邦，礼多人不怪。因此求职者应掌握基本的礼仪，做到仪容清爽，服饰得体。"人靠衣装，马靠鞍"，良好的第一印象往往源于得体的着装。因此，要注意面试的着装礼仪。求职者应该在面试前一天准备好一套整洁大方的服饰，着装重点要突出职业身份，忌穿牛仔裤去应聘秘书、穿西装打领带去应聘生产线操作岗位。

要练习说话的技巧，学会用眼神进行交流，学会积极地聆听，做到守时，等等。尽量避免"非能力失分"的情况发生，要给面试考官留下大方得体的印象。

### 4. 整装待发

求职者在面试前，要先探好路，准备好现金、车票等一切能确保按时到达面试地点的东西；要将在面试中可能用到的东西整理并平整地装进一个牛皮纸的信封里，包括多份个人简历、证书（件）原件和复印件、为面试准备的相关材料、笔和笔记本等。面试前一天，要休息好，为第二天的面试储备充沛的精力。

### （二）面试中要注意的问题

#### 1. 注意合理运用肢体语言和恰当的语音语调

面试中，合理地运用肢体语言和恰当的语音语调，可以给面试官留下良好的印象。因此，在面试中，求职者不妨谨记以下这些小细节——仔细聆听，适当做笔记，面带微笑，手势恰当，声音响亮、抑扬顿挫，精神风貌乐观积极，这些合理的肢体语言和恰当的语音语调，势必会使你的面试锦上添花、事半功倍。

#### 2. 忌急问待遇

在面试中，常见有些学生三句话不到就问："你们给多少钱一个月？你们包吃住吗？如果出差，你们报销车费吗？"这些问题常会让对方产生"工作都没干就先提要求，这种人太斤斤计较了"的判断，不利于进一步交流。谈论薪酬本是无可厚非的事情，也是你的权利，但一定要看准时机。一般在对方已有初步录用意向时谈薪酬问题比较合适。

#### 3. 善于打破面试中出现的长时间沉默

面试中，有时面试官为了测评求职者的心理承受能力，会故意长时间不讲话，造成长时间的沉默。当出现这种情况时，求职者可以利用这段时间，对前面所讲的话题加以必要的补充；或者也可以提一些自己对用人单位尚不理解的问题；还可以利用这部分时间介绍一些有关个人的详细情况，总之要学会主动打破僵局。

#### 4. 沉着应对突发的面试中断

面试中，由于有突发的事件（如面试官接听电话等），面试官暂时终止了面试，这时，求职者不要露出不耐烦或不知所措的表情。利用这段时间，求职者可以回想前面面试的情况，如有不足，可适时调整，为后续的面试做好准备。

5. 礼貌回答几位面试官的同时提问

为了考察求职者的应变能力，有时候面试中会出现几位面试官同时提问的情况。这时，求职者既要逐一回答，又要显得有礼貌。可以说："对不起，请让我先回答领导甲的提问，然后再回答领导乙和领导丙的提问，可以吗？"回答哪位在先，哪位在后，一般应以官职从高到低排，当然，也可以按照发问的先后次序排。需要注意，回答每位面试官的问题时间分配要合理，而且回答问题时，求职者的目光主要和发问者进行交流，适当顾及其他面试官，让他们觉得你是和所有面试官在交流。同时，还应注意观察提问者的反应和面试室内的气氛，以便随时调整谈话的策略和方式。

6. 冷静应对面试官的故意"刁难"

为了考察求职者在压力下处理问题的能力，在面试过程中，面试官会故意设置一些陷阱，突然地抛出一些看似毫无道理的问题，如"你怎么这么没有礼貌""我们的电脑系统出了问题""你没有进入复试"等。这时，求职者一定要控制自己的情绪，保持冷静的头脑，快速地思索问题是否出在自己身上。如果是，要诚恳地做出适当的解释和回答；如果不是，就要意识到这可能是个"陷阱"，要冷静灵活处理。

=== 小案例 ===

涉外秘书专业毕业生吴小梅到一家经营服装进出口的贸易公司应聘市场部经理助理一职，接待她的是市场部李经理和人力资源部招聘负责人谢主任。吴小梅一进招聘室，谢主任就非常热情地说："请坐，请坐"，小吴环顾四周，发现招聘室里并没有空椅子（凳子）。此时，她不慌不忙地说了声"谢谢，请等一下"（她留意到旁边的候试室就有椅子），她走出招聘室，一会儿就找来了一张椅子，放在面试官的前方，落落大方地坐下后说："我愿意聆听您的第二个问题。"……事后，李经理和谢主任对小吴的主动性、灵活性和遇事不惊的能力大加赞赏。

点评：小吴面试前对周围环境的细心观察，增加了她的自信，自信使她能冷静思考，想出对策，化解危机。

7. 自然地结束面试

在面试即将结束的时候，有的求职者不知如何收场，等着面试官说结束。实际上，一旦面试官说："行，今天面试就到这里吧！"这个时候求职者不妨站起来，对面试官表示感谢，感谢面试官愿意花时间和你面谈，然后礼貌地离开面试室。

（三）面试中常见的问题及应对技巧

按照面试题目内容分类，面试一般包括背景性问题、知识性问题、应聘动机问题、经验性问题、情境性问题、压力性问题和行为问题等。

1. 请简单介绍一下你自己。

建议：介绍的内容要与个人简历相一致，表述方式上要尽量口语化，要做到条理清晰，层次分明，紧扣职位要求，重点突出，不谈无关、无用的内容。

2. 你为什么选择我们单位？

建议：回答这个问题时应着重强调自身与公司价值观相一致的地方，建议从行业、企业和岗位三个角度来回答。

3. 为什么选择这份工作？

建议：分析自己的兴趣、专长，说明自己所学专业、实践经验以及对这项工作的期待和理想。

4. 如果你成为我们公司的职员，你的第一个五年计划是什么？

建议：回答这个问题时要展现自己是一个有理想、有计划，既注重眼前又放眼未来的人，将五年分为几个阶段，为每个阶段设定一个具体目标。

5. 你的业余爱好是什么？

建议：这个问题既考察求职者的兴趣，也希望通过回答了解求职者是否有进取心。回答这个问题的时候要考虑自己的爱好是否与应聘岗位相符，也要避免只谈一些属于休闲生活的活动。

6. 请举例说明你曾与他人合作完成的一件事。

建议：在回答时应注意事例的选择，尽量选择与应聘相关或相近的事件，主要突出自己是如何与他人密切沟通、分工合作，共同完成工作的，并取得了什么样的结果。

7. 你认为自己具有哪些优缺点？

建议：客观回答就可以，但最好能够说出与应聘职位比较吻合的优点；缺点也可以坦率地说出来，但最好说出一些不重要的、与应聘职位不相冲突的缺点。

8. 你喜欢什么样的工作环境？

建议：回答这个问题时应该做好面试前的准备工作，即了解所应聘单位的企业文化是什么？因为公司在选择人才的时候不是选择最优秀的，而是选择最合适的。如果不了解这些情况草率回答，可能会与公司的文化背道而驰，而失去了机会。当然回答这个问题时要抱着实事求是的态度。

9. "你好像不太适合在我这里工作，你认为呢？"

建议：这是一个压力性问题，考察求职者在压力下的情绪稳定性、应变能力等，由于这类问题经常是直接对求职者施加压力，求职者会处于一种尴尬的境地。此时，求职者要保持积极的态度，千万不要轻易放弃可能存在的机会。要不卑不亢地向面试官亮出你的卖点，传递你应聘的诚意，并向面试官表明自己会总结反省，分析存在的差距，并努力缩小这些差距。

10. 如果计划内某些事情出错，你将会有怎样的感受？你将如何处理？

建议：回答这个问题时可以举一个具体的事例来说明自己是如何应对变化的？结果如何？得到了什么经验教训？

11. 你被公司录用了，如果在工作中同时有几个任务安排给你，你会怎么处理？

建议：工作一定要分清楚轻重缓急，以及工作的难易程度，必要时可以请求领导给一些建议，如果无法在当天完成则要主动要求加班完成。

12. 你认为你适合干什么？

建议：回答这个问题时应该结合自己应聘的工作对自己的能力做一个系统的分析，既要表现出有抱负，也要表现出脚踏实地。千万不要说："我什么都能干。"

13. 请说出一个我们聘用你的理由？

建议：回答这个问题时注意不要将自己与其他人做比较，要列举自己具备的与该职位相关的核心能力，陈述自己与单位和职位的适合度。

**14. 请描述一个你最近解决的困难并简述解决的方法。**

建议：回答这个问题时对选择的事例要进行斟酌，注意在描述的时候要先说明困难体现在哪里，然后将重点放在自己是如何运用自己的智慧、利用有效的资源以及方法去解决困难的。这种问题难免会涉及自己在某方面的缺点和不足，这时就要学会突出自己能够认识并坦然面对自己的缺点和不足，而且能够在实际中积极去学习和改进。

**15. 你在学习之余有哪些兴趣？**

建议：求职者要学会利用这类问题来丰满自己的形象，最好能说出这些兴趣爱好对自己有什么帮助。有些求职者会有较多的兴趣，那么请选择那些与应聘单位较相符的进行回答。

**16. 你对薪酬福利有什么问题？**

建议：这是一个非常敏感而又现实的问题。有些用人单位往往希望透过求职者的"要价"来了解他们的期望值和自信心。求职者应该在面试前做好自己应聘职位的同行业、同学历层次的社会平均薪酬情况的调查，做到心中有数。

对于薪酬福利问题，在面试初期，求职者不要主动先提出来；在确认自己有较大的被录用可能时，再询问也不迟。如果面试官提出这个问题，则可以根据自己所具有的能力、经验和同行业、同学历层次、同职位的社会平均薪酬情况等提出一个较为合理的薪酬范围，切忌"一切向钱看"。

当然，不同的用人单位在招聘中会设计不同的问题，这就要求求职者在平常的学习和生活中注意多积累、多总结，多了解招聘单位和职位要求，这样才有可能做到心中有数，应付自如。

## 二、常见的笔试类型及注意事项

在招聘过程中，有些单位会在面试前先采取笔试的方式进行初步的筛选，或在面试后再进行笔试，以便更好地挑选合适人才。笔试可采用纸笔测试或人机对话等方式进行。在这里介绍几种常见的笔试类型及注意事项，希望能给求职者一些启发。

**1. 专业能力测试**

这种测试主要是考察求职者所具备的专业理论知识和相应的实际能力，测试成绩作为录用与否的一个参考标准。通过专业能力测试答卷，用人单位除了可以看出求职者的专业知识水平如何之外，还可以获得求职者文字表达能力、分析问题能力和逻辑思维能力等方面的信息。

**2. 智商测试**

这种测试主要被一些著名的跨国公司所采用。他们认为，专业能力可以通过公司的培训获得，但求职者是否具有不断接收新知识的能力是至关重要的。智商测试主要有两种题型，一类是图形识别，另一类是算术题。智商测试的题目难度不大，但题量大，这类测试在招聘会计师、审计师时比较常见。

**3. 心理测试**

这是一种用事先编制好的标准化量表或问卷要求求职者完成，根据完成的数量和质量，来判定求职者的心理水平或个性差异的方法。这也是用人单位常用的测试方法，常常以此来测试求职者的态度、兴趣、动机、智力、个性等心理素质。

**4. 综合能力测试**

这是一种对求职者从职业性格、职业兴趣以及一般职业能力（包括理解能力、表达能力、逻辑思维能力、判断能力、智商、计算能力、分析和解决问题能力、沟通能力等）方面进行全方位的测试，难度比较高。报考公务员时进行的行政综合能力测试就是最常见的一种。通过这种测试，能对求职者的综合能力进行较好的区分，筛选出综合能力较高的求职者进入面试阶段。

笔试是用人单位初步筛选常用的一种方式，参加笔试时要准备好证件和必要的文具；严格遵守考场纪律；答题前先通读试卷一遍，以防考试"陷阱"（如在试卷最后一题告诉你：考生不必对以上题目作答，请写好姓名后就交回试卷，以考察求职者全局观念），并按照由易到难的顺序答题；要注意保持书写工整和卷面的整洁，因为招聘单位往往从卷面上联想你的思想、品质、作风。字迹潦草、卷面不整洁的人，招聘单位先不看答卷的内容，但从卷面就觉得你不可靠；而那些字迹端正，答题一丝不苟的人，招聘单位则认为其态度认真，作风细腻，会更加青睐。对于应聘专业相关工作岗位时，可以根据应聘的岗位所要求的知识进行必要的专业能力测试准备。

## 三、面试后的沟通策略与技巧

轻轻地走出面试室，不管结果怎么样，面试结束了。但这并不意味着求职者可以大松一口气，还有很重要的两件工项需要继续完成，这就是向面试官致谢和跟进面试结果。

### （一）致谢

**1. 电话致谢**

回到家后，求职者可以将自己所了解的关于所应聘公司的正面因素和负面因素全部罗列出来，深思熟虑后确定自己是否要到该公司工作。可以给面试官打个电话，非常礼貌地感谢他给予这样一个机会。如果决定不去该公司，要婉转告诉面试官理由，以求得到谅解；如果决定去该公司，请求将自己在面试中遗漏的个人信息追加进去，或是对需要修正的部分再做一些解释，强调自己符合该职位的理由，最后表达一下自己希望被录取的心情。在电话中，求职者可以用"我是否可以向贵公司提供更多关于我的信息？""和其他人相比，我有什么需要改进的地方？"等语言询问。

**2. 写感谢信**

面试之后向面试官写一封感谢信是礼貌的做法。感谢信的内容主要包括：感谢面试考官，重提面试官特别欣赏你的方面，弥补在面试中没有处理好的问题，渴望得到这份工作的热情，希望与面试官再次会面，等等。感谢信可用传统的邮寄方式或以电子邮件方式传递。如果求职者与用人单位始终是通过网络进行面试的话，面试结束后请通过电子邮件的方式发一封感谢信，但不要用附件来发。通过何种方式来表达谢意，要看面试官的工作习惯，如果面试官是年轻人，建议用电子邮件方式；如果面试官年纪较大，而且不习惯收发电子邮件，则建议用传统邮寄方式。

### （二）跟进面试结果

面试后如果被告知需要等面试官研究后再答复录用结果时，毕业生不能坐等，面试一周后应主动与用人单位联系，再次表示感谢的同时询问结果。

如果求职失败，求职者不要一味地沉浸在失败的悲观情绪中，应该仔细回顾并总结失败的原因和经验教训，及时地找到问题所在并努力改进，力求在下一次的面试中可以发挥得更出色，取得更好的结果。

**模块训练**

1. 训练内容：

分角色模拟练习招聘—应聘（面试）。

2. 训练要求：

结合自己所学专业和就业意向，分小组设计职业岗位招聘面试情境脚本，轮流扮演招聘面试官和应聘者；面试程序和内容应与真实情境基本一致，所提问题应与就业意向职业岗位需要相吻合。

3. 操作步骤：

（1）按3~7人规模自由组建模拟练习小组，分析自己所学专业和就业意向的特点。

（2）小组内讨论协商，设计职业岗位招聘面试情境脚本。

（3）小组内分角色模拟演练招聘面试。

（4）小组间轮流上台表演招聘面试。

（5）教师点评。

**考评与反思**

1. 考评

请参照下表给出的评价标准，就每个同学在活动中的表现进行评价。

| 领域 | 具体表现 | 自我评分 | 小组评分 | 教师评分 |
|---|---|---|---|---|
| 过程 | 认真完成自学、练习任务（10分） | | | |
| | 主动咨询老师，积极参与小组讨论，阐明自己的观点（10分） | | | |
| | 帮助组内其他成员解决问题，与小组成员一起分享资源、观点，分担任务和责任（10分） | | | |
| | 代表小组发言，全面、准确汇报小组共同的学习成果（10分） | | | |
| 知识 | 了解求职面试准备的内容和方法，回答问题全面、准确（15分） | | | |
| | 掌握求职面试常见问题的应对策略，回答问题全面、准确（15分） | | | |
| 技能 | 能结合自己的就业方向，制定科学合理的面试准备方案（15分） | | | |
| | 能结合自己的就业方向，制订面试常见问题应对策略练习计划（15分）（15分） | | | |

评分合成后总得分（自评得分×0.1＋小组评分×0.4＋教师评分×0.5）：

2. 反思

对求职面试准备与常见问题应对策略的理解和掌握，你与其他同学有哪些异同？请结合自我评价、小组评价和教师评价结果，分析其中的原因。

# 模块4

## 求职择业中常见的心理问题及自我调适

### 知识储备

大学生在求职过程中经常因主观、客观原因而发生心理困惑，严重者甚至会发展成为心理疾病。这里结合大学生就业现实的情况，简要讲解几种常见的就业心理障碍及其调适对策。

### 一、焦虑心理及自我调适

择业焦虑是在择业过程中由于过分担心而产生的焦急、紧张的情绪反应。常表现为：心跳、心慌、焦虑不安、注意力难集中、失眠、尿频、手发抖、许多无意义的小动作增多等症状。很多大学生面对越来越激烈的就业竞争和越来越多的选择，感到无所适从，不知所措，从而产生了危机感、迷茫感，甚至是恐惧感。如实施双向选择、自主择业政策以来，总有一部分应届毕业生一时没找到工作。这本来是正常现象，要找到本人求职愿望与市场需求的结合点需要时间，甚至需要机遇。但不少同学害怕自己也走入这个行列而忧心忡忡。有的同学面对用人单位严格的录用程序：笔试、口试、面试、心理测试，感到胆战心惊。当然还有的因自己是女生而怕被拒绝，有的因自己学习成绩不佳而烦恼，有的因自己能力低而紧张，这些都是择业焦虑心理的表现。

一般来说，轻度的焦虑属正常现象。适度的焦虑会使人产生压力，消除自身的惰性，增强自我的进取心，产生求胜的心理和行动。但是，如果被过度焦虑甚至沮丧的情绪长期困扰就会产生压抑、抑郁心理，而自己又不能及时化解这些情绪时，人的心理健康就会受到影响，并影响个人主观能动性的发挥，埋没人的潜能和才华。

要克服焦虑的心理，首先，要更新观念，打破中国传统的事事求稳、求顺、从一而终的思想，树立市场竞争的新观念。有竞争就会有风险和失败，具备了竞争意识，才能从容面对风险和挫折，焦虑的心理才有可能得到缓解或克服。其次，面试前要做好充分的准备，做到知己知彼，同时要打破一步到位的观念，制定多步趋近的职业发展策略。只有客观地分析自己和环境，尤其是自己内心的真正需求和实力，做到心中有数，合理定位，这样才有利于提高成功的概率，从而减轻焦虑心理的程度。最后，自我放松。如做适当的体育运动、放声高歌、听音乐、冥想等，都是一些很好的放松方法。

### 二、自卑心理及自我调适

自卑感产生的原因很多，有生理的、环境的、家庭的或社会的等原因，但主要还是由个人心理因素造成的。比如，在激烈的竞争面前，涉世未深的大学生尤其是大专生，总觉得学历不如人，理论比不上本科生，动手能力又不如技校生，在择业中自己总是拿不定主意，过分退缩；对自己的能力缺乏了解，对自己能胜任的工作，也不敢说"行"，总是说："试试看"，显得很没自信，容易给人一种无能的感觉。

由于自卑心理主要源于缺乏自信心，有自卑感的人内心也必然会缺乏某一方面的力量或自我价值不足。要消除自卑感，同学们可以参考以下几点建议。

首先，要客观评价自己。客观评价自己的办法就是要纠正过低的自我评价，多找自己的长处，即使微不足道也不要忽略，这些本来就属于你的财富对于你恢复自信心是十分必要的。人各有所长，利用自己的优势取长补短，寻求成功的经验，不断地自我肯定，增强自信，可以有效克服自卑感。

其次，要正确对待自己的不足，并不断改进。俗话说："金无足赤，人无完人。"要学会"将勤补拙""取长补短"，同时在日常生活中多主动与人交往，多学习沟通的技巧，等等。

最后，要树立"办法总比困难多"的观念。利用积极的自我心理暗示，不断树立"我能行"的信念，自我激励，帮助自己渡过难关。俄国哲学家尼古拉·加夫里诺维奇·车尔尼雪夫斯基（Nikolay Gavrilovich Chernyshevsky）说："假如一个人总想着：我办不到，那他必然会办不到。"一出生就被医生预言活不过24小时、天生严重残疾的国际激励大师约翰·库缇斯（John Coutis）写了一本自传——《别对自己说"不可能"》，激励人们正视困难，勇于挑战。其实每个人都会碰到困难和挫折，只要你树立"办法总比困难多"的观念，那么你的自信心将在不断战胜困难中逐步培养起来。

## 知识拓展

### 五步脱困法（用语言去摆脱困境）

很多人的自卑感，其实往往是由于本人的一些错误信念造成的。以下的五个步骤，运用语言模式改变处于困境的人的心态，使我们变得积极进取、有清晰的目标和方法，从而增强自信。

例如，求职者认为自己"做不到某一件事"，运用五步脱困法可以分解为以下的五句：

（1）困境：我做不到 A（A 代指所面临的问题，下同）。

（2）改写：到现在为止，我尚未能做到 A。

（3）因果：因为过去我不懂得……，所以到现在为止，尚未能做到 A。

（4）假设：当我学懂……，我便能做到 A。

（5）未来：我要去学……，我将会做到 A。

（注：第三步因果中的"因"，必须是某些本人能控制或有所行动的事。）

"我做不到"实际上是描述一件过去的事实：尽管在当时自己说"我没有这个能力"，或者"我不想去做"，但是在未来的岁月里，自己总想保留"做得到"，或者"想去做"的权利。发生了的事无法改变，然而往事对自己未来的影响却可以改变，因此"我做不到"不应成为一个包袱，阻碍自己向前走。上面的五个步骤，可以让自己放下过去的包袱，增加信心，勇往直前。

试分析上面的五句话（例子的主题假设为游泳）：

（1）困境："我不懂游泳。"负性词语。事情的真实情况是"到此刻为止，我不能游泳"，但因为没有时间指针，说出来就像是一句永恒的真理一般，在我们的大脑里，也正是做出了这样的效果，使得我们无法突破。

（2）改写："到现在为止，我尚未学会游泳。"把事情划清楚时间指针：那只是过去的事，未来大有可为。另外，把"不懂"转为"尚未学习"，就是对潜意识指出这事情是可以学得懂的，但仍是负性词语。

（3）因果："因为过去我未能找到一个好老师和安排出时间，所以到现在为止，我尚未学会游泳。"把事情的原因找出来了："找老师"和"安排时间"。这两点都是自己可以控制和自己可以有所行动的事。注意这一句已包含了两句，而两句都是负性词语。

（4）假设："当我找到一个好老师和安排出时间，我便可以学会游泳。"仍是（3）的两句，只不过是把两个负性词语改为正性词语。另外，把连接词"因为"改为"当"。"当"（when）比"如果"（if）好，因为"如果"包含做不到的可能，而"当"字则已经暗示一定做得到。

（5）未来："我要去找学会游泳的朋友，请他们介绍老师给我，并且改变工作安排，使自己每个星期六下午都可以去上课，我将学会游泳。"找出自己可以利用的资源去制造出机会。至此，这个人已经完全脱离困境了。回头看第一句"困境"时说的话："我不懂游泳"，可以感觉到说话者是把自己困在一个狭窄的小圈中，而拒绝学习游泳，他（她）是无可奈何的，说的话完全是静态的，充满无力感。看看第五句"未来"，说话者的目标"游泳"，已经是完全在掌握之中，他不单有目标，而且有清晰可行的途径去达成目标，所说的话，充满了动感，他已经回复到正常的"自己控制自己人生"的状态了。

（李中莹：《NLP简快心理疗法》，北京，世界图书出版公司，2003）

### 三、自负心理及自我调适

自负心理是指求职者不能正确评价自己的素质和条件，过高估计自己的知识和能力水平。部分毕业生一心追求大城市、大公司、待遇好的单位，由于没有正确地认识自己，自我评价过高，认为自己是德才兼备，所以求职中不肯"屈就"，对稍不如意的用人单位就抱着拒绝的态度，给用人单位留下浮躁、不踏实的印象。其结果是错过机会，造成择业困难。

自负的人由于不能客观看待自己的实际情况，夸大了自己的优势，因此当心目中的高目标不能得到满足时，便会产生失望、挫折的心理。克服盲目自信的核心是正确认识和评价自我。首先要学会自我盘点（反省）。反思自己的优劣势、爱好特点、性格气质是什么？自己最适合干什么工作？最想要什么？等等。通过自我盘点来明确自己的专业发展方向是什么，使自己在择业过程中处于积极主动的位置。其次可以通过心理测验帮助自己进一步认清自己。大学生可以根据自己的需要选择质量可靠的心理测验，如能力测验、人格测验、兴趣测验等对自己的能力倾向、兴趣和性格做一个客观评估，以帮助自己正确认识和评价自己。最后要意识到"山外有山，人外有人"，自觉培养谦逊的人生态度。

在择业的过程中，还会出现犹豫不定、盲目攀比、从众、依赖、妒忌、怕苦等心理，我们要学会及时调整，否则会影响到就业。心理调适的方法除了自我调适外，还要学会寻找社会支持，如向就业主管部门咨询，争取亲戚朋友的帮助，向心理辅导老师或心理医生寻求帮助，等等。

本节"模块训练"案例中的小高，就是由于自大、盲目和犹豫不定导致了求职的失败和心理问题的出现。

小高的求职经历反映了一些求职者的普遍心态：首先他们认为机会来得太容易，总觉得后面还会有更好的，总感觉就这样定下来会心有不甘。其次，对什么是"好工作"的理解太片面和现实，他们不知道所谓的"好工作"是因人而异的，过分强调风光体面、待遇优厚的职业才是好工作。所以很多人会草率决定放弃这个机会，抱着再看看的心态。殊不知，人人都追求一份风光体面、待遇优厚的职业，却不明白这样的"好工作"不一定适合自己。竞争变得异常激烈，越往后机会就越少，压力变得越大，从而因心理压力过大而导致焦虑等心理障碍的出现。

学校心理辅导老师建议小高：① 要了解自己内心的真正需求；② 要树立"合适就是最好"的就业观念；③ 坦然面对就业挫折，提高心理承受能力；④ 放下思想包袱，重拾自信，先就业后择业。

世上没有绝对完美的职业和工作，要调整好心态，抓住时机，主动出击。选择职业是如此，做任何事都是如此。走上社会的大学求职者，是一个社会公平竞争的平等参与者，竞争要求求职者具备良好的身心素质，否则很难在社会上立足生存。健康的心理是一个人事业取得成功的关键，一位心理素质好的大学生，能够以充沛旺盛的精力，积极乐观的心态处理自我与自然、自我与他人、自我与社会之间的关系，积极发挥体能和智能，主动适应、支配和改造环境，从中找到一种安全感和成就感。

### 模块训练

1. 训练内容：
高校毕业生求职择业常见心理问题分析与自我调适方法的运用。

2. 训练要求：
对以下案例情境进行分析，要求对存在问题进行准确诊断，并针对案例中主人翁存在的心理问题，拟订一个可行的自我调适方案。

#### 陷入困境的小高

小高是计算机专业的大专毕业生。在校期间曾多次获得各项奖学金，一直担任校学生会主要干部，是老师和同学心中的佼佼者。大家都认为找个好工作对小高来说是不成问题的，小高自己也觉得找个待遇好的大公司肯定不成问题。所以当到了 4 月份，别的同学都陆陆续续与单位签约了，他一点也不急，仍在翘首以待，等待心目中"白马王子"的到来。之后小高也曾参加过几家单位的面试，第一家单位是外资企业，人力资源部经理亲自面试，小高应答自如，发挥出色，人力资源部经理当场拍板，希望签约并许诺要对小高进行重点培养。但小高认为这"馅饼"来得也太容易了，第二天就打电话婉言谢绝；第二家单位是深圳的一家保险公司，公司待遇不错，但小高认为该公司规模小，在市场中缺乏竞争力；第三家单位是广州的某公司，基本符合小高的条件，可是小高却在第二轮面试时被淘汰了。

面对失败，小高有些怅然。距毕业离校的日子越来越近了，他开始手忙脚乱地投简历，变得慌乱不已，已没有了原来的自信。由于错过了招聘的高峰期，加之计算机专业大专学历的学生的就业竞争异常激烈，小高毕业离校时仍未找到工作。他茶饭不思，连续失眠，整天神情恍惚，总认为自己再也找不到工作了。

3. 操作步骤：

（1）分析案例情境，找出主要症状，判断问题的性质。

（2）查阅相关资料，以帮助小高拟订一个可行的自我调适方案。

（3）将分析思路、诊断结论和自我调适方案构想形成书面文字材料。

（4）提交书面材料，并在小组或全班上互相交流。

（5）由教师进行点评。

分析指导：由于小高盲目乐观，没有合理定位，犹豫不定，错失机会，导致求职失败；又因为不懂得自助和寻求帮助，导致了心理问题的出现和加重。因此在求职前，我们要明确一个适合自己的目标，设定好上下限。面对挫折要学会寻求帮助，适度放松减压，进行自我调适。

## 评价与反思

1. 考评

请参照下表给出的评价标准，就每个同学在活动中的表现进行评价。

| 领域 | 具体表现 | 自我评分 | 小组评分 | 教师评分 |
|------|---------|---------|---------|---------|
| 过程 | 认真完成自学、练习任务（10分） | | | |
| | 主动咨询老师，积极参与小组讨论，阐明自己的观点（10分） | | | |
| | 帮助组内其他成员解决问题，与小组成员一起分享资源、观点，分担任务和责任（10分） | | | |
| | 代表小组发言，全面、准确汇报小组共同的学习成果（10分） | | | |
| 知识 | 了解求职择业中常见心理问题，回答问题全面、准确（15分） | | | |
| | 掌握求职择业中常见心理问题的自我调适方法和措施，回答问题全面、准确（15分） | | | |
| 技能 | 能针对求职择业的心理感受，分析、判断自己可能存在的心理问题（15分） | | | |
| | 能结合自己在求职择业中存在的心理问题，提出相应的自我调整措施（15分）（15分） | | | |

评分合成后总得分（自评得分×0.1 + 小组评分×0.4 + 教师评分×0.5）：

2. 反思

对求职择业中常见心理问题的分析及自我调整措施的理解和掌握，你与其他同学有哪些异同？请结合自我评价、小组评价和教师评价结果，分析其中的原因。

## 巩固与提高

### 单元知识小结

就业信息渠道不畅，信息量少是毕业生就业困难的原因之一。拓宽信息来源渠道和合理利用信息，是帮助毕业生顺利就业的基础。

提供求职材料的目的在于引起用人单位的注意和兴趣，让用人单位对你有个初步的印象，从而为自己赢得面试机会或与用人单位进一步面谈的机会。求职材料被人力资源专家称为"通往面试的护照"，因此一份有针对性的高质量的求职资料是达成面试的基础。

面试是决定求职成功与否的重要一关。"凡事预则立，不预则废。"面试前充分准备，才能保证在面试中战无不胜，攻无不克。

"双向选择，自主择业"为毕业生提供了更多的选择自由，但同时也加大了竞争的压力。压力的加大容易导致求职心理问题的出现，这就要求我们要树立正确的观念，学会自我减压，保持积极乐观的心态。因为健康的求职心理，是打开就业成功之门必不可少的钥匙。

### 思考与练习

1. 练习 1 分钟、3 分钟、10 分钟的自我介绍。注意：1 分钟的自我介绍要简单明了；3 分钟的自我介绍要重点精彩；10 分钟的自我介绍要形象丰满。

2. 针对下面两种情况各写一封求职信。

第一种情况：已有明确的应聘单位和职位。

第二种情况：要参加大型招聘会，但不知道当天会有什么单位招聘什么职位。

# 打造创业本领——建构创业知识与技能

▶ **学习目标**

**知识目标**
- 掌握高校毕业生创业所需的基本知识。
- 了解自我创业的方法与途径。
- 熟悉创业方案编制的基本要求和流程。

**能力目标**
- 能够运用创业的基本知识及方法拟订最优的创业方案。

**名言名句**
- 等待的方法有两种：一种是什么事也不做空等，一种是一边等一边把事业向前推动。——屠格涅夫

▶ **单元导学**

创业是一种可以带来高回报而又具有高风险的市场经济活动。它要求创业者必须掌握丰富的创业知识与技能，以保证创业活动从构想到实施都置于基本的理性控制范围内、减少失败概率。创业者需要掌握哪些基本知识与技能呢？本单元将从了解创业的基本要素入手，帮助大家逐步掌握自我创业的方法与途径、创业方案的编制等知识与技能。

## M ODULE 模块 1

了解创业者的基本知识要求

**知识储备**

### 一、认识创业的基本要素和价值

创业是创业者通过发现和识别商业机会，成立活动组织，利用各种资源，提供产品和服务，以创造价值的过程。创业必须具备创业者、商业机会、组织、资源等要素。

1. 创业者

创业者是创业过程中起核心作用的个人或者团体，是创业的主体。创业者承担资金和声誉上的风险，在创业过程中起着关键的推动和领导作用，包括商业机会的识别，企业组织的创立、融资、产品创新、资源获取和有效配置及运用、市场开拓等。创业者虽然可以独自创

业，但是在许多情形下创业团队是十分重要的。在创业活动中，不同的团队成员扮演不同的角色并分担相应的责任。

创业的成功与失败，在很大程度上取决于创业者和团队的素质与经验。创业者和创业团队在创业中的作用比创意、机会、资源更加重要，因为创意能否转化为机会，机会能否实现其价值和资源能否得到有效利用，都取决于创业者和创业团队的素质和经验。

=== **知识拓展** ===

被誉为"全球风险投资之父"的美国风险投资家多里特（George Doriot）有一句名言：我更喜欢拥有二流创意的一流创业者和团队，而不是拥有一流创意的二流创业团队。这个观念如今已成为风险投资界的一个投资原则。实际上，风险投资家在选择投资项目时，首先评价的要素就是创业者和创业团队，接着才是技术先进性、产品独特性和市场潜力及盈利前景等。

### 2. 商业机会

商业机会是由当前服务于市场的企业留下的市场缺口，它意味着顾客能得到比当前更好的产品和服务。商机就是创业机会，而利用这种商机，是创业者进行创业的主要驱动力量，利用商业机会并将其转化为价值的过程就是创业的过程。创业者往往从发现和识别商业机会开始创业，努力以现在尚未有的方式来做重要的事情，并且力求做得更好，这种改进的做事方式是创业者给市场的创新。如果市场认同这种改进，并且创业者可以有效地提供这种创新并能盈利，那么就可以创造价值。

=== **知识拓展** ===

机会具有可利用性、永恒性和适时性三个特点。机会的可利用性是指机会对创业者所具有的价值，创业者可以利用它为他人和自己谋取福利，体现为购买者和最终使用者获得增加价值的产品和服务，并因此而产生利润。机会的永恒性是指机会永远存在，看你能否发现和识别。变化的环境、经济转型、市场机制不完善、信息不对称、市场空白等，都孕育着无限的商机。机会的适时性是指一个机会转瞬即逝，如果不及时抓住，就可能永远错过。因此及时发现、识别并抓住有价值的创业机会，是成功创业的第一步。

### 3. 组织

组织是协调创业活动的系统，是创业的载体。创业活动是在组织之中进行的，离开了组织，组织的问题也就无从谈起，创业活动就无法协调，创业的资源就无法整合，创业者的领导作用也就无从谈起。

创业者组织的显著特征是创业者强有力的领导和缺乏正式的结构和制度，在许多方面他们还不成熟，但这并不构成其成长的障碍。他们接受新事物快，并能迅速地对变化做出反应，在此过程之中他们得以发展壮大和走向成熟。

=== **知识拓展** ===

现在人们开始从更广义的视角来看待创业型组织，认为创业型组织是以创业者为核心形成的关系网络，不仅包括正式创新企业内的人，还包括这个企业以外的人或者组织，如顾客、供应商和投资者等。这一扩展的组织概念有利于决定如何创建组织、确定和保持竞争地位。

4. 资源

资源是组织之中的各种投入，包括人、财、物等。资源不仅包括有形资产，也包括无形资产，如品牌、技术专利、企业声誉等，所有这些资源都属于投资。创业者的关键职能之一就是吸引这些投资，将其转化为市场需要的产品和服务，实现商业机会的价值。

创业者需要组织企业内外的资源，包括资源的确定、筹集和配置。创业者创立的资源是一个投入产出的系统，即投入资源和产出产品与服务。创业的过程就是不断地投入资源，并连续地提供产品与服务的过程。能否以最小的投入获得最大的产出，使得企业具有竞争力并盈利，是衡量创新企业活动成效的标准之一。

═══ **知识拓展** ═══════════════════════════════

在创业初期，创业者拥有的资源有限，因而寻求的是控制资源而不是拥有资源。他们可能愿意租借资源，例如，发现和适当利用外部资源，包括律师、注册会计师、银行家、管理咨询专家、外部董事以及其他专家而不是自己拥有这些资源。利用外部资源可以节省成本，加快企业成长速度和提高企业的成功率，这是创业者最容易忽视的挑战之一。一些创业者倾向试图拥有所有资源，不仅提高了创业的难度和成本，而且也降低了成功的概率，因为一切就绪时，可能也错过了最好的创业时机。

创业活动是创业者、机会、组织和资源相互作用、互相匹配，以便创造价值的动态过程。创造价值是创业的目的。创业者创业的个人动机尽管不一致，但是成功的创业者主要是为了创造价值，将商业机会转化成为社会需要的产品和服务。因此那些盲目的纯粹是以个人利益为目的的创业者，往往在最后都以失败而告终。大量的研究和事实证明，成功的创业者往往是为成就一番事业而创业，而那些追逐权力和金钱的人，很难保持长久的成功。

## 二、洞察国家最新创业政策

创业需要得到国家政策的支持。如果政策不允许，你想创业是不可能的；相反，如果政策支持、鼓励我们创业，甚至提供融资、税收等方面的优惠条件，则创业难度就将降低，并因此而形成市场竞争优势，有利于创业成功。那么，国家当前有哪些鼓励高校毕业生创业的政策举措呢？

### （一）全国性政策

政策举措之一：2008 年 10 月，中华人民共和国国务院办公厅转发人力资源和社会保障部等联合制定的《关于促进以创业带动就业工作的指导意见》，提出要改善创业环境，放宽市场准入，加快清理和消除阻碍创业的各种行业性、地区性、区域性壁垒；改善行政管理，强化政策扶持，拓宽融资渠道；鼓励和支持高校毕业生自主创业。要求高校要积极开展创业教育和实践活动，建设完善一批大学生创业园和创业孵化基地，为高校毕业生创业提供"一条龙"服务。对高校毕业生从事个体经营符合条件的，免收行政事业性收费，落实税收优惠、小额担保贷款及贴息等扶持政策。

政策举措之二：简化工商营业执照办理程序，减免各类费用，包括个体工商户注册登记费、个体工商户管理费、集贸市场管理费、经济合同鉴证费、经济合同示范文本工本费。

政策举措之三：减免税费。凡高校毕业生从事个体经营的，自工商部门批准其经营之日起一年内免交税务登记本工本费。新办咨询业、信息业、技术服务业的企业或经营单位，经税务部门批准，免征企业所得税两年；新办从事交通运输、邮电通信的企业或经营单位，经税务部门批准，第一年内免征企业所得税，第二年减半征收企业所得税；新办从事公用事业、商业、物资业、对外贸易业、旅游业、物流业、仓储业、居民服务业、餐饮业、教育文化业、卫生事业的企业或经营单位，经税务部门批准，免征企业所得税一年。

政策举措之四：员工聘请和培训享受减免费优惠；人事档案管理免两年费用。自由职业、自主创业的高校毕业生可将人事关系存放在政府人事部门所属人才服务机构、劳动或人事部门人才服务机构，这些服务机构将为其提供办理人事关系接转、人事档案管理、转正定级、党团关系、专业技术职务任职资格申报评审、社会保险金缴纳等服务，实行全方位的人事代理服务，以解除自主创业、灵活就业的高校毕业生的后顾之忧。

### （二）地方性政策

各地为鼓励高校毕业生创业，纷纷出台了一些政策。这里择要介绍几个省市的政策情况。

1. 广东省鼓励高校毕业生自主创业的政策措施

为全力支持创业带动就业工作，促进广东省经济社会平稳较快发展，广东省工商局等部门提出了许多鼓励高校毕业生创业的工作政策措施。

（1）试行注册资本"零首期"政策。

（2）试行登记管理"零收费"政策。

（3）试行企业法人资格与经营资格相分离制度。

（4）放宽经营场所要求。

（5）延长企业出资期限。

（6）扩大股权出资范围。

（7）减少企业登记前置性审批许可项目。

（8）开展小额贷款公司试点登记。

（9）简化登记手续，缩短办照时间。

（10）免费提供企业公告服务。

=== 知识拓展 ===

（1）广东省有关部门规定高校毕业生在创业成功后可给予一次性创业补贴。珠江三角洲地区的补贴额度为 2 000～3 000 元，粤东西北地区可提高至 3 000～4 000 元。2010 年 12 月 31 日前，高校毕业生登记设立注册资本 10 万元以下的有限责任公司（一人有限公司除外），经投资者共同申请并做出相应书面承诺，可免缴首期注册资本，但须在法定期限内缴足。

（2）小额贷款最高额度放宽至 5 万元。自主创业的高校毕业生可享受小额担保贷款政策，贷款额度最高不超过 5 万元；对合伙经营或组织起来创业的，可按规定适当扩大贷款规模。

（3）毕业生创业也有社保补贴。自主创业的高校毕业生招用本省户籍高校毕业生，签订1年以上期限劳动合同并按规定缴纳社会保险费的，可按实际招用人数给予社保补贴和岗位补贴，期限最长不超3年；自主创业的毕业生本人可同等享受就业困难人员灵活就业社保补贴政策。

（4）重点扶持400个创业项目。今后3年，重点扶持400个高校毕业生创业项目，为2 000名有创业意向的高校毕业生提供系统的创业辅导，组织6万名高校毕业生参加创业培训。将充分利用闲置厂房和场地建设创业孵化基地和创业培训基地。以开展科技发明类竞赛、创业项目大赛等多种形式，征集大学生科技创业优秀项目，选拔优秀创业团队，引导和资助高校毕业生带项目和团队到基地创业。

=== **小案例** ===

小邝是城建学院2008届平面设计专业毕业生。毕业后在从化市工商局注册开办"大通"广告策划公司。在小邝到从化市工商局提出注册申请时，他了解到国家工商总局2003年新颁布了鼓励应届高校毕业生创业的优惠政策。在国家工商总局2003年颁布的《2003年普通高等学校毕业生从事个体经营有关收费优惠政策》中规定，凡高校毕业生从事个体经营的，除国家限制的行业外，自工商部门批准其经营之日起，一年内免交登记注册费、个体工商户管理费、集贸市场管理费、经济合同示范文本工本费和合同鉴证费。粗算下来，小邝第一年的经营费用就可节省2 000元。

小邝按规定持有毕业证、个人身份证到工商部门做了登记，由于符合享受优惠条件，工作人员在短时间内就为小邝办好了手续。

2. 上海市鼓励高校毕业生自主创业的政策措施

应届高校毕业生创业可享受免费风险评估、免费政策培训、无偿贷款担保及部分税费减免四项优惠政策。

（1）高校毕业生（含大学专科、大学本科、研究生）从事个体经营的，自批准经营之日起，1年内免交个体户登记注册费、个体户管理费、经济合同示范文本工本费等。此外，如果成立非正规企业，只需在所在区县街道进行登记，即可免税3年。

（2）自主创业的大学生，向银行申请开业贷款担保额度最高可为7万元，并享受贷款贴息。

（3）上海市设立了专门针对高校毕业生的创业教育培训中心，免费为大学生提供项目风险评估和指导，帮助大学生更好地把握市场机会。

3. 天津市鼓励高校毕业生自主创业的政策措施

天津市工商局制定的大学生创办企业优惠政策包括放宽注册资本缴付标准与时限、允许其以人力资源和智力成果投资入股、放宽私企经营范围、工商部门上门为企业服务等。

天津市工商部门允许创办私营企业的应届高校毕业生分期缴付注册资本，以生产性和零售业务为主的商业性公司，首期出资5万元以上并提交相关证明和承诺书即可获得营业执照；而咨询服务性公司首期出资2万元以上即可。

同时该市允许具有管理才能、技术特长或者有专利成果的高校毕业生以人力资源和智力成果向私营企业投资入股，最高可达注册资本的20%；如以高新技术成果入股，经有关部门同意，其所占份额可占注册资本的 35%。

4. 重庆市鼓励高校毕业生自主创业的政策措施

重庆加大对自主创业的金融支持力度。高校毕业生创业可贷款 100 万元，小额贷款政府全贴息。在小额担保贷款基金中，设立 1 亿元的大中专毕业生创业基金，鼓励大中专毕业生自主创业。与此同时，针对高校毕业生的贷款最高额度，已从最初的 2 万元提高到 5 万元。对创业能力强、创业项目优的高校毕业生，贷款额度可放宽到 8 万元；高校毕业生合伙经营小企业和组织起来共同创业的，可按人均 5 万元规模申请贷款，但总额不超过 100 万元。

### 三、掌握企业管理知识

虽然国家和地方政府出台了很多鼓励大学生创业的优惠政策，但缺乏企业管理经验和社会阅历的高校毕业生创业失败率一直居高不下。掌握企业管理知识是高校毕业生创业成功的必做功课。

一个初创的企业要想早日走上正轨并做大做强，或早或晚都要过"组织架构设计"这道关。组织架构设计中最根本的问题就是决策权限的分配。简单地说，就是首先要解决"谁说了算"的问题。这个问题解决不好，将会给企业的运作带来严重影响。高校毕业生初创企业中有不少是由几个要好的同学、朋友共同创办的，还有的带有家族企业色彩，这里就有一个"听谁的，怎么听"的问题。决策权限分配，更准确地说是解决"什么事情谁说了算"的问题。只是简单地规定"谁听谁的"无法应付日益复杂的经营管理问题，也解决不了创业团队中的意见分歧——同学、朋友之间，谁该听谁的呢？没有一个有效的决策权限分配系统，上级不能有效地管理下级，这类企业在规模尚小时问题还不大，达到一定规模后效率则变得极其低下，甚至会危及企业的生存。因此，粗线条的东西必须逐渐细化。"什么事情谁说了算"需要详细分解，操作起来复杂而又具体，有必要用书面的正式文件明确地规定下来。经验表明，在创业刚开始就制定"分权手册"是个比较好的做法。

此外，在几人合股的企业中，若开始没有界定清楚彼此的权利与义务关系，很容易引起经营过程中的争执，严重的还会反目成仇。因此在合资创业前，最好议定"合资协议书"，大家共同讨论出创业经营的目标与范围，管理制度的细节，执行业务股东的酬劳计算、利润如何分配或亏损如何补偿，以及万一企业停止营业时财产如何处理等原则，避免日后纷争。

═══ **知识拓展** ═══════════════════════════════════

组织架构设计对于企业经营管理的重要性，正如木桶上的一块木板，虽然不是唯一重要或者最重要的，却是不可或缺的。根据管理学原理，组织架构设计主要包括三个关键方面，即决策机制、激励机制、评估机制。三者相互联系，互为依存。决策机制需要有相应的激励机制和评估机制加以配合，以有效鼓励拥有决策权的人做出有利于企业的决策，有利于监督和评估决策质量和决策效果；反过来，有了员工激励机制，也要给他们相应的参与决策、参与管理和监督的权利，以便员工按权限采取行动，并有相应的业绩评估体系来为自己的行动作参考。决策权限分配、员工激励机制和业绩评估体系三者相互协调，是理想的组织架构设计，是初创企业在设计组织架构时值得参考的重要原则。

## 四、掌握营销管理知识

营销管理是指制定分析、规划、执行和控制各种方案，以便与目标市场的顾客建立和保持互惠交易以实现组织的目标。营销管理的实质是要制定一套从开发客户、提供服务到收款及售后服务的企业运作流程。例如，如何选择成本最低、成效又最高的行销方法；如何找到可靠且成本低廉的供货商；如何提供成本最低却又能符合需求的产品与服务；怎样的收款流程最顺畅，以及如何降低呆账率、化解风险；等等。创业者可先试着找出同业中谁最赚钱，仔细观察其运作方式，然后根据自己企业的情况去调整这套运作模式，建立属于自己的营运制度。

在许多经营管理书籍中，都会提到企业的优势、弱势、机会、威胁的分析，这套方法其实也有助于创业者分析自己公司的经营环境。例如，除了了解该行业相关的法律、法规之外，对于潜在客户在哪里、竞争对手是谁、对方的切入角度或竞争手法是什么、这个产业的服务或产品市价、一般毛利率是多少等，创业者应想办法理出个头绪，然后才能制定出奇制胜的行销策略。为拟定行销策略，创业者也须了解自己公司的市场定位，同业者常用的销售方式及各种可供选择和借鉴的行销方式。行销方式的巧妙运用各有不同，创业者应随时思考各种行销方式，找出拓展商机的可能性。要打胜仗，要靠良好的纪律，以及创新的战略战术，创业也是如此。创业者若能建立完善的人事、财务等内部制度，观察环境趋势随时调整行销与市场策略，稳扎稳打克服大小疑难障碍，相信终有机会一尝创业的甜美果实。

初期创业的高校毕业生具体应该掌握以下这些管理营销知识：① 市场预测与调查知识；② 消费心理、特点和特征知识；③ 定价知识和策略；④ 产品知识；⑤ 销售渠道和方式知识；⑥ 营销管理知识。

## 五、资本和财务知识

技术和创新只有与商业和资本结合，完成研发和商品化，产生盈利，才能获得成功，也才能获得经济利益的回报。企业无论在哪个阶段都可能会遇到缺少资金的艰难情况。即便是对于创业精神最充沛、政府管制最少、风险资本供应最充分的国外创业者也是如此。因此，启动资金和后续资金的充沛与否已成为创业者成败的关键因素，高校毕业生要想创业就必须具备一定的资本常识。"巧妇难为无米之炊"，没有资金，再好的创新技术也无法转化为现实的生产力，因此资金无疑是高校毕业生创业要翻越的一座大山。为了筹集到创业所需要的足够资金，在公司创办之初，要了解各种融资渠道，还要选择技术含量高、市场急需而且前景好、利润高的项目，这样才能引进资本，获得公司的启动资金。

企业正式运作后，要了解公司是否上轨道，"让财务报表说话"是最好的方式。不少大学生创业者由于缺乏起码的财务管理知识，因而从企业初创阶段就没有养成良好的财务管理习惯，既不了解自己一个月到底净赚多少，实际毛利率有多高，也没有充分考虑预留周转金，因而由于一笔款项周转不灵而导致创业失败的例子屡见不鲜。为此，创业初期除了启动资金外，预留一定的流动资金、发展基金是非常必要的。此外，创业者应充分了解经营状况，最好要掌握一些账目管理的基本知识，翔实记录收入支出、进货销货以及成本核算等。这样坚持下来，有利于创业者对于未来可能的利润和收支平衡点做到心中有数，并对降低生产成本、报税、调整经营方向等起到参考作用。

初期创业的高校毕业生具体应该掌握以下这些资本和财务知识：① 货币金融知识；② 信用及资金筹措知识；③ 资金核算及记账知识；④ 证券、信托及投资知识；⑤ 财务会计基本知识；⑥ 外汇知识。

## 六、专业技术知识

用智力换资本，这是大学生创业的特色之路。一些风险投资家往往就因为看中大学生所掌握的先进技术，而愿意对其创业计划进行资助。因此，打算在高科技领域创业的大学生，一定要注意技术创新，开发具有自己独立知识产权的产品，吸引投资商。

## 七、了解适合高校毕业生的创业项目

大学生在创业初期可先选择一些门槛较低的项目，在挖到"第一桶金"之后，不仅积累了资本，更积累了经验，到时再转变项目也不迟。下面给想创业的大学生们介绍几种适合创业的项目。

**（一）借助学校品牌的创业项目**

（1）各类教育与培训。

（2）成熟的技术转让。

（3）各种专业的咨询。

**（二）利用优势的服务项目**

（1）家教服务中心。

（2）成人考试补习。

（3）会议礼仪服务。

（4）收出版社退书。

（5）发明家俱乐部。

（6）速记训练经营。

（7）出租旅游用品。

**（三）可以独立运作的专业项目**

（1）可以拆分开的业务。

（2）图书制作前期工作。

（3）各类平面设计工作。

（4）各种专项代理业务。

**（四）利于对外合作项目**

（1）婚礼化妆司仪。

（2）服装鞋帽设计。

（3）各类信息服务。

（4）主题假日学校。

**（五）小型多样的经营项目**

（1）手工制作。

（2）特色专柜。

（3）网络维护。

（4）体育用品。

**（六）目前市场上的一些"小本经营"的项目**

（1）餐饮食品：2万元做奶店老板；2万元开办社区小厨房。

（2）咨询服务：3千元开办水电维修中心；开办投资少利润多的信息服务中心。

（3）服装时尚：1千元开办擦地拖鞋服务；1万元开办外贸服饰折扣店。

（4）美容养护：5千元开办花卉护理中心；3万元开办美甲店。

（5）玩具投资：5万元开办拼图小店或玩具租赁店。

（6）宠物经济：1万元开办网上宠物店；3万元起家做宠物生意。

（7）数字科技：2万元开办自拍照相吧；5万元开办老照片数字设计店。

（8）日化家居：8万元开办眼镜店。

所有这些项目，都应该有一个"策划案"——要详尽、有创意、可操作。其中如果有的已经有过实践演练，那么就更具有借鉴价值。

## 八、其他基本商业知识

**（一）合法创业知识**

合法创业知识包括：有关大学生创业的法律、法规，有关私营及合伙企业、有限公司的法律法规，验资注资，有关申请开业登记、办理税务登记的规定和程序，如何领购和使用发票，银行开户程序和有关结算规定，成为一般纳税人有哪些条件，你应该交哪些税费、如何缴纳，怎样获得税收减征免征待遇，怎样进行财务票证管理，国家对偷漏税等违法行为有哪些制裁措施，增值税率及计征方法，工商管理部门怎样进行经济检查，行业管理部门如何进行行业管理和检查，等等。懂得这些才能办理合法开业手续，因为合法开业手续一方面是你开展业务、合法经营的前提条件，另一方面也是维护你合法权益的保证。日常生活中常常有这样一种情况，有些人忙前忙后联了一笔业务，真要签合同、交款、提货时，却因为自己没有合法经营手续、没有合同章、没有银行账号、没有发票而不得不找第三者转手，被第三者分了利；更有甚者，被第三者得利后甩掉，自己分文未得，白忙活一场。因此，如有条件，办理合法开业手续，有自己的名称、字号、公章、合同章、银行账号和发票，就可以光明正大、独立自主地开展业务了。

**（二）货物知识**

货物知识包括：批发、零售知识，货物种类、质量和有关计量知识，货物运输知识，货物保管储存知识，真假货物识别知识，等等。

**（三）经济法常识、劳动用工及社会保障知识、公关及交际基本知识等**

对创业者来说，上述知识不需要全部都掌握，只需了解与你选择的创业方法有关的知识，各取所需，学以致用。

**模块训练**

1. 训练内容：

大学生创业政策与创办公司登记注册手续调查。

2. 训练要求（2选1）：

（1）以小组为单位，前往当地工商行政管理部门了解、咨询有关企业登记注册手续、所需资料、国家和地方政府对高校毕业生创办企业的优惠政策。

（2）从地方政府门户网站搜索有关大学生创办企业的政策信息，了解登记注册企业的手续和必备资料。

3. 操作步骤：

（1）按5～7人的规模自由组建讨论小组，推选组长和发言人。

（2）各小组在规定时间内前往当地工商行政企业管理部门，咨询有关企业登记注册手续、所需资料、国家和地方政府对高校毕业生创办企业的优惠政策；记录谈话要点并索取相关资料；或从政府门户网站搜索、下载相关资料。

（3）整理调查资料，要求列出登记注册企业所需文件资料、办理程序，对大学生创办企业有哪些优惠政策。

（4）提交小组调查报告。

（5）各小组派代表发言，在班上陈述调查报告内容。

（6）教师点评。

**考评与反思**

1. 考评

请参照下表给出的评价标准，就每个同学在活动中的表现进行评价。

| 领域 | 具体表现 | 自我评分 | 小组评分 | 教师评分 |
|---|---|---|---|---|
| 过程 | 认真完成自学、练习任务（10分） | | | |
| | 主动咨询老师，积极参与小组讨论，阐明自己的观点（10分） | | | |
| | 帮助组内其他成员解决问题，与小组成员一起分享资源、观点，分担任务和责任（10分） | | | |
| | 代表小组发言，全面、准确汇报小组共同的学习成果（10分） | | | |
| 知识 | 了解创业所要求的知识与技能要素，回答问题全面、准确（15分） | | | |
| | 领会创业与项目选择的关系，回答问题全面、准确（15分） | | | |
| 技能 | 能结合所学专业特长，分析自己的创业潜在条件和可能性（15分） | | | |
| | 能客观评价创业项目（15分） | | | |
| 评分合成后总得分（自评得分×0.1＋小组评分×0.4＋教师评分×0.5）： | | | | |

2. 反思

对创业知识与技能要求的理解和应用，你与其他同学有哪些异同？为什么？请结合自我评价、小组评价和教师评价结果，分析其中的原因。

# M<sup>ODULE</sup> 模块 2
## 掌握自我创业的方法与途径

**知识储备**

自我创业是一种充满风险的实践活动，失败可能会随时发生。对此，需要从理性上对创业活动加以规范，以增强创业成功的可能性。创业活动的理性规范主要表现在创业者对创业原则的遵守、方法的合理运用和对创业操作环节的把握。

## 一、自我创业的原则

就高校毕业生创业者而言，需要遵守的创业原则主要有以下几条：

1. 发挥专长原则

一般来说，我们大学生都学有所长，利用自己的专业特长来创业是比较合适的。首先，专业特长是经过系统的理论学习和专业实践而逐渐形成的。大学生在自己所擅长的专业领域，无论是对理论知识的了解，还是对技术应用实践的体验，都有一定的储备。通过发挥自己的专业特长来创业，遵循创业"不熟不做"的规律，这有利于创业活动的成功。其次，作为专业特长是具有一定程度的技术含量的，这在市场经济中可成为利于自己竞争的优势资源。最后，围绕自己的专业特长来展开创业，有利于个人职业生涯规划与职业条件准备的连续性。

=== 小案例 ===

王宇、戴成达、王一轶，这三名从东华大学走出来的本科生，现在的身份是上海艺睿数码科技公司的创始人。他们利用自己的专业优势找到了市场的"卖点"，为客户提供数字油画服务（一种用计算机技术作画的艺术形式），开办了一家门店，并获得了300万元的风险投资。

读大学时，王宇是学服装设计的，绘画基础好，在动画制作公司做过美术指导，数字油画的绘制技术由他主管；戴成达的专业是服装工程，如今在企业里是分管生产的老总；王一轶学的是电子通信，现在负责数字油画的电子商务平台开发。

点评：根据市场的需要，充分发挥自己的专业特长和优势，是自我创业成功的重要法宝之一。

2. 顺势性原则

顺势，就是创业活动要顺应社会发展趋势。这包括国家政策和市场动态两个方面。在政策方面，国家鼓励发展什么，限制发展什么，对创业的成败有重要影响。创业者首先要研究国家经济社会发展政策，认清形势。认清了形势，顺着国家鼓励的方向努力，可能事半功倍；相反，如果你创业所属的某个行业，国家正准备从政策层面进行限制、淘汰，那成功的可行性就非常低。

在市场动态方面，创业者要善于观察市场。市场上现在时兴什么，流行什么，可能就指明了你创业的方向。假如你准备创业，而你的资金、经验又不足，那么你可以看看周围的人都在做什么。大家一起做的，你跟着做，可以收获很多有益的经验。虽然不一定能赚到大钱，但赔本的机会少，风险也小，这尤其适合于那些风险承受能力较弱的创业者。

3. 充分利用资源原则

充分利用资源原则，是指创业者在选择创业方向时要充分考虑自己已有的人际关系网络、社会声誉、业务关系、融资渠道等。创业不能引"无源之水"、栽"无本之木"，而应结合自己已经积累的资源，选择创业方向，以便于创业成功。在自主创业中，首先要充分利用的资源是良好的人际关系网络，如同学、师长、亲友等。在创业初期，良好的人际关系是一笔巨大的财富。他们能帮你拓展业务关系，帮你处理经营中的危机。其次是职业资源的利用。所谓职业资源，即创业者在创业之前，在业余兼职或专职工作时所建立的各种资源，主要包括项目资源、客户资源等。充分利用职业资源，在我国还没有像欧美国家那样被普遍认同和执行"竞业避止"法则的情况下，选择从职业资源入手进行创业，已经成为了许多人创业成功的捷径和法宝。

4. 充分论证原则

充分论证原则，是指创业者在决定实施某个创业方案之前，确保创业项目经过充分的市场调查，并分析证实具有较好的市场前景。随着市场经济走向成熟，那种凭着一股冲劲、某个灵感就能占领市场、获得成功的时代已经过去。现在的创业要想成功，必须有更多理性的参与。一个创业项目如果未经市场调查充分论证，是不能匆忙上马的，因为那样做成功的可能性太低。

=== **知识拓展** ===

创业研究者建议：大学生创业千万不能打无准备之仗，成功总是青睐那些有准备的人。而这种准备，很大程度上就是来自你对市场的了解。当你想要投入某个项目或者进入某个领域的时候，最好能够搞可行性研究，也可以委托给专业的公司进行调研。如果觉得没有能力投入时，也要尽可能利用自己的现有资源进行调查，那些不经考虑和分析，仅凭头脑发热就盲目投入的做法是非常幼稚的。大学生创业应该充分掌握信息指导，进行市场调查，并有可靠的数据支持，这样成功的机会才会比较高。

## 二、高校毕业生自我创业的主要方法与途径

作为以系统掌握一定专业理论和技术为特征的大学生群体，在创业方法与途径的选择上理应超脱知识水平的限制而变得灵活多样。用"创业之路千万条，条条创业路均可用"形容大学生自我创业应该不为过。为抛砖引玉，激发大学生创业思维，这里列举若干种常见的创业方法与途径，以供同学们参考。

1. 利用计算机互联网络创业

计算机互联网络作为现代化信息交流的平台，已逐渐成为人们生活、学习和工作的重要虚拟环境，而不仅仅是沟通的工具。其方便、快捷而又丰富的资源，为大学生创业提供了广

阔的低成本利用空间。你可以利用现成的网络资源来创业，如网上开店，即在网上注册成立网络商店；也可以在网上加盟，利用母体网站的货源和销售渠道，以某个电子商务网站门店的形式从事经营活动。你还可以利用互联网络来发布网上信息，开拓网下市场。例如，广州飞华公司。该公司用不到1年的时间，代理申请域名500多个，争取了100多个企业顾客建立虚拟主机，并做了6个局域网工程，取得了良好的收益。他们的经验是，一方面积极建设"广州视窗"和"广州视窗"电子邮箱等网站；另一方面不是单纯依赖网上市场，而是积极开拓网下市场，为企业建设网站和互联网络提供解决方案。同时，飞华公司在广东地区的宣传做得较好，媒介曝光率高，并且是广东地区第一个全面引入企业形象设计（corporate identity，CI）的互联网络服务公司，给人以"高档"的印象，所以在企业上网的市场上有较高的占有率。

=== **小案例** ===

搜狐公司（http：//www. sohu. com）的创办者张朝阳，经过市场调查后发现国内互联网市场具有很好的发展前景，便决定利用计算机互联网络在国内创业。但首先遇到了没有资金的问题，于是他向美国著名风险投资专家爱德华·罗伯特（Edward Robert）求援，两人共同分析了中国市场，并写了一份简单的商业计划书提交给催生英特尔公司（Intel）的风险投资人——尼葛洛庞蒂（Nicholas Negroponte），不久即争取到数百万美元的起步投资，由此成立了ITC公司。公司运营一年后，张朝阳已走过了谨小慎微运作的初创阶段，于1997年获得英特尔公司的技术支持，推出了"SOHOO"网上搜索工具，并独家承揽"169"北京信息港1998年整体内容设计和发展的任务，发展速度很快。随后，ITC又与世界最负盛名的几家风险投资公司接洽，引来他们的踊跃投资，并顺利达成了第二期风险融资意向。从1999年开始，ITC通过积极筹划申请到纳斯达克上市。

点评：张朝阳创业成功的例子向我们展示了利用计算机互联网络创业的方法与途径。它带给我们的启示是：只要找准了市场，融资方法正确，创业是可以成功的。

（http：//www. 51start. net）

2. 加盟创业

加盟创业，是一种通过加盟某个成熟企业的经营活动而实现创业的方法。加盟经营，又叫特许经营，指这样一种营销合作方式，即特许者将自己所拥有的商标（包括服务商标）、商号、产品、专利和专有技术、经营模式等以特许经营合同的形式授予被特许者使用，被特许者按合同规定，在特许者统一的业务模式下从事经营活动，并向特许者支付相应的费用。作为一种现代营销模式，特许加盟经营已成为个人创业的重要途径。特许经营对加盟者来说，有多方面的好处，其一是分享品牌的无形资产。消费者对品牌的认同，大大缩短了加盟者的投资回收期。其二是分享成功的经营技术，"借他人之梯，登自家成功之楼"。其三是分享公司总部提供的支持、培训、管理、广告、促销等。由于无须为货源、器材、采购和广告宣传等事宜担心，对势单力薄的创业者而言确实是一条比较好的快速创业途径。加盟者只需要出资金，就可以获得一个成熟的项目，轻松开店，获取利润。加盟创业的最大困难是要求创业者必须提供一笔金额不小的初始加盟费，这对没有经济积累的大学生来说比较困难。

目前连锁加盟项目多达近百种，涉及服务业、零售业、教育培训业等诸多领域。据业内专家分析，零售业、餐饮、制水、美容美发、保洁等领域"门槛"较低，但竞争已相当激烈；而教育培训、图书经营、旅游服务等是新兴领域，虽然对创业者要求较高，但发展空间相对较大。

### 3. 合作创业

合作创业，指具有互补性或者有相同兴趣的成员组成团队一起进行创业。很多情况下，创业者在创业过程中会遇到许许多多的困难，如果完全由一个人亲自去解决，可能会花费大量的精力和金钱。因此，选择与合作伙伴共同创业就成为了目前主要的创业途径之一。合作创业的优点也是非常突出的，通过合作创业，可以互相弥补彼此之间在性格、经验、资金、人际关系等方面的不足，取长补短，也能发挥各自的优势，从而增强创业成功的可能性。同时，通过合作，也能尽可能地减少个人不必要的失误。当今，创业已非纯粹追求个人英雄主义的行为，合作创业成功的几率要远高于个人独自创业。一个由研发、技术、市场融资等各方面组成，优势互补的创业团队，是创业成功的法宝，对高科技创业企业来说更是如此。

合作创业的对象可以是志同道合的亲戚、朋友、同学、同事等，其关键在于经营理念要相一致。当然，合作创业也存在一些问题。譬如，如果合作各方的意见未能达成一致，可能造成的损害比独家经营还要大，"内耗"的破坏力是难以估量的。因此，合作者在合作创业过程中应该制定一系列的规章制度，形成书面文字，合作各方签字确认，共同遵守、相互约束，保证合作伙伴间的责、权、利清楚明了，以避免因"内耗"而导致创业流产。

### 4. 独立创业

独立创业，指个人独立投资经营的创业活动。独立创业是真正独立的经营，经营项目、资金、场地、时间安排等由创业者个人全程负责。其优点是任何决策都由经营者个人独立做出，不需经集体开会讨论来讨论去，能对市场变化做出快速反应；缺点是势单力薄，不能与市场主力抗衡，只能做大公司、大企业经营活动的补充。

独立创业在市场经济形成初期比较容易成功，如20世纪80年代，我国市场经济刚刚开始出现，涌现出了大批创业成功的"个体户"。随着市场经济的不断发展，以及信息化的普及，社会分工的细化，以往那种"个体户"经营思路变得难以奏效。但也正由于社会分工的细化，以往企业办社会，小而全的经营方式逐渐消失，从而带给了小本经营的大学生以新的独立创业机会。不过，独立创业应多考虑那些受企业规模大小影响较小的服务性行业。因为随着人民生活水平的提高，对服务业也提出了更高的个性化、独特性要求，而这方面恰好也是独立创业者的特长所在，并符合创业者本小力弱的特点。此外，在信息化社会中，也衍生出了许多新的独立创业方式，如前面所述的网络营销商店等，都适合独立创业者。

### 5. 企业内部创业

企业内部创业，是指创业者利用他人所创办企业的内部经营分工，而独立承包其中某些经营项目的活动。这种创业方法，要求创业者有计划、有策略地进入一家成功公司，先取得老板的信任，再找准机会，建议老板从公司发展角度投资新项目，这样创业的机会就有了，作为项目的提出者，自然会被老板赋予重任。

从企业内部创业，有很多有利条件。例如：资金由公司总部统一划拨，不用自己投入资金；有现成的管理指导；有公司总部的综合资源和各分部的业务资源供利用；共享品牌形象；等等。如果创业公司的业务与母体公司的业务有延续性或关联性，创业起来更容易成功。

=== **小案例** ===

　　李勇考入广州某大学后不久，加入了校内社团。由于资金缺乏，他和社团的伙伴们想着如何为社团发展积累资金。"开公司！"李勇冒出的这个念头得到大伙的响应，并迅速开始筹集资金、注册公司。虽然李勇开始创业就拥有了自己的公司，却很长时间内都未找到合适的项目，所以一直做着不需要多少成本的家教。这样的情况一度让李勇很苦恼。直到有一天，他突然发现，学校每天的复印业务量非常大，经常有班级复印课堂笔记，一印就是上万页，而学生单独去校外的复印店，一次复印几百页笔记得不到任何优惠。若把这些业务承揽下来，用团购的形式和文印店砍价，收效应可观。虽然没有足够的资金购买设备，但由于打出了"价格比校外复印便宜，且负责上门提货、送货，随叫随到"的竞争牌，他们在拿到复印订单后转送校外复印店，并降低复印店的要价，从中赚取差价。"单独印一页 A4 纸是 1 毛钱，而通过团购拿到的价格是 6 分甚至 5 分钱，赚头不少。"李勇想到这，心里乐滋滋的。几个月后，他们果然积累了一笔不小的资金。于是，他们开始自购设备。为了节约成本，所有的职员开始苦攻平面设计、策划、排版。公司的复印业务拓展到班刊、学报，包括校内校外一些公司的宣传海报。虽然他们已经赚到了创业的第一桶金，但并不满足。李勇说，这不是大学生创业的优势项目，大学生创业的优势在于技术含量更高的文化传播产业。现在，他们正在寻找更适合的项目。

　　点评：李勇他们创业的初步成功，在于他们有创业意识，又善于观察发现市场机会。

## 三、大学生创业的基本操作环节

　　大学生创业要经由一系列的步骤和环节，其操作步骤因为创业项目的不同可能存在差异。但大量的创业研究表明，有些基本的操作环节为大学生创业所共有，兹分述如下：

　　第一环节：规划职业生涯，明确个人的创业条件和职业生涯发展目标。

　　在这一阶段，首先要对自己的创业条件进行分析，制订职业生涯计划，明确生涯发展的目标与方式，比如是定位在"给别人打工"，还是自主创业。如果是选择自主创业，就要仔细分析自己已有的创业素质状况，弄清自己到底存在哪些优势和不足。对不足部分，要尽快通过理论学习或寻找实践机会予以弥补。

　　第二环节：做好市场调查与分析工作。

　　在这一环节，你要通过市场调查研究，来分析创业的发展方向和可行性。如果你是通过专业学习或科学研究早已有了特定的技术项目、创业灵感和想法，则市场调查研究工作可帮助你准确掌握市场信息，做好市场预测，建立经营思路，设计市场进入策略。若你大脑中还没有任何创业想法，市场调查研究或许会帮你激发灵感，但前提是你得有创业的欲望。

　　第三环节：确定创业模式。

　　在把创业想法转化为具体的经营计划前，你应该明确何种法定组织架构适合自己的创业大计。也就是决定是要自己创业，还是合伙创业？如果选择合伙创业，企业的原始资本要如何筹集和分配？合伙创业的模式可以是有限责任股份公司制，或是以一集团公司名称方式创业。无论选择哪种公司营运架构，必须注意的重点是搞好公司内部的法律及财务责任问题。譬如，以独资或合伙人模式创业，企业组织法要求个人自行负担公司的债务归属问题。也就是说，一旦公司牵连上财物官司而败诉，则个人名下所属财产及不动产等都会受到法院的扣押、拍卖以偿还债务。当然，公司的经营体制并非一成不变，你可以根据公司的发展与未来潜力做适时的变更。

第四环节：建立合作班子。

大学生创业者不可能万事皆通，他可能是技术方面的天才，但对管理、财务和销售或许是外行；他也可能是管理方面的专家，但对技术一窍不通。因此，建立一个由各方面能手组成的合作班子，对创办风险企业是十分必要的。一个平衡且有能力的班子，应当包括有管理和技术经验的经理和财务、销售、工程以及软件开发、产品设计等其他领域的专业人才。为了建立一个精诚合作、具有献身精神的班子，创业主持者必须使其他人相信跟他一起干是有奔头的。

第五环节：撰写创业计划书。

接下来，你要切切实实描绘创业计划的蓝图，系统地列出整个计划的细节。这样做的结果，既能让自己更清楚地知道计划是否完整周详，同时在向风险投资机构、银行融资或向他人征询意见时，也能提供具体的内容。

一般来说，创业计划书的内容，应包括产品或服务介绍、行业分析、同业竞争分析、业务计划的实施、人力规划、资金需求分析、每月费用分析、获利状况预算、中长期发展目标等，每个项目都必须有细目分析。创业计划书撰写得愈详细愈清楚，愈容易发现将来创业的潜在危机，以便及早修正，降低失败的风险。

第六环节：筹措创业资金。

创业资金，是大学生创业过程中最关键的一环。创业者在筹措创业资金时，必须是以能支付公司开业第一年内所有的营运开销为目标。另外，开业首年内可能无法赚到钱，创业者必须做足心理及物资准备。

解决创业资金不足的普遍办法，除了向亲友、银行借贷，还可寻求风险投资机构投资、政府的相关贷款资源，包括大学生创业贷款、失业贷款、微型企业创业贷款、特殊境遇妇女创业贷款，以及由部分银行所推出的加盟创业贷款等。

值得注意的是，成功的创业者应开辟各种渠道去募集充足的资金，作为创业的坚强后盾，千万不可只从单一渠道取得资金，以免一旦资金短缺时找不到后路应急。

第七环节：公司登记注册。

在做好上述几个环节工作之后，就可以着手向当地工商行政管理部门和税务机关申请公司登记注册、获得机构代码并领取营业执照和发票了。在此过程中，你必须去了解所有与工商企业管理法规相关的条文规定或许可证申请的细节。注意，各地政府对营利事业单位的规定可能有所差异，因此，你事前必须去询问清楚，有哪些是该特别注意的法律规范条文。这些资料一般可以在当地的中小企业协会或商会找到。

到此，你就可以凭借一个合法的营业机构去开拓事业，向创业目标努力。

**模块训练**

1. 训练内容：
创业机会的识别与创业项目的筛选。

2. 训练要求：

（1）以小组为单位一起商议，提出与所学专业有关的领域存在哪些创业机会和项目。

（2）根据市场经济知识和自身条件，分析、评判哪些创业项目具有可行性。

3. 操作步骤：

（1）按 7～15 人的规模自由建立讨论小组，推选组长和发言人。

（2）小组内运用联想等方式，识别与所学专业有关的创业机会，提出创业项目名称。

（3）小组内讨论商议，对提出的创业项目进行分析，列出其利弊，筛选出组内推荐的创业项目。

（4）提交小组推荐创业项目清单及推荐理由。

（5）各小组派代表发言，在班上陈述所推荐创业项目及理由。

（6）教师点评，同时主持开展"创业点子"竞赛活动。

**考评与反思**

1. 考评

请参照下表给出的评价标准，就每个同学在活动中的表现进行评价。

| 领域 | 具体表现 | 自我评分 | 小组评分 | 教师评分 |
|---|---|---|---|---|
| 过程 | 认真完成自学、练习任务（10分） | | | |
| | 主动咨询老师，积极参与小组讨论，阐明自己的观点（10分） | | | |
| | 帮助组内其他成员解决问题，与小组成员一起分享资源、观点，分担任务和责任（10分） | | | |
| | 代表小组发言，全面、准确汇报小组共同的学习成果（10分） | | | |
| 知识 | 掌握创业的原则、方法与途径，回答问题全面、准确（15分） | | | |
| | 了解创业所要经历的基本环节，回答问题全面、准确（15分） | | | |
| 技能 | 能运用创业原则和方法知识，分析、判断自己的创业机会（15分） | | | |
| | 根据所学专业特长，分析适合自己的创业方法和途径（15分） | | | |

评分合成后总得分（自评得分 ×0.1 + 小组评分 ×0.4 + 教师评分 ×0.5）：

2. 反思

对创业原则、方法和途径的理解与应用，你与其他同学有哪些异同？请结合自我评价、小组评价和教师评价结果，分析其中的原因。

# ᴹODULE 模块 3

## 编制创业方案

**知识储备**

创业方案是为一项业务进行规划、分配资源、集中要点、应付问题和把握机会而做的，它是一种为创业活动而制订的具体计划或可行性论证文案。对渴望了解创业并致力于创业的创业者来说，了解有关创业方案的知识越来越重要。

### 一、编制创业方案的意义

创业是一种具有高风险而又可能带来高回报的活动。创业者除应有强烈的创业热情和较高的能力外，还需要有理性的谨慎的思考来剖析创业活动的可能性，以提高创业成功的概率。

首先，创业之初，创业者编制创业方案可以使其理清自己的创业思路。对初期创业的创业者或创业风险企业而言，编制创业方案的作用显得尤为重要。一个酝酿中的创业项目往往很模糊，通过编制创业方案和活动计划，把正反理由都写下来，而后再逐条分析推敲。这样，创业者就能对项目有更清晰的认识。可以说，编制创业方案的过程，就是促使创业者不断加深对创业计划的认识与实施措施具体化的过程，对创业风险的防范和提高有效性具有重要作用。

其次，编制创业方案是实现创业目标的重要工作环节。创业需要有资金的支持，通过编制创业方案，可以把创业计划推销给风险投资家，以便筹集到创业所需要的资金。

最后，对已建立的企业来说，创业方案书可以为企业的发展定下比较具体的方向和重点，从而使员工了解企业的经营目标，激励他们为共同的目标而努力。

=== **知识拓展** ===

为了成功融资，创业方案中必须要说明两个问题：一是创办企业的目的。为什么要冒风险，花精力、时间、资源、资金去创办风险企业？二是创办企业需要多少资金？为什么要这么多的钱？为什么投资人值得为此注入资金？要让企业的出资者以及供应商、销售商等了解企业的经营状况和经营目标，说服出资者为企业的进一步发展提供资金。

### 二、编制创业方案的工作流程

编制创业方案一般要经历以下五个阶段的工作。

**（一）经验学习**

根据美国麻省理工学院斯隆管理学院创业方案大赛经验，要编制出色的创业方案，要注意吸收如下经验：

（1）组建一个包括技术人才和管理人才在内的具有综合性技能的团队；组建起来的团

队成员每人都应精力充沛，同时又能灵活、协调、有效地工作。

（2）开发出一种盈利模式，而不仅仅是一项发明。"仅仅说明你的产品或服务的性质还不够，还要清楚地阐明'谁、为什么、在哪里、什么时候、如何'这些关键问题。技术方面的东西不论如何具体，都不能取代清楚明确的市场营销方案。"这是一些编制创业方案成功者的经验之谈。"你这是一件技术发明，而不是一种盈利模式"，评审专家在淘汰一项创业方案时如是说。

（3）从各方面人士那里获取忠告，不论他们是同学、教师，还是竞争对手或家庭成员。

（4）分析顾客：他们在寻找什么？

（5）分析竞争对手：你有什么他们所不及的长处？

（6）展示你有能力获得一种持续的、有竞争力的优势，例如你能够设立市场进入障碍，或是拥有自主知识产权，使得对手们无法夺取你的市场。"千万记住告诉评审专家们，哪些人是你的顾客，他们如何能够从你的产品或服务中得到好处"，一位创业方案评审专家如是说。

（7）写作的文字要直接、中肯，记住，评审专家们会认真阅读你提交的文字材料。"要花费足够的时间和精力来撰写你的创业方案提要和创业方案全文，要竭尽全力，要严肃认真对待之"，这是一名编制创业方案成功者的体会。

（8）编制你的创业方案和时间安排时一定要实事求是、有根有据，注意避免好高骛远、不着边际。

（9）不要刻意在技术方面、质量方面和价格方面展开竞争。

（10）评审专家们就如同潜在的投资者，能够吸引他们的是你如何分析出一大片市场空间，他们喜欢的是潜力巨大、增长快速的业务。如果你把着眼点放在如何创造一项业务上，那编制的创业方案离成功就很近了。

**（二）创业构想**

作为创业家，应认真思考以下问题：

（1）市场机遇与开发谋略：社会面临什么问题？你准备以什么产品或服务来解决这个(些)问题？你的产品或服务的潜在销售额有多大？如何创造这些销售额？你的首批顾客何在？

（2）产品与服务构想：你的产品或服务如何能够针对真正的顾客需要，帮助他们解决面临的实际问题？你将如何销售自己的产品或服务？你的收入来自何处？要撰写你构想的产品或服务的简介，以便向潜在顾客展示。

（3）竞争优势：谁将是你的竞争对手？你的产品或服务与竞争对手的相比，在使用价值、生产成本、外观设计、环境和谐、上市时间、战略联盟、技术创新、同类兼容等方面有何长处？

（4）经营团队：如果团队已组织好，可以说明各人在其中承担何种角色，以及在这种角色方面已经具有的背景。如果团队仍未组织好，可以说明构成经营班子所需的人才与技能。

接着，认真思考和回答下述问题：

● 所说的业务是否具有高速增长的潜力？

● 所说的业务能否抵御竞争对手的竞争？

- 所说的业务需要多少前期投资？
- 所说的业务需要多长时间才能将产品推向市场？
- 所说的业务是否具有成为该市场领先者的潜力？
- 所说业务的创意目前开发得如何？
- 经营这项业务的团队队员的素质水平与技能互补如何？
- 凭什么说此项业务在今后几年（如五年）能够茁壮成长？

### （三）　市场调研

#### 1. 顾客调研

在进行市场调研的时候，千万记住要花些时间同实际上的潜在顾客接触。通常情况下，获得有关信息的最快办法，就是向知情者请教。你可以访谈和调查的方式，去接触潜在的顾客、供应商和竞争对手，这是最为有效、快速和可靠的办法。要找到采访和调查对象，可以翻阅黄页或上网查找相关信息。

至少找到三个你构想的产品或服务的潜在顾客，而且这三者之中至少有一个是你未来的产品或服务的分销商。只有借助这种分销商，你才能将自己的产品或服务推向目标市场。要设计调查问卷，并向这些潜在顾客提问。要将这种问卷答案、调查结果保存下来，以便作为今后实地工作的证据备查。要将对顾客调查的结果分析成一份 1 ~ 2 页的提要。要重视数据计量，如现有顾客数量、他们愿意为产品或服务付给的价格、你的产品或服务给这些顾客带来的经济价值等。还要搜集的数据包括顾客购买此类产品的时间周期，谁在决定是否购买，如何防范别人模仿你的产品或服务，为什么你的产品或服务对目标市场中的消费者或是用户而言具有应用意义，等等。

#### 2. 竞争对手调研

要找出你的竞争对手，分析该行业竞争的各个方面。在分销产品或服务方面，你会面临什么样的难题？是否有可能结成战略联盟？哪些可能成为你的盟友？将这些问题及其答案写成一份 1 ~ 2 页的提要。

### （四）　方案的起草

#### 1. 阐述市场、目标与谋略

这是创业方案中第一个重要部分，这部分的出发点应该是你所做的顾客调研和竞争对手调研的基本事实，并拟订创业方案大纲作为考虑问题的框架，尽可能将市场和谋略等问题分析得细致透彻。需要写作 3 ~ 5 页的文字，用计量方法分析市场机遇，阐述抓住这种机遇能获得的成就，以及你在实现盈利目标的过程中应采取的谋略细节。此外，要在这部分文字材料上附加市场展望依据，如顾客建议、调查数据、报刊文章、产品规格，或是你的产品或服务的推广资料。

#### 2. 介绍团队

撰写 2 ~ 3 页的文字材料，重点说明你组建的团队有能力实施此项创业，再分别说明各负责人的专业技能与有关背景。一般认为，风险投资公司最看重的，不是你的创意，而是操作创意的团队。此外，要用专门的一页细分团队中各成员作为创业者在该企业中所占股权的百分比。如果在此之外尚需外部融资，则专门用一个自然段来阐述整个创业团队愿意出让多大比例的股权，以换取多少外部投资。

3. 预算财务

要对此项创业进行全面的财务预算，包括用人民币计量的整个新创业务的价值。要注明财务预算所基于的所有假设条件。整个财务预算要与创业的创收创利指标一致，要符合创业谋略的要求。因此，需要通盘考虑实现创业所需的具体投资内容。

4. 创业方案全文

写好全文，加上封面，将整个创业要点抽出来写成提要，计划好创业活动的下一步安排，简要评估关键性风险，最后策划好风险化解思路。按下面的顺序将全套创业方案排列起来：

（1）市场机遇与谋略。

（2）经营管理。

（3）经营团队。

（4）财务预算。

（5）其他与听众有直接关系的信息和材料，如企业创始人、潜在投资人，甚至家庭成员等。

**（五）答辩准备**

讲解创业方案

要准备一段时间为 10 分钟的讲话，竭尽全力兜售你的风险创业方案。这可能是你的创业方案面临的第一次，甚至是最后一次展示机会。讲解方案要高度集中于创业中的关键要点，但也并非只是为创业方案提要中的各点进行辩护。要尽量利用视听设施来吸引观众。要用精确的市场分析和可靠的数据来说服投资家们，而对于讲解中没有提到的问题，要估计到他人可能的提问，并准备好自己的回答腹稿。

## 三、编制创业方案的标准模板

### （一）编制创业方案的关键内容

不同的项目与不同的操作人群制定的创业方案是有区别的，这就需要每个创业者与创业团队根据具体情况，准备合适的创业方案内容与架构。一般而言，一个创业方案应包括以下关键内容：

（1）概要：最后写这部分。这只需要 1~2 页的简要概述。

（2）公司阐述：法律形式、历史以及新开办的公司的方案等。

（3）产品或者服务：阐述你要销售什么。把重点集中在顾客利益上。

（4）市场分析：你需要知道你的市场、顾客的需求，他们在哪里以及怎样才能接触到他们。

（5）战略和执行：这要具体，要落实到具体步骤、日期与预算上。

（6）管理团队：团队主要成员的背景、人事计划以及其他有关的具体细节。

（7）财务计划：包括损益、现金流量、资产负债表、收支平衡分析、预测、财务比率等。

上面所列内容不是编写创业方案的顺序。比如说，虽然执行概要很明显是创业方案的第一部分，但是要在其他部分都完成以后再写它。它可以出现在最前面，但是你可以最后才写它。

**（二）创业方案要点的编排顺序（参考模板）**

1 执行概要

1.1 目标

1.2 任务

1.3 成功的关键

2 公司概要

2.1 公司的体制

2.2 公司历史（对于发展中的公司）或者新开办的公司的方案（对于新的公司）

2.3 公司的地址和设备

3 产品和服务

3.1 产品和服务阐述

3.2 竞争分析

3.3 销售计划

3.4 资源的获得

3.5 技术

3.6 未来的产品和服务

4 市场分析概要

4.1 市场细分

4.2 目标细分市场的策略

4.2.1 市场需要

4.2.2 市场趋势

4.2.3 市场增长

4.3 行业分析

4.3.1 行业的参与者

4.3.2 分销方式

4.3.3 竞争和购买方式

4.3.4 主要的竞争者

5 策略和执行概要

5.1 战略金字塔

5.2 价值定位

5.3 竞争优势

5.4 市场营销策略

5.4.1 定位阐述

5.4.2 定价策略

5.4.3 促销策略

5.4.4 分销方式

5.4.5 市场营销计划

5.5 销售策略

5.5.1 销售预测

=== 小案例 ===

广州某高校毕业生李军勇发现搜索引擎的搜索结果排名是可以人为改变的，只要网站建设中的各项基本要素能够符合搜索引擎的检索原则，那么网站就能在所有相关搜索结果中排到更靠前的位置。他在查找和阅读了大量相关的专业书籍、论文后，初步摸索出了一套如何帮助网址在搜索引擎的搜索中排名靠前的方法，并由此产生了创业的构想。

李军勇牵头组建了一个创业团队。为了把业务做精做专，他与合作者一起每天沉浸在讨论中，对着电脑和书本，一坐就是七八个小时。功夫不负有心人，经过短短一年多时间的努力，他们的团队已接到了两三百个客户项目，从起初一个月挣千把块钱，到现在能达到最高月收入 5 万多元。

点评：案例中李军勇的创业项目是起源于对他对日常生活的留心，并结合自己的专业技术特长而发展起来。

**模块训练**

1. 训练内容：

编制一个完整的创业方案。

2. 训练要求：

结合本单元上一模块各小组推荐的创业项目清单，选择其中某个项目，并为之编制一个完整的创业方案。

3. 操作步骤：

（1）延续上一模块训练时组建的小组，以小组为单位选择确定一个创业项目。

（2）小组内讨论、商议一个创业项目方案，并形成书面文本。

（3）提交创业项目方案。

（4）各小组派代表，轮流在班上发言，陈述创业项目方案内容。

（5）教师点评，并主持创业方案评比活动。

**考评与反思**

1. 考评

请参照下表给出的评价标准，就每个同学在活动中的表现进行评价。

| 领域 | 具体表现 | 自我评分 | 小组评分 | 教师评分 |
|---|---|---|---|---|
| 过程 | 认真完成自学、练习任务（10分） | | | |
| | 主动咨询老师，积极参与小组讨论，阐明自己的观点（10分） | | | |
| | 帮助组内其他成员解决问题，与小组成员一起分享资源、观点，分担任务和责任（10分） | | | |
| | 代表小组发言，全面、准确汇报小组共同的学习成果（10分） | | | |
| 知识 | 掌握创业方案的编制工作流程，回答问题全面、准确（15分） | | | |
| | 了解创业方案标准文本的结构与内容，回答问题全面、准确（15分） | | | |
| 技能 | 能根据创业方案的编制工作流程，拟订并尝试编制创业方案（15分） | | | |
| | 能根据所学专业特长或创业意向，按照创业方案标准文本格式，编制出适合的创业方案（15分） | | | |

评分合成后总得分（自评得分 ×0.1 + 小组评分 ×0.4 + 教师评分 ×0.5）：

2. 反思

对创业方案的编制工作流程与文本格式的掌握，你与其他同学有哪些异同？请结合自我评价、小组评价和教师评价结果，分析其中的原因。

# 巩固与提高

## 单元知识小结

创业是创业者通过发现和识别商业机会，成立活动组织，利用各种资源，提供产品和服务，以创造价值的过程。创业必须具备创业者、商业机会、组织、资源等要素。

自我创业是一种充满风险的实践活动，失败随时可能发生。对此，需要从理性上对创业者的活动加以规范，以增强创业成功的可能性。创业活动的理性规范主要表现在创业者对创业原则的遵守、方法的合理运用和对创业操作环节的把握。

创业方案是为一项业务进行规划、分配资源、集中要点、应付问题和把握机会而做的，它是一种为创业活动而制订的具体计划或可行性论证文案；编制创业方案一般要经历经验学习、创业构想、市场调研、方案的起草等阶段，其内容与架构应按照基本规范来设定。

**思考与练习**

1. 按 3～7 人的规模建立创业规划探讨小组，要求每人结合自己的专业提出一个创业构想，并在小组上交流、讨论。

2. 按照创业方案要点的编排顺序，编制一份创业方案文稿，并进行讨论、评比。

# 练就创业精神——培养创业心理素质

▶ **学习目标**

**知识目标**

- 认识创业所需的动机及其类型。
- 了解创业能力的要素构成及其培养方法与途径。
- 掌握创业素质的自我测评方法。

**能力目标**

- 能准确判断自己的创业能力，并结合自己的实际制订和实施创业能力培养计划。

▶ **名言名句**

改造自己，总比禁止别人来得难。——鲁迅

▶ **单元导学**

创业是充满风险的人生之路，创业者随时面临着各种危机和失败。它要求创业者不仅具有创业理念，掌握丰富的经营管理与专业知识，而且要做好充分的抗挫折心理准备。那么，创业者究竟应该具备怎样的心理素质呢？本单元将首先带领同学们了解自我创业的心理动力要素，接着练习培养创业能力，最后还将练习掌握创业素质评估。

# MODULE 模块1

## 自我创业的心理准备

**知识储备**

## 一、弄清自我创业的动机

当你有创业想法的时候，首先应该静下心来仔细地想想，"我为什么要创业？"也就是要思索创业的动机与原因。明确创业的动机与原因，并经过反复推敲后认定自己的创业动因是正确的，这有利于你在创业的过程中树立信心、坚定信念，克服创业中遇到的困难，为争取创业成功提供强大的内在动力。

创业学的理论认为，人的创业动因一般有如下几个方面。

**（一）为了做自己喜欢的事**

每个人对生活和工作都有自己的理解和追求。在有些人看来，就职于某家公司做一般工作甚至担任高级职务，虽然有较高的薪资、福利，但必须按照公司统一的规章和步调日复一日地重复着那份工作。假若自己创办公司，则可以选择自己喜爱的事业去开创，按照自己喜欢的方式去做自己喜欢的事。在自己创办的企业里为自己而工作，做自己喜欢的事情，去实现自己的人生理想与抱负，是大多数创业者的起始心理。

=== **小案例** ===

　　2007年毕业的小柯，高考时按照班主任和父母的意见报考了电子自动化专业。入学后，他发现自己不喜欢电子，而对经济与管理的知识非常感兴趣，所以他一有时间便去学习相关知识。毕业后，小柯就职于一个家电设计公司，从事小家电设计工作。由于没有兴趣，单位对他的工作状态十分不满意。后来，他到了另一个设计组，负责开拓市场的工作，热情非常高，业绩也很突出。再后来，他便毅然辞职，去创办自己的公司。他说："当初我创办公司目的很单纯，就是去做自己喜欢做又能做的事。"

**（二）为了不失去机会**

无论是有意或无意，你在工作中发现了很好的市场机会时，一般都会非常兴奋。这时只要条件允许，你可能会产生冲动而走向创业。这样的例子在古今中外是非常多的。一些高科技企业的创业，常常是在这样的情况下起步的。至于你认定的机会，也许是好的市场机会，也许是好的技术机会。当然，最好是来自市场与技术的结合。

=== **小案例** ===

　　搜狐公司董事局主席兼首席执行官张朝阳在解释自己创业的原因时说："重视自我，自我内心的感受重于一切，这是我创业的根本原因。在麻省理工学院博士毕业后，当时最热门的是到华尔街做分析员，待遇优厚。但我的内心告诉我，我应该尽快发挥自己的特长，这样我有了自己的第一份工作——作为麻省理工学院的驻中国代表。当我感觉到自己的事业在中国时，我回国了；当看到Internet的机遇时，我感觉我应该创业了。"

**（三）为了改变家庭与个人的经济状况**

这样的缘由也是在创业者中常见的创业理由，也是最原始的心理。由于在公司里工作的薪资不高，难以维持家庭的生活开销，或为了提高家庭生活的质量，他们经过分析后发现，要想改变命运或现实的生活，必须走自己创业之路，让自己的能力尽情地发挥，并获取更大的经济回报。许多出身贫寒、收入微薄的人，其最初的创业原因就是为了改变自己的生活，改变经济状况。东岭钢铁贸易集团的创业者李黑记先生，十几年前中专毕业分到一个国有物资公司工作，工作几年后看到自己无论怎样努力也解决不了成家立业所面临的现实问题，于是毅然辞职下海创业，现在已是身价过亿的"大款"。

**（四）为了实现自我价值**

官员位置有限而企业家位置无限，而且，随着市场经济的深入，企业家地位也逐渐提高。许多人最需要的就是独立，内心深处也都有一种非常强烈的需要，想做自己的事情，并在学习中不断提高。以此为目的的人在经营自己公司时成功的可能性非常大，他们喜欢以自己的眼光去看待事物，渴望彻底地控制自己的命运。

**（五）为了实现自己的社会理想**

是什么激励着人们走向创业之路的呢，是金钱吗？一项来自英国研究者的调查结果显示，在询问英国 800 家盈利小企业主关于是什么激励他们创业时，98% 的回答者将"个人获得成功的满足感"列为第一重要推动力，其中 70% 的人认为这是非常重要的因素。88% 的人回答，要"按自己的方式做事"，87% 的人将"做长远规划的自由"列为重要或非常重要。仅有 15% 的人认为"给后代留下什么"是非常重要的。从中可以看出，货币收益固然是重要的推动力，但是在创业者心目中并非是最重要的。如果仅仅认定创业者的创业就是为了金钱的话，很显然是幼稚的，是缺少对创业家的了解。

创业是人类进步的基础之一，创业与奋斗都是为了改变人的生活质量，提高生活水准。因此，实现自己的理想是创业的主要动机。

=== 知识拓展 =====================================

创业动机和目标直接影响创业的成败和难易。一般创业者的创业动机可分为以下四种类型：

（1）被迫型。这类创业者的社会关系不是很多，手中资源也有限，如毕业找不到工作的学生。他们多是白手起家，寻找机遇，从小企业开始创业，不断积累，逐步成长。

（2）主动型。这类创业者自身有一定的专业特长、资源市场或资金，利用这些资源优势，理性创业，充分准备，成功的概率比较高。

（3）资源型。这类创业者曾在党政军团、行政事业单位掌握过一定权力，或者在企业中有过相当的经历，在企业中掌握了相当多的资源，有着一定的市场资源、项目资源、资金资源、信息资源或人脉资源等。他们抓住适当的时机，开始创业。这类创业者，由于起步较好，资源丰富，成功概率很高，且大多数都能达到相当大的规模。

（4）随机型。这类创业者自身或家庭有良好的条件，创业风险对他们没太大压力，赚了钱更好，赔了也无所谓。创业对他们来说是一种令自己快乐的生活方式。

创业目标大致也可分为以下四类：

（1）想要实现个人梦想，相信创业是致富的唯一途径。

（2）能在市场上发现机会，并相信自己的经营模式比别人更有效率。

（3）希望将所拥有的专长发展成为新企业。

（4）已完成新产品开发，而且相信这项新产品能在市场上找到利润空间。

## 二、打造必备创业心理品质

创业心理品质，是在创业实践活动过程中对人的行为起调节作用的个性意识特征，包括情感和意志等方面的因素。从心理学的角度看，一个人的成才取决于其行为中的两种心理机能系统的相互作用，一是认知机能系统，它在智慧活动中，直接参与对客观事物认识的具体操作，如感知、记忆、想象和思维；二是非认知心理机能系统，它是不直接参与，但对智慧活动起维持、强化、定向、引导和调节作用的，创业心理品质主要属于此类。人们在创业过程中会遇到各种困难，要应对各种社会矛盾与冲突，这就需要调动个体创业心理品质这一调节系统的机能，配合自身创业能力的发挥。

卡耐基在很多书中都总结了自己的实践经验，其中特别强调了心理品质对人的活动所起的关键作用。美国著名管理专家威廉·拜格雷夫（William D. Bygrave）将优秀的创业管理人素质归纳为 10 个以 D 字母为首的要素：① 理想（dream）；② 果断（decisiveness）；③ 实干（doers）；④ 决心（determination）；⑤ 奉献（dedication）；⑥ 热爱（devotion）；⑦ 周详（details）；⑧ 命运（destiny）；⑨ 金钱（dollar）；⑩ 分享（distribute）。

根据我国的创业环境及众多成功案例，创业者应锻炼以下几方面的基本心理品质：

1. 独立性心理品质

创业既为社会积累物质财富和精神财富，又要使创业者得以谋生和立业。创业者首先要走出依附于他人的生活圈子，走上独立的生活道路。因此，独立性是创业者最基本的个性品质。这种品质主要体现在：一是自主抉择，即在选择人生道路，选择创业目标时，有自己的见解和主张；二是自主行为，即在行动上很少受他人影响和支配，能按自己的主张将决策贯彻到底；三是行为独创，即能够开拓创新，不因循守旧，步人后尘。

=== 知识拓展 ===

创业者具有独立性的人格，并不等于孤独，也不是孤僻。因为，创业活动尽管是个体的实践活动，但其本质是社会性的活动，是在人与人之间的交往、配合、协调中发生和发展并且取得成功的。因此，创业者具有独立性品质的同时还应具有善于交流、合作的心理品质。

2. 善于交流、合作的心理品质

在创业的道路上，必须摒弃"同行是冤家"的狭隘观念，学会合作与交往。通过语言、文字等多种形式与周围的人进行有效的交流与沟通，可以提高办事效率，增加成功的机会。在创业过程中，需要与客户和顾客打交道，与公众媒体打交道，与外界销售商打交道，与企业内部员工打交道。这些交往、沟通，可以排除障碍，化解矛盾，降低工作难度，增加与客户、同行和同事之间的信任度，有助于创业的发展。

3. 果断和敢为性心理品质

在市场经济大潮中，机会与风险共存。只要从事创业活动，就必然会有某种（些）风险伴随，且事业的范围和规模越大，取得成就越大，伴随的风险也越大，因此创业者需要承受风险的心理负担也就越大。立志创业，必须敢闯敢干，有胆有识，才能变理想为现实。要对瞄准的目标敢于起步，选定的事业敢冒风险。

=== 知识拓展 ===

敢为性（Social Boldness）的人对事业总是表现出一种积极的心理状态，他们不断地寻找新的起点并及时付诸行动，表现出自信、果断、大胆和一定的冒险精神。当机会出现的时候，往往能激起他们内心的冲动。敢为不是盲目冲动、任意妄为，而是建立在对主客观条件科学分析的基础上的。成功的创业者总是事先对成功的可能性和失败的风险进行分析比较，选择那些成功的可能性大而失败的可能性小的目标。

4. 敢于克服盲目冲动和私利欲望的心理品质

在创业过程中，创业者要善于克制，防止冲动，克制是一种积极有益的心理品质，它可使人积极有效地控制和调节自己的情绪，使自己的活动始终在正确的轨道上进行，不会因一时的冲动而引起缺乏理智的行为。

创业者在创业过程中要自觉接受法律的约束，合法创业、合法经营、依法行事；自觉接受社会公德和职业道德的约束，文明经商、诚实经营、互助互利。当个人利益与法律和社会公德相冲突时，要能克制个人欲望，约束自己的行为。

5. 坚持不懈、不屈不挠、顽强努力的心理品质

创业者需要百折不挠，坚持不懈的毅力和意志。能够根据市场的需要和变化，确定正确而且令人奋进的目标，并带领员工战胜逆境实现目标。创业者必须有一颗永远持之以恒的进取心。三心二意，知难而退，或虎头蛇尾，见异思迁，终将一事无成。

创业者的恒心、毅力和坚忍不拔的意志，是十分可贵的个性品质。遇事要沉着冷静、思虑周全，一旦做出行动决定，便抓住目标，坚持不懈。创业过程是一个长期坚持努力奋斗的过程，立竿见影、迅速见效的事是极少的。在方向目标确定后，创业者就要朝着既定的目标一步步走下去，纵有千难万险，迂回挫折，也不轻易改变初衷，半途而废。

6. 自我调节、适应性心理品质

"水因地而制流，兵因敌而制胜。故兵无常势，水无常形；能因敌变化而取胜者，谓之神。"面对市场的变化多端，竞争激烈，创业者能否因客观变化而"动"，灵活地适应变化，成为创业成功的关键所在。因而，创业者必须以极强的信息意识和对市场走向的敏锐洞察力，瞅准行情，抓住机遇，不失时机地、灵活地进行调整。在外部环境和创业条件变化时，能随机应变，用积极态度看待来自工作和生活的压力，冷静分析，控制压力，找出原因，缓解压力，甚至消除压力。力争将不利变有利，将被动变主动，将压力变动力。

=== **知识拓展** ===

在创业之初，就应做好失败的准备。要善于总结和吸取失败的教训，承认暂时的失败现实，做出适当的调整和"退却"，为将来的"进攻"积蓄力量。认识失败，承认失败，利用失败，在困难和挫折中前进，才能步步为营，转败为胜。在创业中，面对取得的成绩和阶段性的成功，要善于总结；看到存在的问题，明确今后努力的方向，找出保持成功势头和继续不断发展壮大的成功经验，避免骄傲自满，方能做到"善胜者不败"。

**模块训练**

1. 训练内容：

与大学生创业者沟通：到底什么性格的人适合创业？

2. 训练要求（2选1）：

（1）以小组为单位，采访当地2~5位大学生创业者（在校或已毕业均可），采访主题：

到底什么性格的人适合创业？

（2）以"性格，适合，创业"为关键词，通过网络搜索或图书馆检索资料，按照"适合创业的性格类型"进行整理归类。

3. 操作步骤：

（1）按 5～7 人的规模自由建立小组，推选组长和发言人，拟订采访提纲。

（2）每个小组在教师或其他社会关系人员帮助下，联系当地 2～5 位大学生创业者，提出采访要求。

（3）各小组在规定时间内，以"您认为什么性格的人适合创业？"为题，采访大学生创业者，记录并整理采访内容。

（4）各小组以"性格，适合，创业"为关键词，通过网络搜索或图书馆检索资料，按照"适合创业的性格类型"整理归类。

（5）小组内讨论确定采访报告或文献综述提纲与行文内容，提交题目为"什么性格的人适合创业"调查报告。

（6）各小组派代表发言，在班上陈述报告内容。

（7）教师点评。

## 考评与反思

1. 考评

请参照下表给出的评价标准，就每个同学在活动中的表现进行评价。

| 领域 | 具体表现 | 自我评分 | 小组评分 | 教师评分 |
|---|---|---|---|---|
| 过程 | 认真完成自学、练习任务（10分） | | | |
| | 主动咨询老师，积极参与小组讨论，阐明自己的观点（10分） | | | |
| | 帮助组内其他成员解决问题，与小组成员一起分享资源、观点，分担任务和责任（10分） | | | |
| | 代表小组发言，全面、准确汇报小组共同的学习成果（10分） | | | |
| 知识 | 了解创业心理驱动力类型，回答问题全面、准确（15分） | | | |
| | 领会创业基本心理素质构成及培养，回答问题全面、准确（15分） | | | |
| 技能 | 能结合所学专业特点，分析自己的创业动力与素质结构（15分） | | | |
| | 能针对自我创业心理素质现状拟订科学的培养计划（15分） | | | |

评分合成后总得分（自评得分×0.1＋小组评分×0.4＋教师评分×0.5）：

2. 反思

对创业动力、创业心理基本素质与培养要求的理解和应用，你与其他同学有哪些异同？为什么？请结合自我评价、小组评价和教师评价结果，分析其中的原因。

# ODULE 模块 2

# 掌握创业能力的要素与培养方法

**知识储备**

## 一、创业能力的要素

创业能力是一种特殊的能力，这种特殊能力影响着创业活动的效率和创业的成功与否。创业能力是由一些要素组成的，它们的有机结合，便形成了具有一定创业功能的创业能力结构体系。创业能力的基本要素一般包括组织领导能力（战略管理能力、学习决策能力），业务能力（经营管理能力、专业技术能力与交往协调、资源整合能力）和创新能力。

### （一）组织领导能力

**1. 战略管理能力**

战略是依据企业的长期目标、行动计划和资源配置优先原则设定企业目标的方法。因为战略是为企业获取可持续竞争优势而对外部环境中的机遇和威胁以及内部中的优势和劣势做出的反应。它是对企业竞争领域的确定，所以战略就是企业的生命线，战略也是企业腾飞的起跳板，一个及时、果敢、英明的战略决策是企业由蛹化蝶、由小到大、由平凡到伟大的最初推动之力，错误的战略会葬送一个企业。战略管理能力包括战略思维、战略规划和设计等，是一个创业者的核心领导能力。

**2. 学习决策能力**

正确决策是保证创业活动顺利进行的前提。尤其是有关创业机会的识别和选择，创业团队的组建，创业资金的融通，企业发展战略的规划以及商业模式的设计等重大决策，直接关系着对创业全局的驾驭和创业的成败。要决策正确，要求创业者具有较强的信息获取和处理能力，能敏锐地洞察环境变动中所产生的商机和挑战，形成有价值的创意并付诸创业行动。特别是要随时了解同行业的经营状况及市场变化，了解竞争对手的情况，做到"知己知彼"，以便适时调整创业中的竞争策略，使所创之业拥有并保持竞争的优势。同时，通过不断进行创新思维和创新实践，进行反思和学习，总结创新经验，吸取失败教训，及时修正偏差和错误，进一步提高决策能力，促进企业健康成长。

### （二）业务能力

**1. 经营管理能力**

经营管理能力是指创业者对人员、资金以及企业的内部运营的能力。它涉及人员的选择、使用、组合和优化；也涉及资金聚集、核算、分配、使用、流动。经营管理能力是一种较高层次的综合能力，是运筹性能力，它包括团队组建与管理能力，市场定位与开拓能力，企业文化设计与培育能力，应付突发事件能力等。其中团队组建能力十分重要，一个企业需要细致的"内管家"、活跃的"外交家"、战略的"设计师"、执行的"工程师"、发散思维的"开拓者"、内敛倾向的"保守派"；需要技术研发、市场开拓和财务管理等方方面面的人才，工作分工不同，需要不同个性的人。创业者既需要能够把不同专长、不同个性的人才凝聚在一起，更要能够让他们在一起融洽地、愉快地工作，组成优势互补的创业团队，形成协同优势。可以说，经营管理能力是解决企业生存问题的第一要素。

2. 专业技术能力

专业技术能力是指创业者掌握和运用专业知识进行专业生产的能力。专业技术能力的形成具有很强的实践性。许多专业知识和专业技巧要在实践中摸索，逐步提高、发展、完善。创业者要重视创业过程中专业技术知识方面的经验积累和职业技能的训练，对于书本上介绍过的知识和经验在加深理解的基础上予以提高、拓宽；对于书本上没有介绍过的知识和经验要探索，在探索的过程中要详细记录、认真分析，进行总结、归纳，上升为理论，形成自己的经验特色，并积累起来。只有这样，专业技术能力才会不断提高。

3. 交往协调、资源整合能力

交往协调、资源整合能力是指创业者能够妥善地处理与公众（政府部门、新闻媒体、客户等）之间的关系，以及能够协调下属各部门成员之间关系的能力。创业者应该做到妥当地处理与外界的关系，尤其要争取政府部门、工商以及税务部门的理解与支持，同时要善于团结一切可以团结的人，团结一切可以团结的力量，求同存异，共同协调发展，做到不失原则、灵活有度，善于巧妙地将原则性和灵活性结合起来。总之，创业者只有搞好内外团结，处理好人际关系，才能建立一个有利于自己创业的和谐环境，为成功创业打好基础。

=== **知识拓展** =========================================

交往协调能力在书本上是学不到的，它实际上是一种社会实践能力，需要在实践活动中学习，不断积累总结经验。这种能力的形成：一是要敢于与不熟悉的人和事打交道，敢于冒险和接受挑战，敢于承担责任和压力，对自己的决定和想法要充满信心、充满希望。二是养成观察与思考的习惯。社会上存在着许多复杂的人和事，在复杂的人和事面前要多观察多思考，观察的过程实质上是调查的过程，是获取信息的过程，是掌握第一手材料的过程，观察得越仔细，掌握的信息就越准确。观察是为思考做准备，观察之后必须进行思考，做到三思而后行。三是处理好各种关系。可以说，社会活动是靠各种关系来维持的，处理好关系要善于应酬。应酬是职业上的"道具"，是处事待人接物的表现。心理学家称：应酬的最高境界是在毫无强迫的气氛里，把诚意传达给别人，使别人受到感应，并产生共识，自愿接受自己的观点。搞好应酬要做到宽以待人、严于律己，尽量做到既了解对方的立场又让对方了解自己的立场。交往协调能力并不是天生的，也不会在学校里就形成了，而是在走向社会后慢慢积累社会经验，逐步学习社会知识后形成的。

### （三）创新能力

创新是一种对未知世界、未知领域的探索性活动。创新是推动人类社会快速发展的动力，是培育人才的摇篮。中科院院士朱清时教授把创新人才的素质归结为六点：广博的多学科交叉的知识，好奇心和兴趣，直觉或洞察力，勤奋刻苦，集中注意力，被社会接受的素质（包括诚实、责任感和自信心）。

创新的实质是通过科学研究、生产活动和管理实践，创造新的理念、产品或服务成果并将其转化为生产力，以促进社会经济的发展。不论是知识创新、技术创新还是管理创新，创新的主体是人，创新的成果都要靠人来完成。创新能力是创业人才的核心。在创业者的创业过程中，无论是发现新的创意、捕捉新的机遇、寻找新的市场，还是撰写一份有潜质的创业计划，以至于创业融资、创办公司，企业运作、管理和控制，都包含着创新的内容。所以，作为一个创业者或创业团队，必须具备市场、技术、管理和控制的创新能力。

=== **知识拓展** ===

　　创新是知识经济的主旋律，是企业化解外界风险和取得竞争优势的有效途径，创新能力是创业能力素质的重要组成部分。它包括两方面的含义，一是大脑活动的能力，即创造性思维、创造性想象、独立性思维和捕捉灵感的能力；二是创新实践的能力，即人在创新活动中完成创新任务的具体工作的能力。创新能力是一种综合能力，与人们的知识、技能、经验、心态等有着密切的关系。具有广博的知识、扎实的专业基础知识、熟练的专业技能、丰富的实践经验、良好的心态的人容易形成创新能力，它取决于创新意识、智力、创造性思维和创造性想象等。

## 二、创业能力的培养

　　罗马俱乐部会长奥锐里欧·贝恰（Aurelio Deccei）认为："未开发的、未使用的能力，这一莫大的财富就蕴藏在我们自身的内部。""人的基本的学习能力、被忽视的技能，以及其他未被发掘的积极的资质和态度等，都完全可以为理想的目的所刺激，进行锻炼，加以开发和发挥。"他的这种说法很有道理。其实，我们的创业能力就潜在于每个人自身之中，创业能力的培养任务就是要通过教育把这种潜在的能力外化形成实实在在的现实的能力。创业能力的培养主要有以下途径。

### （一）激励机制——培养创业意识

　　创业意识对于创业能力的形成和创业实践活动具有推动作用。创业意识绝非心血来潮，也不能一蹴而就，它是创业者在创业实践活动中培养、积累和升华的结果。首先，它是创业主体应创业需要而产生的，这是创业活动的最初的诱因和动力，在这一过程中外在的教育和社会客观需要对它的产生起着促进和决定作用。其次，把创业需要转化为创业动机，是一种竭力追求并获得最佳效果的心理动力。最后，创业理想的树立，是创业意识基本形成的标志。有了创业意识就会促进形成坚定的创业信念，从而促进创业者提高创业能力，积极投身于创业实践活动。创业意识越强，其效果越大，正所谓："取乎其上，得乎其中。取乎其中，得乎其下；取乎其下，则无所得矣。"因此，创业能力的培养，首先要重视创业意识的培养。

=== **小案例** ===

　　四川吉明公司总裁董吉明初中毕业后在邮局当接线员，他不甘于这种平常的职业生活，于是刻苦自学，如愿考到邮电学院，但因被错划为"三反分子"而被迫放弃了上学的机会。但在强烈的创业意识支配下，1983 年，他扔掉铁饭碗，用仅有的 1 000 元钱办起了养鸡场，并获得极大成功。他又在把事业做大的意识支配下，转行搞起了光纤通信项目，现已成为产值超亿元的吉明光纤通信公司的总裁。
　　点评：可见，创业意识对其创业成功起到了巨大的作用。

### （二）调控机制——培养良好的创业心理品质

心理学研究表明，非智力因素及情商在个体活动中具有决定性的作用。在创业能力的形成中，必须重视发挥创业心理优势，消除创业心理障碍。正所谓："天将降大任于斯人也，必先苦其心志，劳其筋骨，饿其体肤，空乏其身，行拂乱其所为，所以动心忍性，增益其所不能。"从肯定方面看，根据有关调查结果，独立性、敢为性、坚韧性、克制性、适应性、合作性这六种要素对于创业能力的形成有积极的调控作用，意志力是创业心理品质高低的核心问题。从否定方面看，有三种心理障碍，应予以克服：人格障碍，如依赖、自卑、畏缩；情绪障碍，如抑郁寡欢、过度焦虑；行为障碍，如急于求成，目标多变。

大量创业事例研究表明，心理承受力具有至关重要的作用，企业家成功率与其心理承受力呈正相关，心理承受力越强，成功系数越大，反之则越小。

=== 小案例 ========================================

　　小魏是一位来自农村的大学生，大学毕业后本来可以在城市里找到一份像样的工作，家人也都希望他能留在城里发展，这是他们供他上大学的主要目的之一。但他却不顾家人的强烈反对，毅然回到家乡办起了养猪场。他承受了缺少资金、市场变化、家人反对和社会舆论等重重压力，现已将养猪场发展为一个上千万元资产的公司。

　　点评：从这个案例可以看出，如果小魏没有良好的心理品质做支撑，他就很难坚持创业并取得成功。因此，我们必须注意培养良好的创业心理品质。

### （三）资源机制——构筑网络化创业知识结构

知识本身是个体创业基本素质的重要组成部分，美国管理学权威彼得·德鲁克（Peter F. Drucke）认为："在现代经济中知识正成为真正的资本与重要的财富。"他的这段话在一定程度上反映了现代知识经济的特点。正是这个信息时代的知识经济特点，又在客观上向个体提供了掌握知识的压力与动力。传统的线性化知识结构已不能满足现代社会发展的需要，个体只有构筑起广博交叉的网络化知识结构，才能形成很强的创业能力，走成功的创业之路。作为一个创业者，首先要具有与其所创事业相关的专业知识，同时还应该有经营管理知识和其他综合知识。在社会关系愈来愈复杂的情况下，创业者的社会综合知识的作用日益突出。

=== 小案例 ========================================

　　海尔集团电冰箱公司一分厂生产厂长郭宣栋，原是平度市职业中专学校施工班毕业生，在学习期间，其专业素质和组织管理能力都是班里的佼佼者，他还选修了机电、电子等课程，并多次获得科研成果奖。1995年，他加入海尔公司，本着"先学会做人，再学会做事"的原则，一方面下苦功夫钻研业务，打下坚实基础；另一方面为自己创造了良好的人际交往氛围，使他在工作中很快做出了成绩，连续被提升为班长、车间主任。1997年，被任命为冰箱公司一分厂生产厂长。

　　点评：此案例中的郭宣栋，注重用知识"武装"自己，并最终获得成功。

### （四）整合机制——通过创业活动形成创业能力

无论是培养创业意识、创业心理品质，还是系统构建创业知识网络，都要通过创业活动才能变为现实创业能力。因此，创业实践活动是创业能力的整合机制。但是在我们的传统教育中，学生在学校的活动并不是创业活动，而是学业活动。这就需要我们在培养创业能力的过程中，主动创造各种条件，直接参加社会实践活动，积极走向社会，走向生产、经营第一线，让我们在实践活动中萌生创业意识，培养创业心理品质，调整和丰富知识结构，锻炼才干，从而形成真正的创业能力。不仅如此，从创业教育的发展方向上看，应该对当前的培养模式进行根本性改革，即应围绕创业能力的培养来设计教学内容和教学活动，特别是应当变学业活动为创业活动，让自己在参与学校学习活动的过程中，同时体验到创业实践的演练过程。比如建筑装饰专业的学生就可以承包一定的建筑装饰设计任务，直接参加建筑装饰生产经营和管理，这样便能让我们在实践中整合自己各方面的知识、素质和能力，使之成为实际创业能力。

### （五）学习机制——培养创新能力

创新学习理论提倡鼓励学习者树立创新意识、创新精神和重视培养创新实践的能力。创新意识，即培养学习者具有强烈的创新欲望和兴趣，善于发现问题并积极探求的心理取向、责任感以及创新信念品质。创新精神，即勤于思考、乐于实践、刻意求新的精神，它是培养我们创新能力的根本和前提。创新能力要求我们初步具有信息加工能力，分析探究问题能力，能应对一般工作以及动手操作能力，掌握和运用创新技法能力，创新成果的表达、表现和物化能力以及产生创造发明成果能力等。在学习知识的过程中，我们要以已有知识为基础，结合学习的实践和对未来的设想，独立思考、大胆探索、标新立异，积极提出自己的新思想、新观点、新思路、新问题、新设计、新途径、新方法。创新对于求学期间的学生来说，也可以是观念上的创新。在许多情况下，作为学生，我们表现出的创新，甚至包括课堂上提出的解决难题的新办法或新策略。只要对我们本人来说是新的或独特的，是有意义的或具有社会价值的，就值得探索。

此外，在投身创业实践的过程中，我们还要努力培养自己的求新求异心理，这是积极进取、蓬勃向上、富有生命力的表征。创业者在创业之初，一切都处于全新状态，创业者会花费大量心力试图创建一种公司经营运作的模式，这对于公司的健康成长是非常必要的。在公司初创成功、稳步成长的同时，创业者千万不要忘了求异。世上万物都在变化，尤其在商界，事物变化的速度越来越快。商业经营的是人们的品位，创造的是人们的生活方式，并为人类自下而上地提供不同的选择方案。消费者会因为新产品的出现而放弃旧的产品。创业者在创业伊始要紧紧把握消费者喜新求异的心理，在消除消费者疑虑的同时大力宣传产品的时代感，使之能迅速满足人们求新求异的愿望。

### 模块训练

1. 训练内容：

辩论：在创业成功的问题上，知识与技术作用大，还是心理素质作用大？

2. 训练要求：

（1）每位同学必须加入到三大辩论阵营之一，即赞成知识与技术作用大者阵营，赞成心理素质作用大者阵营，赞成两者作用不相上下者阵营。

（2）每位同学必须为自己所持观点提出至少一条支持理由和一条反驳对方观点的理由，每条理由尽可能用客观事例或数据作支撑。

3. 操作步骤：

（1）按所持观点的不同，组建三大辩论阵营（若只有两种观点支持者，则组建两大阵营），即赞成知识与技术作用大者为甲方，赞成心理素质作用大者为乙方，赞成两者作用不相上下者为丙方，甲、乙、丙方各推选出队长、主辩人。

（2）甲、乙、丙各方课前均需搜集支持证据和预想的反驳证据。

（3）三方进行课堂辩论。

（4）教师点评，指出各方观点所存在的漏洞，最后引导学生形成综合性认识。

### 考评与反思

1. 考评

请参照下表给出的评价标准，就每个同学在活动中的表现进行评价。

| 领域 | 具体表现 | 自我评分 | 小组评分 | 教师评分 |
|---|---|---|---|---|
| 过程 | 认真完成自学、练习任务（10分） | | | |
| | 主动咨询老师，积极参与小组讨论，阐明自己的观点（10分） | | | |
| | 帮助组内其他成员解决问题，与小组成员一起分享资源、观点，分担任务和责任（10分） | | | |
| | 代表小组发言，全面、准确汇报小组共同的学习成果（10分） | | | |
| 知识 | 了解创业能力要素结构，回答问题全面、准确（15分） | | | |
| | 领会创业能力要素培养的方法，回答问题全面、准确（15分） | | | |
| 技能 | 能运用创业能力要素知识，分析自己和他人的创业能力结构（15分） | | | |
| | 能结合专业特点和自我创业能力结构现状拟订科学的培养计划（15分） | | | |
| 评分合成后总得分（自评得分×0.1＋小组评分×0.4＋教师评分×0.5）： | | | | |

2. 反思

对创业能力要素与培养的理解和应用，你与其他同学有哪些异同？为什么？请结合自我评价、小组评价和教师评价结果，分析其中的原因。

# MODULE 模块3
## 创业素质的评估

### 知识储备

在创业开始之前，创业者需要评估自己的优势和劣势，看看自己是否具备创业的素质和能力。对此，已有许多相关研究成果，同学们可参考本节相关内容进行自我测试。

## 一、科学的量化创业素质评估方法

科学的量化创业素质评估方法首先要建立构建创业素质评价的指标体系，并编制和使用具有一定信度、效度的量表来收集被评估者的资料，然后采取定量与定性相结合的方法进行评估。

为提高评估的有效性，科学的量化评估方法往往要设定系列的评估原则，在此基础上提出量化指标、构建评价模型并确定权重和评价集。这种方法的实施过程比较复杂，一般要由专业人士来操作。对此，本节不予详细展开。

=== 知识拓展

有研究者提出了一种适合在校学生的创业素质评估模型，方法如下：

（1）确立量化指标。根据大学生创业素质评价的基本内容与指标体系，通过师生测评、问卷调查、单项考试、查阅资料、特殊观察、分析研究等多种切实有效的方式，把大学生创业素质评价的各项指标进行量化。

（2）建立评价模型。对大学生创业素质评价，可以依据指标体系，用模糊数学的方法，建立综合评价模型。

因素库为：

$Y$ = ｛创业意识和品质、创业知识、创业能力｝

其中子集：

$Y_1$ = ｛勇气和胆量、意志和毅力、吃苦耐劳、社会责任感、信用｝

$Y_2$ = ｛管理知识、专业知识、市场经济理论知识、创业基本知识、法律知识｝

$Y_3$ = ｛资源利用能力、领导和管理能力、表达能力、人际交往能力、经营业务能力、创新能力｝

建立权重：

$Q$ = ｛0.3、0.3、0.4｝

建立评价集：

$P$ = ｛优秀、良好、一般、较差｝

## 二、创业素质自测

### （一）基本创业素质自测

创业是一个充满成就感、诱惑力的词语，但并非每一个人都适合走创业、当老板的道路。美国 HMO（health maintenance organization）协会设计出了一份问卷，可使你在做出决策前对自己有一个初步的了解。

下列各题均有四个选择，答案：A. 是（记 4 分）；B. 多数（记 3 分）；C. 很少（记 2 分）；D. 从不（记 1 分）。请在符合你实际情况的小括号内填上 A、B、C、D。

1. 在亟须做出决策的时候，你是否在想："再让我考虑一下吧?"（　　　　）

2. 你是否为自己的优柔寡断找借口说："是得好好慎重考虑，怎能轻易下结论呢?"

（　　　　）

3. 你是否为避免冒犯某个或某几个有相当实力的客户而有意回避一些关键性的问题甚至表现得曲意逢迎呢？（　　　）

4. 你已经有了很多写报告用的参考资料，但仍责令下属部门继续提供？（　　　）

5. 你处理往来函件时，是否读完就扔进文件框，不采取任何措施？（　　　）

6. 你是否无论遇到什么紧急任务，都先处理琐碎的日常事物？（　　　）

7. 你非得在巨大的压力下才肯承担重任吗？（　　　）

8. 你是否无力抵御或预防妨碍你完成重要任务的干扰与危机？（　　　）

9. 你在决定重要的行动计划时常忽视其后果吗？（　　　）

10. 当你需要做出可能不得人心的决策时，是否找借口逃避而不敢面对？（　　　）

11. 你是否总是在快下班时才发现有要紧事没办，只好晚上回家加班？（　　　）

12. 你是否因不愿承担艰巨任务而寻找各种借口？（　　　）

13. 你是否常来不及躲避或预防困难情形的发生？（　　　）

14. 你总是拐弯抹角地宣布可能得罪他人的决定吗？（　　　）

15. 你喜欢让别人替你做自己不愿做的事吗？（　　　）

诊断结果：

50～60分：你的个人素质与创业者所需素质相差甚远。

40～49分：你不算勤勉，应彻底改变拖沓、效率低的缺点，否则创业只是一句空话。

30～39分：你在大多数情况下充满自信，但有时犹豫不决，不过没关系，有时候犹豫是成熟、稳重和深思熟虑的表现。

15～29分：你是一个高效率的决策者和管理者，更是一个成功的创业者，具有良好的心理素质和坚忍不拔的毅力。

**（二）果断性测试**

果断性是指一个人能明辨是非，在紧急关头能当机立断地做出决定并执行决定。果断性是以正确认识、当机立断与勇敢行动为特征，以深思熟虑和审时度势为前提条件。果断，不是面对抉择或突变瞻前顾后，犹豫彷徨；也不是轻率冒失，马上行动；更非排斥他人建议，主观武断。成功的创业者是一个决策者、战略家。你的果断性如何？你是否具备果断性的基本素质？下面测试使你对自己的果断品质有一个了解。请对问题做出肯定或否定的回答，将"是"或"否"置入题后小括号中。

1. 你能在旧的工作岗位上轻而易举地适应与过去的习惯迥然不同的新规定、新方法吗？
（　　　）

2. 你进入一个新的单位，能够很快适应这一新的集体吗？（　　　）

3. 你要为家里购买一架风扇，发现风扇造型、档次、功效的种类极为丰富，远不是当初想象的那么简单。你是否会走遍全市所有商店才决定要买哪种？（　　　）

4. 若熟人为你在其他单位提供一个薪俸更加优厚的职位，你会毫不犹豫答应前往吗？
（　　　）

5. 如果做错了事，你是否打算一口否认自己的过失，并寻找适当的借口为自己开脱？
（　　　）

6. 平常你能否直率地说明自己拒绝某事的真实动机，而不虚构一些理由来掩饰之？
（　　　）

7. 在讨论会上，经过一番辩论和考虑，你能否改变自己以前对这个问题的见解？
（　　　　）

8. 你履行公务或受人之托阅读一部他人作品，作品主题正确，可你对写作风格很不欣赏。那么，你是否会修改这部作品，并坚持按自己的想法对它做大幅度修改？（　　　　）

9. 你在商店橱窗里看到一件十分中意的东西，它对你并非必需，你会买下来吗？
（　　　　）

10. 如果一位很有权威的人士对你提出劝告，你会改变自己的决定吗？（　　　　）

11. 你总是预先设计好度假的节目，而不是"即兴发挥"吗？（　　　　）

12. 对自己许下的诺言，你是否一贯恪守？（　　　　）

13. 假若你了解到在某件事上上司与你的观点截然相反，你还能直抒己见吗？
（　　　　）

14. 今天是校友会踏青的日子，你打扮得潇洒利落。但天气似乎要变，带雨具又难免累赘拖沓，你能很轻松地马上做出决定吗？（　　　　）

15. 你花费了很多时间、精力搞出一个设计方案，按说也不错，可总觉得非最佳方案。你是否请求暂缓实施方案，再仔细斟酌一下呢？（　　　　）

评分标准如表 8-1 所示。

表 8-1　评分标准

| 题号 | 是 | 否 | 题号 | 是 | 否 | 题号 | 是 | 否 |
| --- | --- | --- | --- | --- | --- | --- | --- | --- |
| 1 | 3 | 0 | 6 | 2 | 0 | 11 | 1 | 0 |
| 2 | 4 | 0 | 7 | 3 | 0 | 12 | 3 | 0 |
| 3 | 0 | 3 | 8 | 2 | 0 | 13 | 3 | 0 |
| 4 | 2 | 0 | 9 | 0 | 2 | 14 | 2 | 0 |
| 5 | 0 | 4 | 10 | 0 | 3 | 15 | 0 | 3 |

诊断结果：

● A 型（0~12 分）：优柔寡断。任何决定对你来说都是一桩难事，你总得反复和朋友商量后才能做出一个并不爽快的决定；如果有谁替你做出所有决定，你简直对他（她）感激不尽了；你使人觉得难以信赖，与你共事或生活会觉得疲劳。不过你无须绝望，试着在日常琐事上"冒冒险"，天长日久会有所改善的。

● B 型（13~24 分）：小心审慎。在需要紧急决断的事上，你可以当机立断。一旦做决定的时间较为充裕，各种疑虑便向你袭来。于是，你就希望依靠别人，或者和朋友商量或者去征求师长、上级的"同意"。其实你是有决断能力的，相信自己的头脑和经验吧。

● C 型（25~36 分）：相当果断。你具有足够的逻辑判断力及丰富的经验，这使你能迅速做出合理的决定，偶尔出现失误，你一意识到就会加以补救；你不经常询问他人意见，但从不排斥别人的建议；你一下定决心，通常会坚持到底，但不会为维护脸面而坚持错误。你具备成功者的良好素质，如果能在一些自己不在行的方面多请教别人，会使你减少因失误造成的损失。

● D 型（37 分以上）：极其果断。你不曾体验过犹豫的滋味。如果辅以开阔的眼界及合理的知识结构，你会是大集团强有力决策人的合适人选。

**（三）压力应变能力测试**

压力在我们生活中是无处不在的，压力有大有小，面对不同的压力有不同的应变方法。你面对不同的压力会采取什么措施呢？以下有几个生活中的特殊事例，看看你是怎么应付的。本组试题是测试你的压力应变技巧。

1. 瓦里斯太太常常压制自己，宁愿自己过平淡的寡妇生活，也要使她的两个女儿得到完美的婚姻。她以一点也不含自私的心理去参与她女儿们的交际。可是很奇怪的是，她发觉自己虽然徐娘半老，却是女儿们的情场劲敌。瓦里斯太太应该（        ）。

  A. 将她的女儿们软禁在家中，做些烦琐的家务

  B. 叫她的女儿们鼓起勇气，与她在情场上一决雌雄

  C. 继续参加女儿们的聚会，但是降低她的魅力

  D. 同她的意中人结婚，跳出这感情错综复杂的圈子

  E. 告诉那些猎艳的男人们，她并非猎物之一

2. 杰克是一个仁慈的基督教徒，爱好种植果树。有一天，他的爱子很懊丧地告诉他说：一个跟他要好的小学同学因品行不良而屡次遭到老师斥责。果然，数天之间，那个小孩接连在他的园子里偷了好几次果子，但是杰克知道那个孩子家中很贫困，处境不佳。于是杰克（        ）。

  A. 将那小孩捉到警察局里去

  B. 等他再来偷时把他捉住，痛打一顿

  C. 把这事告诉老师，请他代为解决

  D. 设法使他脱离这个糟糕的环境而由杰克出钱来教养他

  E. 将这个情形告诉慈善救济会，请他们救济他的家庭

3. 怀特太太是一个能干的妇人，擅长交际。她现在要招待一位贵宾，这位贵宾对饮食很讲究，并且是怀特先生的上司。因此，这次招待得周到与否，对于她的先生的前程大有关系。怀特太太应该（        ）。

  A. 叫新来的厨子做一桌精美的食物

  B. 亲自下厨做几盘精美的好菜

  C. 请客人到著名的酒楼去吃一顿

  D. 请些有趣的亲友作陪，再预备些丰盛可口的饭菜

  E. 办一席酒筵

4. 玛丽小姐是一位多才多艺又很能干的女郎，在事业上已经有相当的经验和成就。可是她专制的未婚夫禁止她歌唱、写作和播音；因为他认为她的歌唱不入调，她写作的思想不成熟，所以要她做他的私人秘书。玛丽小姐应该（        ）。

  A. 解除婚约              B. 只做一些写作工作

  C. 只与歌咏队合唱        D. 只做极普通的播音

  E. 接受那个秘书的职位

5. 杰克是一位聪明而情感丰富的未婚男子，对世事不是很感兴趣。他喜欢一个行为不正的同事的女儿，那位同事暗中非法侵占公司的款项，不过不易找出犯罪的证据。这笔款子

现在还有时间追回，可是他同时和他同事的妻子发生恋爱。杰克应该（　　　　）。

    A. 长期诉讼，以便追回已占款项

    B. 揭露同事的不法行为，作为将来他妻子同他离婚的理由

    C. 以揭露同事的不法行为相要挟，叫他同事与妻子离婚并要求他立即辞职

    D. 因为爱他同事的女儿，所以放弃对同事妻子的爱

    E. 和他同事的妻子与女儿一起私奔

6. 约翰先生素怀大志，但眼下颇为拮据，因此很想利用结婚来弄些钱。他有四个对象：海伦每天都要去参加音乐会，陶乐斯很喜欢大家庭制；乔赛斐常要人跟她一同去旅行，琼是一位极活跃的政治领袖。但约翰先生对于旅行、音乐、家庭以及政治都不感兴趣。他应该和（　　　　）结婚。

    A. 海伦                      B. 陶乐斯

    C. 乔赛斐                 D. 琼

    E. 不与其中任何人

7. 伊莫奇是个早熟而伶俐的女孩，她与她慈爱的母亲和思想健全的父亲同住在一个小村子里。她常偷听父母对邻居不满的评论并加以宣扬。当她母亲知道她的爱女把他们的私语在外边宣扬的时候，应该（　　　　）。

    A. 对邻居以幽默的态度解释伊莫奇尚年幼，所言均非事实

    B. 对于伊莫奇所宣扬的坏话加以否认

    C. 严厉指责伊莫奇使她以后不敢多嘴

    D. 与邻居反目

    E. 从此以后缩小谈话范围，只谈政治与家常琐事

8. 富翁雷特是福伦制造厂的总经理，为人很保守，得知他的爱女要同一个激进的年轻人维克多订婚，雷特应该（　　　　）。

    A. 叫他私人雇用的打手将维克多毒打一顿

    B. 设法纠正维克多的思想

    C. 禁止他们结婚

    D. 叫他的爱女去周游世界以避免对方的追求

    E. 给维克多一个管理工人的要职

9. 雷纳太太是一个肥胖、随和，而且很会计划的妇人，每天早晨都按时坐公共汽车到办公室。有一天早晨，她迟到了一些，当她喘着气赶到公共汽车站时，一部车子刚巧开走了。她应该要（　　　　）。

    A. 大声叫喊，叫公共汽车停一停    B. 跟着公共汽车跑过一站，再坐上去

    C. 等第二部公共汽车              D. 奔到街心，跳上那部公共汽车

    E. 坐出租汽车

10. T博士是一位有自信心的心理学教授，他18岁的儿子是个情绪容易冲动的青年。有一天夜里，这位青年在公路上开车，不留神将一个老人碾死了，当时他大声叫喊，狂按喇叭，可是无人答应。他知道这件事并无第二人知道，回家后向父亲求助。T博士应该（　　　　）。

    A. 立即叫警察                  B. 请律师想办法

    C. 讳言事实，以缓和他儿子的情绪    D. 设法诱导他儿子去自首

E. 绝口不谈此事，禁止他儿子再开汽车

评分标准如表8－2所示。

表8－2 评分标准

| 题号 | A | B | C | D | E | 题号 | A | B | C | D | E |
|---|---|---|---|---|---|---|---|---|---|---|---|
| 1 | | | | | √ | 6 | | | | √ | |
| 2 | | | | √ | | 7 | √ | | | | |
| 3 | | | | √ | | 8 | | | | | √ |
| 4 | √ | | | | | 9 | | | √ | | |
| 5 | | | √ | | | 10 | | | | √ | |

　　这是一套有质量、有难度的测试题。实际上，本题目测试了两个内容：一个是假使你是当事人你会怎么做；二是你答这道题的时候还必须仔细阅读试题，你的答案还必须符合试题中设定的人物的性格特点和习惯等。比如，第2题，选择D便很符合杰克是一个仁慈的基督教徒乐善好施的特点。第5题，选C不但符合试题中的人物特点，而且你不觉得这是一种十分精于世故的做法吗！

　　诊断结果：

　　• 能答对8道题以上，证明你的压力应变能力非常棒。

　　• 答对4~7道题，证明你的压力应变能力尚可。

　　• 答对3道题以下，证明你需要提高你的压力应变能力。

　　说明：本测试选自《大富翁测试题》。

**（四）意志力指数测试**

　　我们通过克服困难，努力达到预定目的的过程被称为意志过程。人的意志品质可分积极和消极两种，消极的意志品质有盲目性、冲动性、受暗示性、独断性、脆弱性和顽固性等；积极的意志品质包括自觉性、果断性、坚韧性和自制力。下列各题中，每题有5个备选答案：A. 很符合自己的情况；B. 比较符合自己的情况；C. 介于符合与不符合之间；D. 不大符合自己的情况；E. 很不符合自己的情况。请结合自己实际，将答案填入题后括号内。

　　1. 我很喜爱长跑、远足、爬山等体育运动，但并不是因为我的身体条件适应这些项目，而是因为这些运动能够锻炼我的体质和毅力。（　　　　）

　　2. 我给自己订的计划，常常因为主观原因不能如期完成。（　　　　）

　　3. 一般来说，我每天都按时起床，不睡懒觉。（　　　　）

　　4. 我的作息没有什么规律，经常随自己的情绪和兴致而变化。（　　　　）

　　5. 我信奉"凡事不干则已，干则必成"的信条，并身体力行。（　　　　）

　　6. 我认为做事情不必太认真，做得成就做，做不成便罢。（　　　　）

　　7. 我做一件事情的积极性，主要取决于这件事情的重要性，即该不该做；而不在于对这件事情的兴趣，即不在于想不想做。（　　　　）

　　8. 我有时躺在床上，下决心第二天要干一件重要事情，但第二天这种劲头又消失了。
（　　　　）

9. 在工作和娱乐冲突的时候，即使这种娱乐很有吸引力，我也会马上决定去工作。
（　　　　）

10. 我常因读一本引人入胜的小说或看一个精彩的电视节目而忘记时间。（　　　　）

11. 我下决心办成的事情（如练长跑），不论遇到什么困难，都会坚持下去。（　　　　）

12. 我在学习和工作中遇到了困难，首先想到的就是问问别人有什么办法。（　　　　）

13. 我能长时间做一件事情，即使它枯燥无味。（　　　　）

14. 我的兴趣多变，做事时常常是"这山望见那山高"。（　　　　）

15. 我决定做一件事时，常常说干就干，决不拖延或让它落空。（　　　　）

16. 我办事喜欢挑容易的先做，难做的能拖则拖，实在不能拖时，就赶时间做完算数。所以别人不大放心让我干难度大的工作。（　　　　）

17. 对于别人的意见，我从不盲从，总喜欢分析、鉴别一下。（　　　　）

18. 凡是比我能干的人，我不大怀疑他们的看法。（　　　　）

19. 我喜欢遇事自己拿主意，当然也不排斥听取别人的建议。（　　　　）

20. 生活中遇到复杂情况时，我常常举棋不定，拿不定主意。（　　　　）

21. 我不怕做我从来没有做过的事情，也不怕一个人独立负责重要的工作，我认为这是对自己很好的锻炼。（　　　　）

22. 我生来胆怯，没有十二分把握的事情，我从来不敢去做。（　　　　）

23. 我和同事、朋友、家人相处时，很有克制能力，从不无缘无故发脾气。（　　　　）

24. 在和别人争吵时，我有时虽明知自己不对，却忍不住要说一些过头话，甚至骂对方几句。（　　　　）

25. 我希望做一个坚强的、有毅力的人，因为我深信"有志者事竟成"。（　　　　）

26. 我相信机遇，通过很多事实证明，机遇的作用有时大大超过个人的努力。（　　　　）

评分标准：

单数题号：A记5分，B记4分，C记3分，D记2分，E记1分。

双数题号：A记1分，B记2分，C记3分，D记4分，E记5分。

各题得分相加，统计总分。

诊断结果：

- 111分以上：说明你意志力很坚强。

- 91~110分：说明你意志力比较坚强。

- 71~90分：说明你意志力一般。

- 51~70分：说明你意志力比较薄弱。

- 50分以下：说明你意志力很薄弱。

**（五）人际沟通能力测试**

善于交谈的人，能够左右逢源；不善于表达的人，总是很被动。如果你想知道自己与他人的交谈能力，就请进行以下测试。请将你选好的答案代号填入小括号内。

1. 你是否时常避免表达自己的真实感受，因为你认为别人根本不会理解你？（　　　　）。

A. 肯定　　　　　　　　　　　　B. 有时

C. 否定

2. 你是否觉得需要自己的时间、空间，一个人静静地独处才能保持头脑清醒？（　　　）。

A. 肯定　　　　　　　　　　　　B. 有时

C. 否定

3. 与一大群人或朋友在一起时，你是否时常感到孤寂或失落？（　　　）。

A. 肯定　　　　　　　　　　　　B. 有时

C. 否定

4. 当一些你与之交往不深的人对你倾诉他的生平遭遇以求同情时，你是否会觉得厌烦甚至直接表现出这种情绪？（　　　）。

A. 肯定　　　　　　　　　　　　B. 有时

C. 否定

5. 当有人与你交谈或对你讲解一些事情时，你是否时常觉得百无聊赖，很难聚精会神地听下去？（　　　）。

A. 肯定　　　　　　　　　　　　B. 有时

C. 否定

6. 你是否只会对那些相处长久，认为绝对可靠的朋友才吐露自己的心事与秘密？（　　　）。

A. 肯定　　　　　　　　　　　　B. 有时

C. 否定

7. 在与一群人交谈时，你是否经常发现自己驾驭不住自己的思路，常常表现得注意力涣散，不断走神？（　　　）。

A. 肯定　　　　　　　　　　　　B. 有时

C. 否定

8. 别人问你一些复杂的事，你是否时常觉得跟他多谈简直是对牛弹琴？（　　　）。

A. 肯定　　　　　　　　　　　　B. 有时

C. 否定

9. 你是否觉得那些过于喜爱出风头的人是肤浅的和不诚恳的？（　　　）。

A. 肯定　　　　　　　　　　　　B. 有时

C. 否定

评分标准：

A 记 3 分，B 记 2 分，C 记 1 分。

诊断结果：

• 9～14 分：你很善于与人交谈，因为你是一个爱交际的人。

• 15～21 分：你比较喜欢与人交朋友。假如你与对方不太熟，刚开始可能比较少言寡语，可一旦你们熟起来，你的话匣子就再也关不上了。

• 22～27 分：你一般情况下不愿与人交谈，只有在非常必要的情况下，才会与人交谈。你较喜欢一个人的世界。

**（六）处理公务关系能力测试**

请在 4 分钟内将选择的答案号填入每题之后的小括号中，答题时请不要乱猜乱填，也不要思前想后，尽量按自己真实的想法一次性填完即可。

1. 办公空间有限，你不得不将一位精力充沛的供销专家安排在打字员办公桌旁。这位专家是公司元老，工作一向出色，年薪也相当高；但他常迟到，不到休息时间便去喝茶小憩，桌上总是乱糟糟的，而这会给那些优秀的打字员造成不良影响。至于那些刚从商业学校毕业、工资较低的打字员更容易受影响，你将怎么做？（　　　　）。

　　A. 解雇专家　　　　　　　　　　　　B. 如果打字员不守规章，就解雇他们
　　C. 无选择（不想选任何答案）

　　2. 你与一个下属离开一家餐馆，发现餐馆少找了你们三角钱。你收入颇丰，时间又宝贵，这时你怎么办？（　　　　）。

　　A. 这不只是钱的问题，还关涉到原则。应该回转去提意见，如可能，应收回缺额
　　B. 忘掉这事
　　C. 让下属去提意见

　　3. 你是个从普通职员提升起来的经理，你的工作很繁忙。同时，你的部门有一系列复杂的日常事务，你知道自己比手下任何人都更胜任这些事务，那么，你选择下列哪种做法？（　　　　）。

　　A. 对每件具体工作事必躬亲　　　　　　B. 把这些事分别派给几个下属去干
　　C. 无选择

　　4. 你知道这位可能成为你客户的人是个蝴蝶标本收集者，你带着业务目的拜访他。你拿出一个标本说："听说你是蝴蝶标本专家，这是我孩子捕到的一只蝴蝶，我把它带来是想请教你它是什么蝴蝶。"你预计可能发生哪种情形？（　　　　）。

　　A. 他会觉得你有些冒昧、不合时宜　　　B. 他会对你产生好感
　　C. 无选择

　　5. 你希望一位执拗的同事按照你的建议去做，应怎么办？（　　　　）。
　　A. 尽量使他相信这建议至少有一部分是出自他的头脑
　　B. 只考虑这建议会给你带来荣誉
　　C. 无选择

　　6. 假设自己是一家商店的经理，一位顾客闯入你办公室怒冲冲地发泄不满，你意识到完全是她的错，应如何走第一步棋？（　　　　）。
　　A. 努力迁就她的错误看法，对她表示同情
　　B. 心平气和地向她指出其不满是误会造成的，不是商店的责任
　　C. 告诉她去找顾客意见簿或专司此职的管理人员，如果要求是正当的，问题会得到解决，而找你是没用的

　　7. 有位女士来你店里买鞋，由于她右足略大于左足，总也找不到她能穿的鞋，你觉得应当解释一下，你将如何措辞？（　　　　）
　　A. 女士，你的右脚比左脚大　　　　　　B. 女士，你的左脚比右脚小
　　C. 无选择

　　8. 你是老板，一名雇员向你提出有关提高效率的计策。他的建议是你过去已想过并打算实施的，那么，下面哪种处理方法较好？（　　　　）。
　　A. 告诉他你真实的想法，但也对他给予充分的肯定
　　B. 闭口不提你以前的想法，只赞扬他的合作精神
　　C. 无选择

9. 下面哪种说法比较好？（　　　　）。

A. 我恰巧到附近有事，因此顺便来和你谈点事儿

B. 我专诚前来找你谈这件事

C. 无选择

10. 善于言辞是优秀业务人员的标志，假定你和一位才学高深、掌握数国语言的博士交谈，你会选择哪类风格的句子来表达？（　　　　）。

A. 这是常见的事　　　　　　　　　　B. 这属于每日必有之常事

C. 这种事发生得很频繁

评分标准：

1. B，2. B，3. B，4. B，5. A，6. C，7. B，8. A，9. A，10. A。

对照答案，每答对一题记 3 分；错答一题减 3 分；选了两个以上"无选择"者减 5 分；连一个"无选择"也未选的减 5 分（题 6 如答对，算你选了一个"无选择"），计算出你的总得分。

诊断结果：

● 得分为 27～30 分，属于优秀的公务关系协调者。你不是靠盲目的鼓励首肯，或不容分说地高压手段来解决问题，而是长于以情动人、以理服人，用高超的技巧来使目的得以实现。你有资格成为一个大集体的领导者、管理者。

● 得分是 17～24 分，属于一般的公务关系协调者。平常情形下，你能够以合理适度的方式使他人接受你的意见，按你的意图去干。但如若时间紧迫或情况特殊，你往往会做出一些不当的决定。这说明你可能不能胜任大范围内公务关系的管理与协调。

● 得分为 0～15 分，属于"拙劣"的公务关系协调者。你不了解在处理工作关系时"因势利导"的原则，对人的观察研究也不够，尤其忘记了自己的工作不是处理这些关系的，而把自己过分地"投入"进去，这就很难得心应手地运用技巧来协调好各方面的关系。你与管理者无缘，只适于从事具体的专项工作。

**模块训练**

1. 训练内容：

创业心理素质与能力自测。

2. 训练要求：

运用本节所提供的基本创业素质自测、果断性测试、压力应变能力测试、意志力指数测试、人际沟通能力测试和处理公务关系能力测试，对自己进行测试；按照测试结果对自己做出客观评价。

3. 操作步骤：

（1）依次回答上面所列创业素质测试问卷的问题。

（2）按照评分规则进行评分，得出评分结果。

（3）根据所有测试结果，对自己进行综合评价，找出存在的问题，并针对存在的问题，提出今后的改进方案或打算。

**考评与反思**

1. 考评

请参照下表给出的评价标准，就每个同学在活动中的表现进行评价。

| 领域 | 具体表现 | 自我评分 | 小组评分 | 教师评分 |
|---|---|---|---|---|
| 过程 | 认真完成自学、练习任务（10分） | | | |
| | 主动咨询老师，积极参与小组讨论，阐明自己的观点（10分） | | | |
| | 帮助组内其他成员解决问题，与小组成员一起分享资源、观点，分担任务和责任（10分） | | | |
| | 代表小组发言，全面、准确汇报小组共同的学习成果（10分） | | | |
| 知识 | 掌握创业素质与能力评估方法，回答问题全面、准确（15分） | | | |
| | 了解创业素质与能力评估的常见量表及使用方法，回答问题全面、准确（15分） | | | |
| 技能 | 能运用创业素质与能力评估方法，对自己和他人进行评估（15分） | | | |
| | 能根据评估结果，撰写自我创业素质与能力评估报告（15分） | | | |

评分合成后总得分（自评得分×0.1 + 小组评分×0.4 + 教师评分×0.5）：

2. 反思

对创业素质与能力评估方法及量表的使用，你与其他同学有哪些异同？为什么？请结合自我评价、小组评价和教师评价结果，分析其中的原因。

# 巩固与提高

## 单元知识小结

明确创业的动机与原因，有利于你在创业的过程中树立信心、坚定信念，克服创业中遇到的困难，为争取创业成功提供强大的内在动力。

创业动机可分为被迫型、主动型、资源型、随机型四种类型。

创业心理品质，是在创业实践活动过程中对人的行为起调节作用的个性意识特征，即情感和意志等方面的因素。在中国现实环境下，创业需要具有独立性、善于交流、合作、果断和敢为性、敢于克服盲目冲动和私利欲望等心理品质。

创业能力作为一种特殊能力是由一些要素组成的，它们的有机结合，便形成具有一定创业功能的创业能力结构体系。

创业能力的基本要素一般包括组织领导能力（战略管理能力、学习决策能力），业务能力（经营管理能力、专业技术能力与交往协调、资源整合能力）和创新能力。

创业能力的培养可以通过激励、调控、资源、整合和创新学习等机制和途径来培养。

创业的素质和能力的评估可以采取科学的量化评估方法和自测方法来进行评估。

## 思考与练习

1. 按 3～7 人的规模组成创业能力调查小组，制定详细的创业素质调查方案，开展高校毕业生创业素质调查，并写出调查报告，在小组上交流。

2. 选用本单元提供的自测工具，对自己的创业素质进行自测，并写出评估报告。

# 从适应社会到成就事业
## ——磨炼职业适应技能

▶ **学习目标**

**知识目标**

- 认识学生角色与职员角色的差别。
- 了解大学生初入职场的心理困惑。
- 掌握顺利度过适应期的因素。

**能力目标**

- 具备分辨不同角色职责、任务、形象的能力。
- 能采取合适的方法调适由于初入职场所造成的心理问题。

▶ **名言名句**

人生的道路虽然漫长，但紧要处往往只有几步。——柳青

▶ **单元导学**

人的一生中，随着个人身心和职业生涯的发展而分别承担着各种各样的社会角色。从一种角色到另一种角色之间的转换，有些能顺利进行，但也有些角色之间的转换会给人带来心理上的困惑或不适应。从理性上把握各种角色之间转换的特点，有利于避免角色转换过程中不适应现象的发生。本单元将从认识角色转换与适应关系入手，带领同学们逐步掌握顺利度过适应期的方法、立足岗位的方法、走向成功的方法，最后希望大家了解常见职业心理问题与自我调适方法。

# M ODULE 模块1

## 理解角色转换与适应关系

**知识储备**

### 一、社会角色

在社会生活中，每个人都必然扮演着特定的角色，它反映了一个人在现实社会里的地位和作用。同时，社会要求人们按照各自的社会角色来行动，从而保证社会生产、生活的顺利

进行。社会角色主要有四大类：性别角色、年龄角色、家庭角色和职业角色。社会角色对人们具有很强的影响力，每个人具体的生活、学习、工作等，都必然与其社会角色紧密联系在一起。

人在一生中任何阶段都不会仅仅承担一种社会角色，而是集多种社会角色于一身。例如，对于女青年而言，其社会角色可能是女儿、孙女、大学生、公司职员等；对于老年男性而言，其社会角色可能是爷爷、父亲、丈夫、村长等。一个人从婴儿到进幼儿园再到十几年的学生生活，从大学毕业到就业、成家、职业变迁、岗位调动、年老退休，个人所扮演的社会角色总是在不断变化中。这种变化有的是自然而然地进入，有的则需要个人付出很大的努力；有的令人兴奋鼓舞，有的则使人忧愁痛苦。个人社会角色的发展变化是不以人的主观意志为转移的客观存在。但是，发展变化的具体内容，在一定条件下也与个人的主观能动性密切相关。

## 二、学生角色与职员角色

### （一）学生角色与职员角色的关系

在个人整个社会角色分类及发展演变中，有两种角色显得尤为突出，因为它们将对角色主体产生巨大而深远的影响。它们就是学生角色与职员角色。两者在发展历程上看，具有紧密的联系，但从年龄、中心任务、人际关系等方面看，又有着巨大差别。

作为学生，在经济上主要是依靠家庭供应或社会资助来维持生活。学生大多没有社会负担和家务负担。在校园里，大家以学习为主，上课、实验、自习、考试，自由地参加课外兴趣项目、体育锻炼和文化娱乐活动，彼此之间关系比较单纯，没有什么利害冲突，偶有小的矛盾或摩擦，也会很快化解。而作为职员，有固定的合法收入，经济上相对独立，有能力对社会、工作、家庭承担相应的责任。从事任何职业的员工，都有特定的权利、义务和行为方式，都有自身的价值。在单位里，每一位职员都有自己确定的工作岗位。职员要在这个岗位上进行脑力劳动和体力劳动，创造出一定的劳动成果。各种方式的劳动成果为本单位积累了经济效益或社会效益。职员依靠个人的劳动而从单位领取定额的薪金，作为独立生活的经济基础。个人在从业过程中感受到这一社会角色的成就和价值。在单位里，一名职员的职业前途固然依赖于其工作态度、劳动纪律和业绩大小，但在一定程度上还依赖于自己能否处理好人际关系。周围那些各种不同身份、地位、年龄、性别、道德和文化素质的领导和同事，他们都在既定的一种"文化氛围"内各行其是，维持和推动着本单位的运作和发展。因此作为职员，还要注重掌握一些为人处世的技巧和方法，建立良好的人际关系，营造融洽的工作氛围，并为个人进一步发展打下坚实的基础。

由于身份和社会地位存在的差异，两种角色的最大不同体现在所承担的社会责任上。在学校里，学生如果不认真学习，考试成绩较差，或违反了学校或班级纪律，只对自己有影响，并不会产生什么社会后果。但在工作单位里，如果职员因违反单位规章制度，导致生产事故的发生，或生产出的产品不合格，或由于工程师的设计失误造成了重大损失，或由于医生的疏忽大意造成了医疗事故，这就不仅仅与个人有关系，还会产生不良的社会影响。这时他（她）则有可能承担经济、民事、行政甚至刑事责任了。

### （二）从学生角色向职员角色转变

从学生角色向职员角色转变，指的是大学生经过在学校的认真学习，按时完成各项学习任务并顺利毕业，走上工作岗位，开始社会实际生活的过程。

在大学校园中，绝大部分学生过着单纯而有保障的生活，学习、生活、交际、娱乐都较有规律，这使大学生的思想观念、生活习惯、行为方式形成了一种固定的模式。这种旧角色的模式会因其"惯性"被高校毕业生带进工作单位。这些人的思想、观念、行为以及许多习惯仍然摆脱不了学生时期的影子。由于新旧角色差别而造成的角色冲突，容易形成对新角色的不适应。因此，毕业生必须尽快实现角色转换，抛弃旧的角色模式，建立新的角色模式，适应工作岗位的需要。

角色转变，是一个客观而复杂的过程。在这个过程中，难免会出现某些心理上的波动：或因环境陌生而孤独，或因条件艰苦而失落，或因单位人才济济而畏惧，等等，这些是正常的，重要的是保持心理的平衡，莫让不良的情绪左右自己。每一个大学生都要摆正自己的位置，客观、冷静地进入新角色，了解岗位，认识社会，以自身的实力，积极主动地去适应岗位需要，尽快度过角色转换期，正确地迈出人生这关键的一步。

**模块训练**

1. 训练内容：
高校毕业生职业适应问题分析与自我调适方法的运用。

2. 训练要求：
对以下案例情境进行分析，要求对存在的问题进行准确诊断，并针对案例中主人翁存在的心理问题，拟订一个可行的自我调适方案。

### 陷入困境的小陈

小陈从某高职院校财务会计专业毕业后，到某单位工作。由于小陈在校期间学习成绩优异，并一直担任学生干部，于是他以为在单位里一定会受到领导重视，可以在其中大显身手，实现自己的抱负。可一开始，领导为了培养和锻炼新毕业的大学生，将他们安排到基层从事简单的辅助性工作。小陈认为领导不重视人才，在基层工作是大材小用。天天牢骚满腹，也不认真工作，工作中时常出现差错，受到领导的批评。

3. 操作步骤：
（1）分析案例情境，找出主要症状，判断问题的性质。
（2）查阅相关资料，以帮助小陈拟订一个可行的自我调适方案。
（3）将分析思路、诊断结论和自我调适方案构想形成书面文字材料。
（4）提交书面材料，并在小组或全班上互相交流。
（5）由教师进行点评。

分析指导：我们高校毕业生大多理想宏伟、抱负远大，想一走上工作岗位就能做出一番大事业。但仅凭一腔热血和个人兴趣去工作，对具体事务不愿意或不认真去做，或吹毛求疵，或马虎应付，这种思想和做法不仅不利于自身的成长，也会给同事和领导留下不好的印象。因此，刚走上工作岗位的大学生必须尽快调整心态，树立积极正确的观念，才能尽快适应社会，有所作为，实现由一名学生到一名"职业人"或"企业人"的转变。

**评价与反思**

1. 考评
请参照下表给出的评价标准，就每个同学在活动中的表现进行评价。

| 领域 | 具体表现 | 自我评分 | 小组评分 | 教师评分 |
|---|---|---|---|---|
| 过程 | 认真完成自学、练习任务（10分） | | | |
| | 主动咨询老师，积极参与小组讨论，阐明自己的观点（10分） | | | |
| | 帮助组内其他成员解决问题，与小组成员一起分享资源、观点，分担任务和责任（10分） | | | |
| | 代表小组发言，全面、准确汇报小组共同的学习成果（10分） | | | |
| 知识 | 了解学生角色与社会角色的关系，回答问题全面、准确（15分） | | | |
| | 领会从学生角色向社会角色转变的过程特点，回答问题全面、准确（15分） | | | |
| 技能 | 能结合就业意向，分析自己从学生角色转变到社会角色后的差异（15分） | | | |
| | 能形成并准确描述未来角色定位（15分） | | | |

评分合成后总得分（自评得分×0.1＋小组评分×0.4＋教师评分×0.5）：

2. 反思

对学生角色与社会角色关系及其转换的理解和应用，你与其他同学有哪些异同？请结合自我评价、小组评价和教师评价结果，分析其中的原因。

# ODULE 模块 2

## 顺利度过适应期

**知识储备**

### 一、调整心态，珍惜就业机会

我们在择业时，都希望能获得一份社会评价较高、工资待遇优厚、地理位置适宜、发展前景美好的职业。但是，由于社会上劳动力供大于求的缘故，大多数人得到的工作都与心中的目标存在一定的差距。于是，有的人感到专业不大对口，有的人觉得待遇不理想，有的人觉得自己从事的工作是"大材小用"，无法施展自己的"伟大抱负"，等等。这些心态非常不利于个人对新职业的认知、接受和适应，如果不及时纠正，就可能产生不良后果。比如，在这些思想的作用下，有的人在工作中或意志消沉、得过且过，或朝三暮四、不安心工作。因此，同学们在刚进入单位时必须明白，在当前竞争激烈、人才供大于求的形势下，找到一份工作实属不易。因此，要立足现实，珍惜当前得到的这份工作，牢牢把握住现实的工作机遇，使自己去适应既定岗位的职业角色，通过自己努力奋斗，成为合格甚至优秀的劳动者，成功实现自己的理想和抱负，并为单位和社会做出应有的贡献。

## 二、尽快适应新环境

刚刚进入新单位的毕业生，需要尽快熟悉新环境、了解新工作，这对工作的开展和个人的发展都是非常重要的。美国管理学博士蓝斯登（Lansdown）在其所著的《有效的经理》一书中曾这样写道："我记得我第一次到公司做事时，看到同事们事事都能顺利地处理，而我就连最简单的例行性的工作也是举步维艰。我发现自己应做的事未做，不该做的却做了。当我开始对公司的环境有了认识时，就不像漫步在迷宫里面了。"因此当你进入新单位后，一定要仔细研究新的工作环境，以便能最快地适应。

### （一）深入了解新单位

#### 1. 了解单位的历史

日本著名企业家、松下公司的创始人、松下幸之助先生认为：身为一个日本人要在本国生存下去的话，就需要了解日本的历史和传统，然后才能知道如何做一个现代的日本人。对公司来说也是同样的。想好好工作的话，就必须先了解公司的历史。因此，他向松下的新人提出："一进公司，首先要用种种方法了解公司的历史，吸收前辈可贵的经验。"松下先生的言论，对刚刚踏上工作岗位的年轻人可谓是非常好的忠告。因为一个公司或单位，虽然今天规模很大，但都会有一段艰难的创业时期，先辈们吃苦耐劳的创业精神以及历经世事的宝贵经验会使后人受益无穷。而公司由小到大，从无到有的发展历程，也会使后人拥有一种自豪感与责任感。了解了历史，有助于你继往开来，充满信心地迎接新的挑战。

#### 2. 了解单位的规章制度

了解单位的各项规章制度也是高校毕业生进入新单位后一个非常重要的步骤，因为这将有利于个人尽快融入实际工作程序之中。在学校里，学生需要熟悉学生守则，知道有关的各项规定，以保证学习、生活秩序的正常进行。同样，在公司里，作为一名工作人员，你必须了解"公司章程""工作纪律""服务规则""奖励办法"等一系列规章制度，你应该知道什么是必须遵守的，什么应该做，什么不该做。一般单位都有各类"单位规章制度"和"员工手册"，它们可以帮助你尽快了解各种制度信息，以利于今后工作的顺利进行。

#### 3. 了解与工作生活密切相关的其他政策

就职前，高校毕业生一般最关心的是工资待遇，但在进入新单位以后，就应该尽快了解一些与工作生活密切相关的政策，比如单位的人员培训、住房、医疗保险等。对这些问题的了解，有助于个人及时调整心态，尽快适应新的工作和生活环境。

### （二）主动调整生活节奏

告别简单而有序的学校生活，来到一个全新的工作和生活环境，为尽快适应这种变化，就需要主动调整自己的生活节奏。

第一，要适应作息时间的变化。早上睡到九点，下午三点起床的"九三学社"生活方式千万要不得了。如果你是在医院、部队、公安等单位工作，还要适应三班倒或夜间值勤的工作规律。

第二，由于南北方的生活习性、饮食结构、风土人情等有差别，还要学会调整原来的生活习惯，培养新的生活习惯，顺利度过异地生活关。

第三，要学会安排自己的业余生活。在学校里课余有作业，晚间有自习，周末有丰富的文化活动。参加工作以后，业余时间的学习和文化生活，主要靠自己来支配、安排，不善于支配自己的业余生活，同样很难适应新环境。

### （三）妥善处理人际关系

一个人走上工作岗位后，能否获得发展和成就主要取决于职业能力和人际关系两个因素。可见，人际关系非常重要。在工作单位里，主要是处理好自己与领导、同事之间的人际关系。

一些刚走上工作岗位的大学生没有认识到人际关系的重要性，忽视人际关系的处理，以致影响到工作的开展和事业的发展。因此，进入新单位以后，就应该重视与周围人们的交往，与上司和同事们建立起有利于推进工作和个人发展的密切关系。

办公室是工作场所，但有时会出现谈论私事、议论某部门某人长短得失的情况。作为新职员，应当以工作为中心，多谈与工作有关的话题，不要议论别人是非。而且，自己并不了解事实真相和有关群体之间的"关系网"，随便的议论既可能给人一种不严肃的坏印象，还有可能卷入是非之中，给自己带来负面影响。如果发现单位内存在有小集团或帮派，应以公正为本，切勿卷入他们之间的争斗。

刚进入一个新的工作环境，要谦虚谨慎，以诚待人，切莫摆出一副清高孤傲的姿态，那会让人觉得难于亲近而疏远自己。要尽快与同事们熟悉起来，使自己由一名"局外人"变成新集体里和谐、融洽的一员，为以后个人的职业发展创造有利的环境。要尊重同事，认真向老职工和能力强的同事学习，力争出色地完成各种本职工作。同时，尽量参加一些力所能及的社会工作和公益活动，尽可能为集体和社会做出更多的贡献。

## 三、全面了解新工作

### （一）了解工作的性质、技能要求及社会意义

在适应新环境的同时，还应该充分了解新的职业角色的性质、社会意义、技能要求、劳动条件、行业规范（包括技术规范、职业道德、纪律等），在思想上高度重视，在实际工作中做好充足准备。

任何工作都有一套需要掌握的基本技能。对从事人事、行政的管理人员来说，它们是行为方面的一种；对从事工程的人员来说，他们是技术的一种；对管理者来说，是行为方面和技术的结合。尽快弄清楚哪些技能对你的工作最重要，然后通过努力学习掌握它们。同时，要明确本职工作的定位。应当了解自己所属部门（科、室、车间）与哪些部门有直接联系，与哪些部门有间接联系。通过工作交往，要逐步熟悉，并力求做到与其他有关部门沟通交流的畅通和融洽。从机构上讲，应当了解下达任务者和接受任务者的关系，弄清楚自己应当对谁或哪几个人负责，一旦出了问题，需要向谁求助或报告。

### （二）了解工作评价标准

对员工的工作进行评价的标准有正式的和非正式的两种。正式标准一般是可衡量的，它的形式包括产量或生产率、销售量的增加以及利润等。在这方面干得好的人提升得快，薪水增长得多。用正式标准来衡量业绩，一般是通过考评来进行的。如果你希望被提升，就要准备集中力量达到或超过有关的正式标准。常常有这样的情况，大多数人在实现数量目标方面

都很好，但提升与否主要取决于人们对质量目标完成得怎样。在这种情况下，你就要把注意力集中在质量目标上来。非正式标准没有统一的内容和尺度，它完全取决于单位领导对你的评价，如你对工作的态度，你的人际关系，你的生活方式等。这就需要认真思考并善于向优秀职工学习。

## 四、打造良好的第一印象

心理学研究表明，人与人初次接触的形象往往非常鲜明和牢固，容易形成一种固定印象，产生"先入为主"的认识效应，直接影响到别人对自己今后的评价。因此，给人留下良好的第一印象非常重要。新员工刚进入单位，他（她）的相貌、气质、穿戴、姿势固然会给人留下较深的第一印象，但这只是狭义的第一印象。这里所说的是广义的第一印象，它不仅包括有初次见面给人留下的印象，还包括开始上班后一段时间的个人表现，即个人在工作中所体现的职业精神。

### （一）恰当的着装打扮

人们在购买一件商品之前，首先要看的是包装；在开始研究一部车的性能之前，也要先看它的外观。我们对人的评价也是如此，先从对方的仪表看起，这是我们生活中存在的一种普遍现象。如果你穿着得体，仪态大方，肯定会比一位衣着随便、邋遢的人更能给人以好印象。由此看来，服装有助于人的成功，是有一定道理的。那么，作为社会人的你，在着装方面，要遵守哪些原则呢？

1. 穿着服装要符合职业身份

如果你要当教师，就要通过服装树立端庄、稳重、富有智慧的形象，服装要典雅、大方；如果你是位律师，就要通过服装给人一种浓厚的权威感，女性切忌把自己打扮成可爱、轻佻或无助虚弱的样子；如果你是办公室工作人员，男性的服装应该严肃、稳重，以显示男子汉在事业上的追求，女性也不能穿过于艳丽、时髦的服装。

2. 着装要符合单位形象

有些单位，可能对职员着装有严格规定，比如男职员必须穿着西服，女职员则必须穿着职业女装等，以此来反映良好的公司形象。你购买服装时一定要考虑到这一点。

3. 着装要符合你的个性

从装束上可以看出一个人的好恶取舍、性格特征，即所谓的"视其装而知其人"。在符合以上两个要求的基础上，你的着装应该符合你的个性，切忌盲目模仿他人。

=== 知识拓展 ===================================

研究穿着助人成功的专家约翰·T. 摩根易为我们提供如下的建议。

对男子：

（1）如果你能选择，穿着得高雅一点为好。

（2）如果不知道如何穿着，守旧一点要比标新立异好。

（3）始终像你希望接受你观点的人那样穿着。

（4）不要穿绿色。

（5）不要戴太阳镜或变色镜，因为如果要人们信任你，就必须让对方看到你的眼睛。

(6) 经常带一支好的钢笔或铅笔。

(7) 如果可能，打一条较好的领带。

(8) 除非必要，不要脱你的上装，它会削弱你的权威感。

(9) 经常带一只好的公文包。

(10) 不要穿戴任何使人感到女性化的东西。

对女子：

(1) 使你的衣着符合你的工作和公司的要求。

(2) 带一支经理人员用的金笔。

(3) 穿中上等的衣服。

(4) 在你的办公室中，不要第一个穿最时髦的衣服。

(5) 如果你能带一个公文包，就不要带一只手提包。

(6) 在办公室时，穿中性颜色的长筒袜。

(7) 穿一件大衣，能盖住你的裙子。

(8) 在办公室里，不要脱你的短外衣。

(9) 布置一个中性化的办公室，而不是女性化的或男性化的办公室。

### （二）强烈的职业精神

#### 1. 吃苦耐劳精神

对于刚走上社会职业岗位的大学生，总会遇到自身的知识结构与具体的职业所需之间的不对应、不相称，职业实践对自己而言是一个全新概念的情形。要尽快熟悉自己的岗位工作并干出成绩，需要埋头苦干的吃苦耐劳精神。只有肯吃苦，工作才会越做越熟，工作经验才会越积越多，成绩才会越做越大。任何行业都需要有吃苦耐劳精神的员工，因为拥有这些能够吃苦耐劳的员工，有助于单位的长远和健康发展。

#### 2. 团结协作精神

单位中各项工作的顺利开展和各项成绩的取得，离不开员工之间的团结协作、密切配合。因此，当今各种单位都特别强调团队精神的培养。团结协作精神具体体现在有良好的人际关系处理能力上，这不仅表现为员工之间在工作上的相互配合，而且表现为精神生活上的相通、相融。团队精神能把单位全体成员的聪明才智集合起来，并形成一种合力，能够产生巨大的力量。

#### 3. 敬业奉献精神

刚走上工作岗位的大学生，除了具备基本的工作技能外，刻苦敬业、乐于奉献的精神是非常必要的。对于自己独立承担的第一件工作任务，即使非常容易，也不可掉以轻心；要高度重视、认真负责、尽心尽力地去完成。新职工对第一件工作任务的态度和完成情况，反映了他（她）的敬业精神和工作能力，会给同事和领导留下较深的印象。敬业奉献精神不仅表现在把自己8小时分内工作完成好，还表现在对自己所从事的职业怀着一份热爱和珍重之情，甘愿为之付出辛勤和汗水，从而获得一种荣誉感和成就感。这对于很好地融入到新的工作环境，赢得同事们和领导的认可、重视，营造一个良好的个人工作和发展环境，都是十分必要的。

### 4. 积极进取精神

刚参加工作的大学生，在理论知识的武装下，满怀信心、充满期望地离开校园并走上工作岗位，为出色地完成工作并做出成绩，必须保持积极进取精神。保持积极的进取精神和旺盛的上进心，是促进自我发展、不断进步的动力。积极进取会产生一种紧迫感，会使人自我督促，抓紧时间学习新知识和新技能，从而不断增强个人的素质和能力，不断提高工作质量和工作效率。保持旺盛的上进心，兢兢业业地去工作，就能够出色完成各项工作任务，为单位做出突出贡献，成为本职工作中的骨干力量，并同时赢得同事和领导的认可、好评。而且，这还为今后工作的开展和个人的进一步发展打下坚实的基础。

=== **小案例** ===

　　小王毕业于某专科学校中文系，刚进入某单位，被安排在办公室，干些杂七杂八的工作。可他每天抱着极大的热情，认认真真地做好每一件具体工作。他认为办公室工作虽然小而且烦琐，但非常能锻炼人，也能学到不少东西。为出色完成各项工作，他经常第一个到办公室，几乎最晚一个离开，有时为了赶时间就周末加班。他不但把自己负责的事情做好，还主动分担一些其他工作，他的才能与品行很快得到了领导的赏识，工作不到三年，就已经成为单位的工作骨干。

　　点评：走上新岗位后，像小王这样积极进取、一丝不苟地把工作做好，就能不断提高自己，尽快融入新的工作环境，并赢得同事的认可和领导的赏识。

**模块训练**

1. 训练内容：
职业适应方法的运用调查。

2. 训练要求：
采访当地企事业单位人力资源管理人员和普通员工，向他们咨询、了解作为大学刚毕业的新入职员工如何做，才能更好地适应岗位工作需要。

3. 操作步骤：
（1）按就业意向的不同，自由组建小组，推选组长及发言人。
（2）就近走访相关单位人力资源管理人员或普通员工3～5人，询问并记录他们对高校毕业生新入职者的行为规范要求，并向其请教作为新入职者该如何做，可提高工作效率、减少犯错、尽快融入工作团队等。
（3）小组内整理采访内容，讨论并确定调查报告提纲及行文内容。
（4）小组间推举代表陈述调查报告内容。
（5）教师给予点评。

**考评与反思**

1. 考评
请参照下表给出的评价标准，就每个同学在活动中的表现进行评价。

| 领域 | 具体表现 | 自我评分 | 小组评分 | 教师评分 |
|---|---|---|---|---|
| 过程 | 认真完成自学、练习任务（10分） | | | |
| | 主动咨询老师，积极参与小组讨论，阐明自己的观点（10分） | | | |
| | 帮助组内其他成员解决问题，与小组成员一起分享资源、观点，分担任务和责任（10分） | | | |
| | 代表小组发言，全面、准确汇报小组共同的学习成果（10分） | | | |
| 知识 | 了解学生角色与社会角色的关系，回答问题全面、准确（15分） | | | |
| | 领会从学生角色向社会角色转变的过程特点，回答问题全面、准确（15分） | | | |
| 技能 | 能结合就业意向，分析自己从学生角色转变到社会角色后的差异（15分） | | | |
| | 能形成并准确描述未来角色定位（15分） | | | |

评分合成后总得分（自评得分×0.1 + 小组评分×0.4 + 教师评分×0.5）：

2. 反思

对顺利度过适应期策略与方法的理解和应用，你与其他同学有哪些异同？请结合自我评价、小组评价和教师评价结果，分析其中的原因。

# M ODULE 模块 3

## 常见职场适应心理问题与自我调适

**知识储备**

### 一、常见职场适应心理问题

在离开校园进入新的工作岗位之前，我们心中都充满对美好未来的憧憬。进入职场后，同学们也许会发现理想与现实之间存在许多差距，有着这样那样的不如意，从而引起认知的错位、情绪情感的焦虑紊乱，甚至演化为严重的心理障碍。以下列举高校毕业生进入职场后的几种常见心理问题。

（一）对学生角色的依恋心理

十多年的校园生活，对学生角色的体验可以说已是非常熟悉了，学生生活使很多人养成了一种习惯的学习方式和生活方式。刚走上工作岗位，我们常常会表现出对学生角色的依恋，自觉不自觉地将自己置身于学生角色之中，以学生角色来要求自己和对待工作，以学生的思维方式来观察和分析事物，从而带来适应上的困难。

**（二）观望等待的依赖心理**

大学生活总处于依赖与摆脱依赖的过渡期。当我们一旦离开学校走向社会，承担起成人的职业角色时，成人的自觉性和独立性却还没有养成，因而，初入职场时往往存在观望等待的依赖心理。正如一首歌中唱到："我是一只小小鸟，想飞却怎么也飞不高……有一天突然飞上了蓝天，却发现自己是那样的无依无靠。"在这种依赖心理的作用下，有些人不去深入地了解自己的工作性质、范围、程序以及相互关系，工作缺乏主动性和创新性，全靠领导安排，安排多少干多少。

**（三）消极退缩的自卑心理**

在校园内，每个学生都彼此平等，相互交往时也心态平和，显得相当自信和从容。但走出校园进入社会后，面对陌生的新环境和资历丰厚、地位较高的群体时，往往缺乏应有的自信。一些人在工作中放不开手脚，看到别人工作经验丰富、驾轻就熟，相比之下觉得自己这也不行，那也不行，胆小、畏缩，不知工作应从何入手，担心自己做错了事，会给别人留下不好的印象。一位初入职场的大学生如此描述自己的心态："刚进单位的时候，自己满腔热情，也很想展示自己的才能。但是面对许多具体的工作，缺乏经验和办法。想问别人又怕碰钉子；想自己干，又怕万一出了差错，闹个笑话，更丢人。思想上十分矛盾，工作上畏手畏脚。"

**（四）苦闷压抑的孤独心理**

随着大学毕业，朋友同学都各奔东西，原有的交际圈子消失了。刚刚步入新的单位，新同事还不熟悉，新的社交圈子还未建立，对每个人而言，或多或少都有种孤独感。对老职工来说，你暂时是位局外人，一段时间内，你还不可能从他们那里得到更多的支持、鼓励及关怀，这会使你产生一种被遗弃感。另外，工作单位等级分明的上下级关系，居高临下的命令方式也容易使大学生产生压抑感。

**（五）眼高手低的自傲心理**

有些人自以为接受了高等教育，已经学到了不少知识，已经是人才了，因此放不下架子，看不起基层工作和基层工作人员，甚至认为大学毕业从事低层工作、干些不起眼的事是大材小用，有失身份。在这种心理下，很多大学生在现实中表现为眼高手低，大事做不了，小事不愿做。

**（六）企盼高薪的非分心理**

报刊上披露某些大学生心比天高，张口要三五千，要分享股权，享受期权；有的一进公司就不切实际地要求担任一个很高的职位，要求公司为其购房、配车。面对这些有非分要求的大学生，企业唯有敬而远之。这就造成一方面学生找工作不易，另一方面企业又招不到合适人才的恶性循环。大学阶段所学仅为能从事工作的基础知识，是为将来汲取新知识做准备的，故在短期内不可能为企业创造价值和利润。所以我们对薪水就应该有一种理性的认识，根据实际情况来定位自己。企业招收应届毕业生，是看中其可塑性强、思维活跃、易于培养忠诚感，企业此时给新员工的工资实际是作为一种知识储备的投资，期望以后投资有回报。

**（七）见异思迁的浮躁心理**

高校毕业生在角色转换中还表现出不踏实的作风、不稳定的情绪。有的大学生工作几个月后还静不下心来，三心二意，"这山望着那山高"，一阵子想干这项工作，一阵子又想干另一项工作，整日恍惚不定。一位毕业不到两年就换了四份工作的名牌大学生，如此说自己的困惑和苦恼："看来这份工作也不是长久之计，习惯了跳槽的我，也不在乎再跳一次。可跳来跳去，我怎么就找不到自己心仪的工作呢？难道老天还要我继续等待和寻觅吗？"这种浮躁心态使众多大学生工作浮在表面，长时间进入不了角色。

### （八）渴望大展身手的急躁心理

理想与现实之间的确存在差距，这种差距表现在其学校所掌握的知识短期内较难融会贯通于实践中。所有的工作程序、工作流程、做事的技巧都需要用心体会并掌握。一般来说，从一名学生锻炼成为一个熟悉业务运作、能独立承担任务的职业人需要一个磨合过程，有时这个过程会需要相当长的时间。企业会给新人个性张扬的空间，也会提供一个展翅高飞的平台，但这是有条件的，不能打乱正常工作程序，不能不考虑企业的实际情况。

## 二、职场适应心理问题的自我调适

上面所列职场适应心理问题一般由个人认知错位引起，其主要体现在情绪情感上有焦虑体验，并可能伴有浅度躯体化障碍，如睡眠不好、食欲欠佳、身体不适感等。这些心理问题在演化成心理障碍之前，是可以通过自我认知纠错而得到缓解，恢复到健康正常的心理状态的。以下提供一些自我调试原则、对策或方法，可供参考。

### （一）调适的基本原则

**1. 承认现实，承认环境的变化**

刚毕业时，有的同学由于习惯学校的生活方式以及作为学生的思维规律，在参加工作的一段时间内，还往往生活在理想社会中。因为对现实社会了解不深，就常常把理想中的社会与现实社会相互对比，一旦发现现实与理想不符，往往心灰意冷、怨天尤人。许多毕业生都认为现实社会与理想中的社会相差太远，因而心理难以平衡。这说明刚走上社会的青年人心理脆弱，思想尚不成熟。为尽快摆脱这种困境并开拓新局面，就必须勇于承认社会现实，承认社会环境发生的变化，承受工作、生活乃至心理上的压力。

**2. 接受现实，努力完善自己**

离开熟悉的校园，走上绚丽多彩的社会大舞台，这对刚参加工作的大学生来说，意味着人生的大转折。就业意味着自己是一个全新的人了，这是性格调整、完善自己的最佳时机。通过深入的观察、亲身的体会和认真的思考，想方设法努力改变自己，以适应新的环境、新的人际关系。通过不断的学习和改变，努力完善自己。改变自己以往不恰当、不成熟的言行，与新的人群建立良好关系而不丧失自己的个性。刚进入新环境虽然会遇到许多困难，会产生一些思想困惑和人际压力，但这也是确定人生目标、塑造成熟性格的大好时机，大学生要接受这一挑战，并在迎接挑战中走向成功。

### （二）调适的具体方法

高校毕业生要缩短自己的适应期，尽快地进入角色，融入社会，必须掌握恰当的调适方法，学会自觉调整心理状态。

**1. 摆正位置，正确认识自己**

当前许多大学生对自己没有清楚的认识，快毕业了，还对自身发展方向认识不清，认为自己除了书本知识外，没有其他特别的技能。似乎什么都会，又似乎什么都不会。不知道自己能做什么、应该做什么。既觉得没有能力做复杂的工作，又不甘心做太简单的事。但我们应该看到，现在许多人对高校毕业生的态度是：学生能力有差距不是问题，重要的是能摆正自己的位置，肯扎扎实实地从基层做起，打好每一步的基础。由于涉世不深，接触社会较少，理想往往脱离客观条件。当今社会是一个竞争激烈的社会，没有踏实肯干的态度，在社会上是立不住脚的。所以我们在就业之前，要先认清自己，摆正自己的位置，绝不能眼高手低，做一件事就一定要把它做好，在任何环境下都是对自己的一种锻炼和社会经验的积累。

2. 调整期望值，珍惜首次就业机会

青年时期是一个激情澎湃、充满幻想的时期，青年人成就欲望强烈，有着远大的理想和抱负，对未来生活充满了美好的憧憬和向往。但我们也要清醒地认识到，理想与现实之间是存在一定的差距的。因此，毕业生踏上工作岗位后，要根据现实环境及时调整自己的期望值，尽量把期望值定得低一点，这样有利于减少心理落差，有利于尽快适应新环境。另外，要珍惜首次就业机会，高校毕业生要做到"既来之，则安之"，干一行、爱一行、精一行。事实证明，很多有作为的职业人对自己首次选择的职业，都是由不喜欢逐渐发展到喜欢，由不爱逐渐发展到爱，直至取得事业的成功。

3. 放下架子，虚心学习

社会生活中的任何个体，只有经过对复杂的社会环境、社会文化和社会规范的观察、认知、模仿、认同、内化等一系列的学习和实践过程，才能达到对社会能动地适应。因此，适应社会的过程，是一个循序渐进、呈螺旋式上升的过程，需要不断地学习，不断地实践。当今社会，科技发展突飞猛进，知识淘汰率不断提高。有关研究表明，大学毕业四年，五分之一的知识将被淘汰。事实也充分证明，一个人在学校里所学的知识毕竟是有限的，大部分知识和能力必须在工作实践中学习和锻炼。因此，大学生到了陌生的工作岗位上，一定要从头学起，虚心向在工作岗位上工作多年，具有丰富的专业知识和实践经验的技术人员、领导、同事学习，尽快熟悉并掌握有关业务知识，在学习和实践中不断地调整和改变自己的观念、态度、习惯、行为，不断地进行自我完善，以适应社会的快速变化和要求。如在参加会议时，你就可以观察他人的讲话与发言，吸收人家的优点。对于不懂的地方，要敢于提问，不要怕别人笑，因为你本来就是新人。敢于问，善于问，你就可以在短时间内学到更多的东西，对单位有更加深入的了解。提问愈多，学习愈快，就越能帮助新人更好地适应和生存。

4. 培养坚强意志，勇于吃苦

许多高校毕业生满怀理想、一腔热血地走上社会，准备在工作岗位上一展身手，梦想着取得成果的荣耀。但在实际当中，往往存在许多困难和消极面，如不合理的规章制度、落后的管理方式、复杂的人际关系、巨大的任务压力等，往往就会使一些职场新人从理想的巅峰一下子跌入谷底，内心产生严重的矛盾冲突。在矛盾和困惑面前，一些人往往一筹莫展、无所适从。因而，角色转换的过程是一个艰苦的过程，一个充满曲折的过程，在这个过程中，每一个人都会遇到困难和挫折，大学生只有具备了坚强的意志，才能不断地克服在角色转换过程中遇到的种种困难，才能做到永不放弃。这就要求大学生们具备坚强的意志品质，增强社会责任感，工作中要任劳任怨，勇于吃苦，不计个人得失，只有这样，才能得到人们的认可，社会的承认，从而实现社会角色的顺利转换，成就精彩的职业人生。

5. 建立起和谐的人际关系

到新的工作岗位后，除了努力工作外，我们要重视和领导、同事之间的交往，建立良好的人际关系。要恪守人际交往的规则，做到平等待人、热心助人、诚实守信、律己宽人。要克服人际交往中的一些心理障碍，克服嫉妒、自卑、多疑等不健康的交往心理，以积极的态度与人交往，在交往中尊重别人，相信别人。要遵守社会交往的礼仪，礼仪是人们在人际交往中的基本要素，它体现了一个人的修养、品位，是人格魅力的重要方面。在交往中要掌握一些常用的礼节，比如握手的礼节、打电话的礼节、交谈的礼节等，从而提高自己的交往水平。要掌握人际交往的技巧，比如要保持自然的待人风格，学会倾听。

## 模块训练

1. 训练内容：

职业岗位工作适应方案设计。

2. 训练要求：

（1）结合专业特点和未来就业意向，假定自己成功入职某个单位。

（2）请根据以下调查事实，拟订一个职业岗位工作适应方案；所拟订方案应说出思路，采用的具体方法，包括对心理问题的自我调适方法，以考察该方案是否具有可执行性。

美国哈佛大学就业指导小组对几千名被解雇的男女雇员进行了综合调查，发现在这些被解雇的雇员中人际关系不好的，比不称职的人高出两倍多。每年离职人员中因人际关系不好而无法施展其所长的占90%以上。美国《幸福》杂志所属的名人研究会对美国500位年薪50万美元以上的企业高级管理人员和300名政界人士所作的调查表明：93%的人认为人际关系良好是事业成功的最为关键的因素。

3. 操作步骤：

（1）分析自己所学专业和未来就业岗位意向的特点，假定你刚刚进入相应职业岗位工作。

（2）查阅相关资料或咨询在职人士，以帮助自己拟订职业岗位工作适应方案。

（3）将方案构想形成书面文字材料。

（4）提交职业岗位适应方案书面材料，并在小组或班上互相交流。

（5）由教师做出点评。

资料分析指导：人际关系与一个人的事业成败是息息相关的。大学生走上工作岗位后，要妥善处理人际关系，发展良好的人际关系，为个人今后的发展建立良好的人脉支持系统。

## 考评与反思

1. 考评

请参照下表给出的评价标准，就每个同学在活动中的表现进行评价。

| 领域 | 具体表现 | 自我评分 | 小组评分 | 教师评分 |
|---|---|---|---|---|
| 过程 | 认真完成自学、练习任务（10分） | | | |
| | 主动咨询老师，积极参与小组讨论，阐明自己的观点（10分） | | | |
| | 帮助组内其他成员解决问题，与小组成员一起分享资源、观点，分担任务和责任（10分） | | | |
| | 代表小组发言，全面、准确汇报小组共同的学习成果（10分） | | | |

| 领域 | 具体表现 | 自我评分 | 小组评分 | 教师评分 |
|---|---|---|---|---|
| 知识 | 了解职场适应心理问题的症状特征、类型，回答问题全面、准确（15 分） | | | |
| | 掌握职场适应心理问题的自我调试原则、对策和方法，回答问题全面、准确（15 分） | | | |
| 技能 | 能根据职场适应心理问题的症状表现，分析判断其所属心理问题类型（15 分） | | | |
| | 能针对职场适应心理问题，拟订科学的自我调试方案（15 分） | | | |

评分合成后总得分（自评得分×0.1 + 小组评分×0.4 + 教师评分×0.5）：

## 2. 反思

对职场适应心理问题症状、类型划分及自我调试方法的理解和应用，你与其他同学有哪些异同？请结合自我评价、小组评价和教师评价结果，分析其中的原因。

# 巩固与提高

## 单元知识小结

从一个浪漫学子到肩负重任的社会人，从相对单纯的校园步入复杂多变的社会，高校毕业生将遇到种种压力与困难。因此，只有充分了解这些压力，积极地进行自我心理调整，顺利通过这一角色转换期，才能尽快适应社会，有所作为。

在离开校园进入新的工作岗位之前，我们心中都充满对美好未来的憧憬，但是理想与现实总不可避免地存在许多差距，这需要我们客观地评价自己，及时调整心态，理性地设定工作起点与事业目标，恰当地处理所遇到的难题。

## 思考与练习

1. 请你离开自己现在的座位，换到另一个远离这个位置的座位上去。请大家谈谈换位后的感受和思考，认识适应的必然性和必要性。

2. 请访问一位你认为在事业上比较成功的人，听听他（她）是怎样适应环境、调整目标、获得发展的，总结出几条你认为可以学习和借鉴的经验。

3. 组织同学们周末参加社会实践，回来后分成若干小组，请组员谈谈学生角色与职员角色的差异，自己是如何适应的，总结归纳获得成功的经验、方法。

# 参考文献

[1] 王志兵，杨丽.新编大学生心理健康［M］.大连：大连理工大学出版社，2005.

[2] 樊富珉，费俊峰.青年心理健康十五讲［M］.北京：北京大学出版社，2006.

[3] 余琳.大学生心理健康（修订本）［M］.武汉：武汉大学出版社，2007.

[4]《美国华尔街日报》.倪英华，董本笃，译.职场实战策略［M］.广州：广东经济出版社，2006.

[5] 何祥林，谢守成.大学生职业生涯规划与就业指导［M］.武汉：华中师范大学出版社，2006.

[6] 李中莹.NLP简快心理疗法［M］.北京：世界图书出版公司北京公司，2003.

[7] 陈社育，邓旭阳，林伟，等.大学生职业心理辅导［M］.北京：北京出版社，2003.

[8] 李家华，黄天贵.职业指导［M］.北京：高等教育出版社，2005.

[9] 理清.塑造职业化人才［M］.北京：新华出版社，2003.

[10] 谢晋宇.后企业时代的职业生涯开发研究和实践：挑战和变革［J］.南开管理评论，2003（2）.

[11] 王希永，李晓珍.大学生事业生涯设计与发展［M］.广州：中山大学出版社，2001.

[12]《北大清华学得到》编写组.北大清华学得到：来自一流学府的成才课程［M］.北京：民主与建设出版社，1999.

[13] 赵小云，郭成.国外生涯适应力研究述评［J］.心理科学进展，2010（9）：1503-1510.

[14] 杨金石.高职学生职业成熟度与专业承诺关系研究［J］.教育与职业，2012（5）：179-180.

[15] 雷浩，罗小漫.高职生职业成熟度和职业价值观关系的研究［J］.职业技术教育，2011（31）：64-67.

[16] 赵小云.大学生的生涯适应力及其与家庭社经地位的关系［J］.现代教育管理，2012（2）：111-114.

[17] 于海波，张大均，张进辅.高师生职业价值观研究的初步构想［J］.西南师范大学学报（人文社会科学版），2001（2）：61-66.